LA LIBERTÉ BONAPARTE

DU MÊME AUTEUR

Les Transports urbains, un enjeu pour les villes, Bordas, 1976.
Bonaparte et Paoli, Plon Perrin, 2000.
Les Bonaparte. Des esprits rebelles, Plon Perrin, 2006.
Vers une France nouvelle, Éditions Talleyrand, 2007.
Napoléon par Napoléon, Le Cherche-Midi, 2009.
Entretiens avec Daisaku Ikeda, 13 numéros de la revue *Daisanbunmei*, Tokyo, 2009.
Napoléon, mon aïeul, cet inconnu, XO Éditions, 2009.
Pour une société de l'être et non de l'avoir (coll.), *Cahier du CESC*, janvier 2010.
France, Europe et migrations (coll.), *Cahier du CESC*, septembre 2011.

CHARLES BONAPARTE

LA LIBERTÉ BONAPARTE

BERNARD GRASSET
PARIS

Couverture : JF Paga

ISBN 978-2-246-82393-3

« Ce qui trouble les hommes, ce ne sont pas les choses,
mais les jugements qu'ils portent sur les choses. »

ÉPICTÈTE, Manuel V

1

Bonaparte ou Napoléon

Le destin m'a fait naître dans une famille qui a marqué l'Histoire. Je descends du frère cadet de Napoléon, Jérôme, mais comme nous sommes la dernière branche vivante des Bonaparte, les gens disent par facilité que nous descendons de Napoléon. Très tôt, je me suis écarté de la voie à laquelle me destinaient naissance et éducation. Je pensais être une exception, mais j'ai découvert que beaucoup de Bonaparte avaient connu le même goût pour la liberté. Sans rejeter l'histoire familiale ni son héritage moral, j'ai exercé mon droit à l'inventaire. La distance prise avec la tradition familiale m'a permis de jeter un regard neuf sur son histoire et d'y découvrir des richesses insoupçonnées. J'ai lu l'histoire d'une manière particulière et c'est cela que je voudrais faire partager au lecteur.

Dans un mélange de vanité et de calcul politique, le petit Corse devenu empereur chercha, comme Louis XVI, une épouse à la cour d'Autriche et choisit, en deuxièmes noces, Marie-Louise, archiduchesse d'Autriche, et tenta d'allier ses frères aux familles régnantes d'Europe. C'est ainsi qu'il imposa à son frère cadet, Jérôme, dont je descends, un mariage avec Catherine de Wurtemberg qui deviendra reine de Westphalie. La greffe des Bonaparte avec la haute aristocratie européenne prit puisque le fils de Jérôme, le prince Napoléon, dit Plon-Plon, épousa une fille du roi d'Italie, puis mon grand-père épousa Clémentine, fille du roi des Belges. Si mon père épousa la fille d'une très ancienne famille aristocratique provençale, j'ai moi-même épousé, en premières noces, Béatrice de Bourbon-Sicile dont j'ai eu deux enfants. Nous partagions alors la réprobation de nos familles. C'est ce qui nous rapprocha. Par la suite, elle fit le choix de rentrer dans le rang. Pas moi. Quoi qu'il en soit, je suis apparenté à la grande aristocratie européenne, celle qui fréquente les cours, qui se retrouve dans des rallyes mondains ultra sélectifs, qui se reproduit entre elle, qui chasse et qui fait des banquiers d'affaires. Mes aspirations personnelles n'ont rien de commun avec les leurs. Ce grand écart aurait pu m'être fatal. Il fut une source d'enrichissement. Comme il l'avait été chez d'autres Bonaparte avant moi. C'est le propos de cet ouvrage.

L'héritage familial couvre deux siècles de notre histoire et ne se limite pas à la carrière de Napoléon Bonaparte. Carrière brève au demeurant, puisque le gouvernement de Napoléon Ier couvre une quinzaine d'années prolongées par vingt ans de gouvernement de Napoléon III. Neveu qui n'avait en réalité aucun lien biologique avec les Bonaparte comme l'ont établi de récentes analyses ADN. En premier lieu, il y a néanmoins la figure incontournable de Bonaparte, jeune général de la Révolution, issu d'une île lointaine, rempli d'énergie créatrice, bientôt à la tête d'un pays déchiré, qui met en œuvre les aspirations de la Révolution, leur donne une forme politique, crée des institutions nouvelles, rassemble les Français, leur propose un destin, se met à la tête de leurs armées pour étendre le progrès à l'Europe et… se tailler un empire. Son éblouissante carrière a permis l'émergence de figures intéressantes, comme Lucien, son frère cadet, qui lui reprochera de s'écarter des idéaux révolutionnaires, ou mon arrière-grand-père, le prince Napoléon, qui dira à peu près la même chose à son cousin, Napoléon III, ou Marie Bonaparte, une arrière-petite-nièce disciple de Freud et fondatrice de la psychanalyse en France, ou Charles Joseph Bonaparte, qui créa le FBI aux côtés du président Roosevelt, ou encore bien d'autres qui s'illustreront par des initiatives dans les domaines les plus variés, remarquables par leur liberté de pensée et d'agir. Tous se rattachent néanmoins de près ou de loin à l'Empereur, car, comme le disait avec esprit la princesse Mathilde, mon arrière-grande-tante, fille de mon ancêtre Jérôme Bonaparte : « Sans Napoléon, j'aurais probablement vendu des oranges sur le marché d'Ajaccio ! »

L'œuvre de Napoléon est fondamentalement marquée par une contradiction entre ses aspirations à la modernité, comme la mise en œuvre des principes de la Révolution, et ses côtés réactionnaires, comme le retour à l'Ancien Régime, le rétablissement de l'esclavage ou l'instauration d'une nouvelle dynastie. Cette opposition divisera la famille entre progressistes, admirateurs de la Révolution et de Bonaparte, et conservateurs, admirateurs de l'Empire et de Napoléon. Je conviens que cette distinction est un peu sommaire, car dans Bonaparte il y avait Napoléon, et dans Napoléon subsistait Bonaparte, mais elle a une part de vérité et permet de classer les uns par rapport aux autres. D'autres lignes de fracture divisent la famille : certains Bonaparte s'inspirent de l'œuvre de Napoléon, d'autres s'en affranchissent, s'y opposent ou souvent s'investissent dans des activités hors de la politique. La grande modernité de ces personnages, qui agissent dans des domaines très variés, parfois nouveaux pour leur époque, leur indépendance d'esprit, leur refus des idées toutes faites et des convenances, leur goût pour les sciences et les arts, créent une constante de l'esprit Bonaparte.

Aîné de la dernière branche vivante des Bonaparte, je ne me réclame aucunement du bonapartisme et je n'ai aucune prétention dynastique, considérant que la seule source de légitimité est dans le suffrage universel. Je suis démocrate et républicain, profondément attaché aux valeurs de 1789 et à la Déclaration universelle des droits de l'homme. Je n'ai pourtant aucune peine à reconnaître ce que ma famille a apporté à ses contemporains, même lorsqu'elle a eu des conceptions politiques opposées aux miennes. Depuis l'âge de la maturité j'ai toujours été tourné vers l'avenir. Aujourd'hui je suis surtout préoccupé par le devenir de la planète, la nécessaire transition écologique, la démocratie face aux défis des nouvelles technologies, les migrations. Je me reconnais dans la politique de Michel Rocard, dans les écrits d'Edgar Morin, de Pierre Rosenvallon, de Jacques Attali, de Jeremy Rifkin, dans les enseignements humanistes et universels du Dalaï-Lama et du pape François, bien plus que dans la statue en bronze d'un empereur dominant le monde.

Dans une famille aristocratique, on est, presque par définition, conservateur. Je dois à Mai 68 d'avoir éveillé ma conscience et pris la mesure de la situation privilégiée dans laquelle j'étais né. Aussi, dès l'âge de dix-huit ans, je m'écartai du conservatisme ambiant pour mener ma propre vie personnelle, professionnelle, politique. Je dus le payer de beaucoup d'incompréhensions, de quelques hostilités. Mais j'y gagnai ma liberté. J'aurai l'occasion d'y revenir plus loin.

Trente ans plus tard, au moment de la mort de mon père, en mai 1997, les forces anachroniques que j'avais levées contre moi en menant une vie au temps présent voulurent me faire payer ma liberté, utilisant le chantage affectif et l'amour paternel. Alors que ma vie privée et professionnelle était très éloignée de ces sujets, ils me conduisirent à faire un détour de vie pour analyser la nature particulière de l'héritage napoléonien, à en faire l'inventaire, à distinguer ce que j'acceptais de ce que je laissais au passé. Ils rendirent possible l'écriture de ce livre. C'est pourquoi, en introduction, je voudrais rapporter le stratagème qu'ils imaginèrent pour me réduire au silence et qui en dit long sur les valeurs qui les motivent.

Il n'y a pas d'homme plus différent de l'image que l'on a spontanément de Napoléon que mon père. Par le physique d'abord : il était de haute taille avec des cheveux blonds, venus de ses origines maternelles allemandes, les Saxe-Cobourg ; ensuite par sa naissance dans la famille royale belge, à la suite de l'exil des Bonaparte de France. Sa mère, Clémentine, était fille de Léopold II, roi de Belgique. Sur des clichés d'époque, on l'aperçoit jouant avec sa sœur sur les genoux de l'ex-impératrice

Eugénie, l'épouse de Napoléon III chez qui la famille avait trouvé refuge près de Londres pendant la guerre de 14. Mon père gardait des souvenirs très précis de cette vieille dame qui mourut en 1920 à Madrid, alors qu'il avait six ans.

Ces souvenirs le rattachaient à l'univers des Bonaparte, mais par la naissance, du côté de sa mère, il était le petit-fils du roi des Belges. Il fut éduqué par des précepteurs à la cour de Belgique dans les années 1920-1930 entre hôtel particulier sur l'avenue Louise à Bruxelles et château dans les Ardennes belges, sans compter ses fréquentes visites au palais royal de Laeken. Il ne fréquenta jamais les écoles publiques. Les idéaux de la famille Bonaparte étaient totalement étrangers à son éducation de Cour et rencontraient même la méfiance d'une monarchie liée par le sang aux dynasties autrichiennes, italiennes et anglaises. Avec mon père, c'est un grand aristocrate belge qui hérite de la tradition Bonaparte.

Jeune, il mena une vie d'aristocrate fortuné, pas mondain, plutôt sportif : champion de course automobile, amateur de vélo et de ski. Il gagna quelques courses au volant de sa Bugatti et reçut le Tour de France en 1938 dans sa villa à Prangins au bord du lac Léman. À partir de 1934, il s'éloigna d'une mère autoritaire, qui semblait avoir emprunté la dureté de caractère de son père, Léopold. Il occupa la propriété familiale de Prangins en Suisse, prétextant des cours de droit à l'université de Lausanne qu'il ne suivait que très irrégulièrement. Il fut confié à la bienveillante autorité du neveu du chapelain de la cour de Belgique, le professeur de droit Jean Fleury, qui assura d'abord quelques répétitions à Bruxelles avant de prendre un poste à l'université de Lausanne et devenir son mentor, son conseiller puis son ami.

En mars 1940, sa requête de servir l'armée française ayant été rejetée, il s'engagea dans la Légion étrangère sous une identité d'emprunt. Affecté au 1er régiment de marche à Saïda, dans le Sud oranais, il fut démobilisé en septembre. En 1942, il quitta clandestinement la Suisse pour franchir la frontière espagnole où il fut rattrapé par les Allemands. Incarcéré à Fresnes quelques mois, il refusa de cautionner la pitoyable cérémonie de transfert des cendres de l'Aiglon aux Invalides imaginée par Hitler et fut finalement libéré. En novembre 1943, il rejoignit les maquis du Berry. Blessé en août 1944, il termina la guerre comme lieutenant des chasseurs alpins en Autriche et fut décoré de la Légion d'honneur et de la croix de guerre, en 1946. Démobilisé, il reprit une vie de jeune homme fortuné et oisif, voyageant aux États-Unis et au Canada, avant de rencontrer ma mère, Alix de Foresta, en 1948 et de l'épouser à Linières-Bouton, petit village d'Anjou, en 1949. La loi d'exil fut officiellement abrogée le 24 juin 1950, permettant à ma famille de revenir en France après soixante-cinq ans d'exil. Ma sœur jumelle et moi naquirent quelques mois après, en octobre 1950 à Paris ; nous ne connaîtrons rien de cet exil. Grâces soient rendues au comportement exemplaire de mon père pendant la guerre.

La légende veut que mon père ait rencontré ma mère en promenant son chien dans les contre-allées du bois de Boulogne. En réalité, elle lui fut présentée par des amis communs. Il avait trente-cinq ans, l'âge où cet homme qui n'avait pas d'autre métier que de gérer sa fortune et de conduire des belles voitures pouvait légitimement penser à construire une famille. Sans doute tomba-t-il sous le charme de cette belle Provençale : des photos de l'époque montrent ses traits énergiques et son port altier souligné par des yeux verts. Mais entre eux, il n'y eut jamais de complicité véritable tant leurs aspirations profondes étaient différentes. Il avait retrouvé en elle ce qu'il avait fui chez sa mère : une belle apparence, de l'autorité, une éducation, de l'esprit du monde. Il avait manifesté un reste de l'esprit de liberté qui l'avait conduit à quitter la vie confortable de Prangins pour s'engager dans la Légion, en choisissant une fille de la petite aristocratie française alors que son rang le destinait à une femme issue des cours européennes. Sa propre mère le lui reprocha et n'accepta pas volontiers son choix. Quant à ses beaux-parents, ils furent secrètement blessés de n'avoir pas été reçus à la cour de Belgique.

Sa grande taille et sa position sociale impressionnaient. Les considérations mondaines lui étaient dans le fond étrangères. Il aimait la vie simple, les plantes, la nature. Avec ses enfants, quand il était seul et à condition que ça ne dure pas trop longtemps, il était un père affectueux. Il aimait nous emmener dans le bois de Boulogne pour taper dans un ballon de foot : il s'appliquait à enlever les feuilles mortes pour dégager les buts. Il courait et riait en shootant les balles. Les dimanches de printemps, nous allions cueillir avec lui les jonquilles en forêt d'Ermenonville ; dans *La Mer de sable*, il évoquait ses souvenirs de Légion, se vantant d'avoir ramassé les crottes d'éléphants dans un cirque ambulant, ce qui était pour le moins incongru ! Mais bientôt ces moments de liberté furent comptés ; les sorties à Ermenonville ne purent avoir lieu sans la présence de son épouse. Pour nous, elles perdirent de leur attrait, devenant une obligation du dimanche.

L'hiver, il aimait rejoindre d'anciens compagnons de résistance qui tenaient un hôtel de montagne au-dessus de Saint-Jean-de-Maurienne, il partait avec eux pour des journées de randonnée en peau de phoque ; en bon montagnard, il ne craignait ni les chutes de neige ni le jour blanc. Une épaisse soupe de légumes tenait lieu de dîner. Il était dans le monde qu'il aimait. Ma mère n'appréciait guère ces sorties montagnardes.

Un jour, en Camargue, chez mes grands-parents, il prétexta que je devais prendre l'air pour s'échapper faire du vélo. C'était jour de grand mistral et il fallait durement pédaler contre le vent. Après quelques kilomètres il me désigna la carcasse d'un véhicule abandonné depuis longtemps dans le fossé et m'invita à ramasser quelques pierres de bonne taille pour bombarder ce qui restait du véhicule. D'un geste sacrilège pour l'amateur de voitures qu'il avait toujours été, nous fîmes voler en éclats les phares et le pare-brise mais la lunette arrière nous résista. Il riait à gorge déployée, comme un potache heureux. Puis, fièrement, nous détachâmes l'écusson de cette Peugeot 202 que nous ramenâmes en secret. C'est le genre de facétie que je partagerais volontiers aujourd'hui avec mon petit-fils, Augustin.

Je me souviens encore de la Gitane maïs qui pendait à ses lèvres lorsqu'il se penchait pour démonter et remonter le carburateur d'une pompe à eau située en bordure de mer, dans sa propriété des Pierres Bleues. Vêtu d'un vieux short et d'une chemise élimée, le front en sueur, il ressemblait à un mécanicien, si fier que la machine redémarre après des heures d'effort. En fin de journée il aimait arroser ses tomates, ses melons et ses vignes.

Mais derrière ces formes bienveillantes et simples, il y avait une raison supérieure, la raison familiale, qui le contraignait à toujours se soucier de ce que les gens qui l'entouraient, une petite cour très conservatrice, pensaient de ses faits et gestes. C'est pourquoi je n'ai plus revu mon père pendant des décennies après mon départ de la maison familiale en 1969. Il était incapable de résister à la pression de son entourage. Il m'émancipa et me congédia, considérant que mes opinions politiques étaient contraires à celles que je devais avoir. Comme je le dirai plus loin, je n'ai jamais regretté d'avoir quitté l'univers poussiéreux dont il n'avait pas réussi à se débarrasser et qu'il m'invitait à rejoindre. Par la suite, les rares occasions où nous fûmes en présence ne nous permîmes pas de nous rencontrer. La fin de ses jours porta la trace malheureuse de conflits qu'il n'était pas parvenu à résoudre. Il se fit complice d'une manœuvre afin de me punir d'une vie de liberté. Mais n'est pas Louis XIV mourant qui veut. Les bégaiements de l'Histoire accouchent au mieux d'un épisode de *Dallas* !

En mai 1996, une messe officielle se tint aux Invalides pour les obsèques de la sœur de mon père, Marie-Clotilde de Witt. Dans la chapelle de l'église Saint-Louis, j'étais placé devant la famille de la défunte, au premier rang à droite, à côté de ma compagne, Françoise, de ma sœur Catherine et de son mari. Mes parents furent placés au premier rang à gauche, suivant le protocole. Lorsqu'elle me vit, ma mère manifesta des signes de vif mécontentement. Pendant l'office religieux, elle harcela

Marie-Eugénie, la fille aînée de la défunte, lui reprochant de m'avoir placé au premier rang avec ma compagne Françoise, la mère de ma fille Sophie. Le protocole avait été bafoué ! Dans *notre* église, n'était-il pas indigne qu'une femme non mariée soit au premier rang aux côtés de son fils ! Et pour manifester son mécontentement, elle agrippa Béatrice, ma première épouse, mère de mes enfants Caroline et Jean-Christophe, présente quelques bancs derrière, et sortit de l'église à son bras ! Mon père esquissa un geste pour la retenir. C'était peine perdue. J'eus soudain l'impression d'être replongé dans le climat émotif et violent que ma mère avait imposé dans notre maison quand j'étais enfant. Toute la famille de mes cousins, réunie pour dîner, me témoigna sympathie et affection. On oublia l'incident. Mais le piège allait bientôt se refermer.

Dès le 27 mai, je reçus un courrier recommandé par lequel mon père me précisait ses griefs : le fils aîné de la famille ne peut divorcer sans le consentement de son père, surtout pour vivre avec une femme d'origine sociale non aristocratique. En se présentant dans *notre* église, les Invalides, avec sa compagne, il affichait un mode de vie immoral et tournait en dérision l'enseignement de l'Église. En vertu d'un sénatus-consulte datant de Napoléon III, il n'était plus l'héritier dynaste des charges et dignités impériales ! Ma mère, l'exécuteur testamentaire choisi par elle, Me Jean-Marc Varaut et mon jeune frère Jérôme, pourtant sous curatelle, cosignaient le même jour un pseudo-testament politique dont je prendrai connaissance après la mort de mon père et qui désignait mon fils âgé de dix ans futur « chef de la famille impériale » !

Cabale dérisoire, lutte de préséance, je crus d'abord à une plaisanterie. Je venais d'être rattrapé par le monde d'un autre temps que j'avais délibérément quitté à l'âge de dix-huit ans. Ces esprits chagrins prétendaient juger ma vie à l'aune de lois rescapées de la défaite de Sedan, mêlant dans un galimatias prétentieux la loi salique des rois des Francs et les sénatus-consultes du Second Empire ! Que cette lettre ait été communiquée à tous les membres de ma famille et à toutes les familles royales d'Europe soulignait la volonté de porter tort à ma réputation. J'ignorais les *royalties*, je n'ai jamais fréquenté ces milieux et leur opinion m'était totalement indifférente.

Il n'y avait pas lieu traiter cette affaire avec légèreté comme je le pensais d'abord. Le conflit était là. Ma résolution tenait à ce qu'avait été mon existence : digne et honnête. Depuis trente ans je me levais tous les matins pour gagner ma vie ; je ne recevais de ma naissance aucune gratification particulière et n'en cherchais aucune ; mes enfants et ma compagne m'aimaient et me respectaient comme on aime et on respecte un père et un compagnon. Je n'avais rien à me reprocher concernant l'amour et l'attention que je portais à mes trois enfants. Mon divorce, pour malheureux qu'il avait pu être comme tous les divorces, était jugé depuis longtemps. Après tout, le divorce n'avait-il pas été introduit dans le code civil par et pour Bonaparte lui-même ! Je ne pouvais pas supporter que l'on cherche à m'opposer à mon fils par une manœuvre malveillante. Je ne pouvais enfin accepter de passer sous les fourches de lois désuètes et étrangères à la République. Accepter des torts qui appartenaient à un ordre social que je ne reconnaissais pas m'était impossible.

D'un autre côté, je craignais d'être pris à front renversé. Répliquer à des propos hors du temps, n'était-ce pas leur donner crédit ? Défendre mon honneur, n'était-ce pas défendre un titre de chef de famille, d'héritier dynaste qui n'a pas de sens pour un démocrate ? Ma détermination sortit renforcée de l'avis de mes sœurs, de mes parents proches, de mes amis, gens actifs, républicains. Unanimement ils m'ont dit : tu ne peux pas céder sans donner raison aux griefs infondés qui sont formulés contre toi, sans donner crédit aux lois par lesquelles ils te condamnent. Il faut t'expliquer.

Je ne voulais pas que puissent être ignorées les valeurs qui avaient animé trente ans de vie : le droit, la démocratie, la république. Dynaste de l'empire napoléonien, je n'ai jamais voulu l'être car je suis républicain. Mais condamné par mes parents pour des comportements rendus licites par l'action même de la famille Bonaparte, je ne pouvais l'accepter, pas plus que de faire l'objet d'un procès politique.

Je pris quelques jours pour rédiger une réponse où j'exposai à mon père ma vie et ses motivations. J'avais quarante-six ans et n'étais plus en âge de tergiverser. J'en pesai tous les mots en considérant le point de vue d'un lecteur qui me connaîtrait intimement et qui devait se déclarer pleinement satisfait des motivations que j'exposais. Dans ce long courrier écrit sur un ton ferme totalement dépourvu d'agressivité, je regrettais que mon père n'ait jamais pris la peine de nous expliquer quelles étaient ces fameuses charges et dignités impériales qu'il évoquait pour la première fois pour m'en priver et dont il se présentait comme le garant. Quel sens donnait-il à tous ces objets précieux qui l'entouraient, à la considération dont beaucoup le gratifiaient ? J'affirmais mes opinions républicaines et plaidais pour un modèle familial ouvert au talent de chacun, à l'inverse du modèle rigide qu'il mettait en avant. Je demandais enfin que l'on s'abstienne de tout jugement sur mon divorce qui n'appartenait qu'à mon ex-épouse et à moi.

La réponse à mon courrier vint en août sous la forme d'une invitation faite à mes deux enfants, Caroline et Jean-Christophe, à se rendre au chevet de leur grand-père très malade, en Suisse, sans leur propre père. Comme j'avais toutes les raisons de supposer qu'il n'y avait rien d'innocent dans ce voyage, je les rejoignis à la gare de Genève pour me présenter, avec eux, à Prangins. Façon de montrer que le lien direct que ma mère souhaitait créer entre mon père et mes enfants ne pouvait faire abstraction de leur propre père. Je les laissai sous la protection du parrain de Jean-Christophe, Claude Taittinger, en qui j'avais confiance. Ils virent un grand-père très diminué que je ne fus pas autorisé à rencontrer. On tenta de faire croire que mon courrier était responsable de la brusque dégradation de sa santé. Les observations médicales infirmèrent cette accusation ridicule.

Mes adversaires n'eurent jamais le courage d'exposer franchement leurs griefs. Ils agirent par des tiers interposés. Le président du Souvenir napoléonien m'informa qu'il serait important que je rencontre l'avocat que mes parents avaient pris, Me Jean-Marc Varaut. J'étais abasourdi qu'une question de place sur les bancs d'une église conduise à l'intervention d'un avocat de renom. J'étais tombé dans un piège monté de longue date qui n'attendait qu'une occasion pour se refermer. Me Varaut était alors le défenseur de Maurice Papon compromis dans la collaboration, mis en accusation dans un procès qui faisait la une de l'actualité. Ce monarchiste notoire qui avait été l'avocat attitré de l'extrême droite colonialiste et antigaulliste avait le profil politique qui convenait à ma mère et au camp des conservateurs.

Je n'eus aucune peine à reconnaître ses idées et ses méthodes dans la diffusion du texte boursoufflé et archaïque qu'on m'avait envoyé en mai. Je le rencontrai en octobre pour lui demander en quoi consistaient exactement les charges et dignités impériales dont j'étais déchu. Il bredouilla et promit de m'apporter une réponse bientôt. Je le revis en décembre. Après s'être renseigné, il m'assura qu'il ne plaiderait jamais les arguments de droit, sénatus-consultes et autres textes invoqués dans le courrier de mai, qu'il considérait comme dépourvus de valeur juridique devant un tribunal de la République. Enfin, la vérité était dite. Ce qu'ils évoquaient relevait d'une tradition hors du droit de la République. Autant dire nulle à mes yeux. En réalité, mes parents ne pouvaient admettre que leur succession échoie à un républicain qui ne reconnaissait pas leurs lois. Ce qui est, quelque part, assez logique, mais implique que leur héritage ait un contenu politique, ce qui jamais n'avait été clairement expliqué.

Les auteurs de ce triste procès ont rendu un bien mauvais service à la cause qu'ils prétendaient servir car ils venaient lever un lièvre de bonne taille. Ainsi que je le demandai au tribunal administratif en juin 2009, le titre de prince Napoléon – situé au sommet de cette construction politique hasardeuse – n'est pas reconnu par l'État car il est attribué au chef d'une tradition politique incompatible avec la République. Au mieux, la République admettait ce titre par courtoisie. Je le savais d'autant mieux qu'ayant été directeur de cabinet du préfet de l'Oise où résidait le comte de Paris, on nous demandait de le traiter avec les mêmes honneurs qu'un général ! Engager une contestation publique sur la détention d'un titre dépourvu de toute reconnaissance légale et en opposition avec les valeurs de la République n'avait aucun sens. Qui eût pu admettre que s'additionnât à l'archaïsme et à l'antirépublicanisme une querelle de légitimité ? Comment contester des rêves ?

Mais à des motifs aussi hasardeux ils ajoutèrent la dureté du cœur en refusant d'entendre les dernières volontés de mon père mourant. Fin avril 1997, mon père était au plus mal. Mes sœurs et moi nous rendîmes à son chevet dans une clinique dominant le lac Léman, sur les premiers contreforts du Jura. Il était conscient mais par éclipses. Il se plaignait beaucoup de souffrances dont l'origine morale ne faisait aucun doute. Parfois il geignait et hurlait puis redevenait plus serein. Quand il nous sentit près de lui, il réunit toutes ses forces et nous dit :

— Mes amis, je viens parler avec mon cœur et mon âme, je suis ému. Je ferme les yeux afin que vous ne soyez pas gênés. Nous sommes réunis dans l'Amitié. Je la sens là, sous les bras. Je laisse tomber les voiles, les voiles de la vie. Je vous parle avec mon âme, adieu, chers amis. Voilà ce que j'ai à vous dire. Nous faisons une belle équipe. J'ai porté avec moi les valeurs auxquelles je sens que nous sommes attachés, la famille, le pays, la religion chrétienne, l'amitié dans la terre, les arbres, les plantes, les choses qui poussent et qui vivent. C'est triste de perdre un ami. Il ne faut pas trop s'occuper des morts. Il y en a qui vont en haut et d'autres qui restent en bas. Qu'est-ce qui tient l'amarre du bateau ? Le bateau est peut-être en papier ? On parle de tout cela mais on n'en sait rien. Adieu mon beau bateau…

Puis il réclama du champagne pour trinquer avec ses enfants. Alors que je me tenais au chevet de son lit, devant mes sœurs qui en portent témoignage il s'adressa à moi :

— Ah, c'est toi, mon fils Charles, de tout mon cœur, je suis heureux, heureux de te voir.

— Moi aussi, Papa.

— Je sais ce que tu fais, ce n'est pas facile, c'est différent, moi je ne peux plus continuer, je n'ai plus la force, maintenant c'est à toi, vas-y.

— Je vais continuer, prendre le relais de ce que tu as fait. Ta vie me servira d'exemple. Je suis comme toi un combattant.

— Ce que tu fais, je le sais, c'est bien, continue, continue, je suis de tout cœur avec toi.

— Merci Papa, ce sont les plus belles paroles que tu m'aies jamais dites. Elles vont m'aider à poursuivre.

— C'est bien, continue, il faut retourner la terre, profond, pour faire de belles fleurs.

— Ceux qui nous connaissent me disent que je te ressemble.

— Je les félicite.

— Ce que tu viens de dire va m'encourager à être plus fort.

— Cela aurait dû être dit depuis longtemps, longtemps, longtemps… (de plus en plus fort jusqu'à hurler et que toute la clinique l'entende) !

Plus tard encore, il cria pour réclamer que l'on détruise de mystérieux documents. Il confia à ma sœur Catherine que nous devrions bientôt prendre des avocats pour nous défendre. Il regretta la situation qu'il avait laissée se créer. De quels documents s'agissait-il ? De quoi devrions-nous nous défendre ? Qu'avait-il à regretter ? Nous ne pouvions que le supposer. Il s'agissait évidemment du testament concocté par Me Varaut et ma mère. Ma mère prétendit qu'il n'avait plus sa tête, qu'il délirait ; pour preuve, il passait son temps à l'insulter ! Nous n'eûmes pas la présence d'esprit de requérir un notaire. Le refus d'entendre les dernières volontés de mon père s'adressant clairement à sa famille pour lui demander de supprimer des dispositions prises contre ses enfants démontre que des préjugés et des intérêts bien établis étaient en jeu.

Le 3 mai en fin d'après-midi, il faisait chaud, la nature était déjà en éveil, en présence de ma mère, de mon frère Jérôme et de quelques infirmières il s'endormit enfin. On me prévint immédiatement. J'étais avec mes enfants Caroline et Jean-Christophe à Paris. Le lendemain, je partis vers la Suisse avec mes sœurs où je le vis sur son lit de mort à Prangins.

Commença alors la macabre comédie d'obsèques où seul compta le protocole. Ma mère voulut un enterrement digne du rang de son mari. Comme les autorités n'avaient pas accepté qu'il soit enterré aux Invalides, il irait dans la sépulture familiale d'Ajaccio. Mais il fallait auparavant une cérémonie officielle aux Invalides. Aucun évêque n'étant disponible, les funérailles eurent lieu le 16 mai, ouvrant une période où les émotions ne parvinrent pas à s'imposer au protocole, où les souvenirs du passé composèrent avec la crainte des conflits qui s'annonçaient.

Aux Invalides, les funérailles furent présidées par l'évêque aux Armées, Mgr Dubost, que j'avais connu dans les clubs rocardiens. Les plus hautes autorités de l'État étaient représentées. Des militaires de haut rang étaient présents. Valéry Giscard d'Estaing s'était déplacé. Au premier rang on distinguait aussi la comtesse de Paris à côté de Philippe de Belgique et de la grande-duchesse du Luxembourg. Il y avait aussi les inévitables historiens de l'empire, les Castelot, les Decaux, les Tulard. Dans l'église toutes les places étaient occupées, mais il n'y avait pas de foule débordante. L'ambiance était recueillie mais pas chaleureuse. La presse nationale qui rendit compte de l'événement retint surtout de la vie de mon père son engagement pendant la guerre.

Le lendemain, un avion fut frété pour transporter le corps vers Ajaccio, où se trouve la nécropole familiale. Il connut des difficultés techniques pendant le décollage au Bourget puis une chaleur inexpliquée envahit le cockpit. La colère ne n'avoir pas été entendu se manifestait encore. Je l'avais précédé sur un vol régulier d'Air France et je reçus le corps et ma famille à Ajaccio où les cérémonies commencèrent le lendemain. Après la cathédrale, en présence des élus et du préfet – c'était le malheureux préfet Erignac –, on alla en procession vers la chapelle familiale, située dans le vieil Ajaccio, rue Fesch, musique municipale en tête. Dans les rues, des curieux mais peu d'émotion. Mon père n'était pas connu du peuple. Le soir, à l'aéroport d'Ajaccio, un courtisan vint vers moi :

« Qu'est-ce que ça vous fait d'être le nouveau prince Napoléon ?

— Je n'ai pas changé depuis hier. »

Quelques jours plus tard, nous fûmes convoqués chez le notaire pour la lecture du testament. On nous signifia qu'une modification de régime matrimonial avait opportunément rendu ma mère propriétaire de tous les biens familiaux jusqu'à sa mort et, par divers codicilles, on nous confirma que mon fils Jean-Christophe, âgé de onze ans, serait le successeur politique de mon père. Diverses dispositions indiquaient que mes parents n'étaient pas satisfaits de leurs enfants et tournaient leurs espoirs vers les enfants de mon premier mariage, Caroline et Jean-Christophe. Le piège s'était refermé.

Au plan patrimonial, mes parents pouvaient prendre toutes les dispositions qui leur convenaient dès lors qu'elles respectaient le code civil. Mais il était hors de question que j'admette des dispositions arbitraires qui auraient signifié l'acceptation de griefs infondés. Ce testament, qui tournait le dos aux volontés ultimes de mon père, était l'acte de décès d'une famille aux prétentions hors du temps qui n'avait pas su s'adapter au monde moderne.

Je fis le tour du patrimoine que les conservateurs me contestaient. Il y avait d'abord un nom universellement connu qui continuait à faire rêver. Des productions littéraires, des films, des campagnes de publicité utilisant son image en témoignent. Mais la notoriété universelle de ce nom était en fort décalage avec l'inexistence publique de mon père qui en avait hérité dans les conditions difficiles de l'exil mais qui n'avait jamais cherché à lui donner un contour précis. Il se disait au-dessus des partis, c'est-à-dire qu'il n'était nulle part. Il se déclarait disponible si on le lui demandait. Mais où a-t-on jamais vu proposer le pouvoir ? Ce patrimoine politique et moral incluait par ailleurs des associations historiques. Mais leurs regards étaient davantage tournés vers le passé que vers l'avenir. Enfin, du parti bonapartiste restait le Comité central bonapartiste à la tête de la ville d'Ajaccio qui enfonçait chaque jour davantage celle-ci dans la ruine. En définitive, peu de chose en rapport avec le monde moderne.

Je résolus de les laisser à leurs rêves passéistes pour revenir aux racines même de cette histoire et la faire rentrer, avec moi, dans le XXIe siècle. Symboliquement, je décidai de changer de patronyme, d'abandonner celui de Napoléon, utilisé par la branche aînée pour souligner sa qualité de dynaste susceptible de relever le sceptre de l'Empereur, celui qui était inscrit sur ma carte d'identité depuis ma naissance, pour reprendre celui de Bonaparte car il est celui de ma famille et évoque, pour la France et pour le monde, l'énergie du renouveau, la République et la Révolution.

2

Le beau printemps 68

Pour Balzac, l'ascension du petit lieutenant Bonaparte élevé à la dignité d'empereur du monde signifiait non seulement le triomphe d'une personne mais la victoire de l'idée de jeunesse. Bonaparte inspirait les héros et les ambitieux de *La Comédie humaine*. Les vieux accaparant les rentes appartenaient à l'Ancien Régime ; après eux, Bonaparte démontrait qu'il n'était pas nécessaire d'être né prince pour devenir puissant. On peut être général à vingt-quatre ans et souverain à trente, même issu d'une famille modeste dans une bourgade insulaire et éloignée de quatre mille habitants. La jeunesse appelle la jeunesse. Ses maréchaux, ses ministres, ses préfets appartenaient à la même génération que lui. Toute cette jeunesse qui vécut autour de lui, qui participa à son administration et à son armée, se trouva enhardie par la seule réalité de son succès. Comme le dit Stefan Zweig dans *Le Monde d'hier,* c'était un « excitant des énergies fermentantes ». Cet esprit était oublié depuis longtemps lorsque je viens au monde en 1950, cinq générations, cent soixante ans après. Et pourtant c'est dans cette veine que puise l'esprit Bonaparte.

On pénètre au 10 du boulevard Suchet à Paris par une lourde porte de bronze actionnée par un poussoir qui sonne chez le gardien. L'immeuble est trop récent pour avoir connu le cordon des vieilles maisons parisiennes. Mais c'est Monsieur Alain qui décide si vous pouvez aller plus loin ou pas. Au moindre bruit, passe par-dessus le fin voilage qui barre sa porte-fenêtre un crâne où quelques mèches restantes sont sagement coiffées en arrière. Monsieur Alain se hisse sur la pointe de ses pantoufles, décroche un regard suspicieux. S'il reconnaît, il donne le signal d'ouverture et se fend d'un grand sourire. Sinon, il sort sur le pas de sa loge et demande *c'est pourquoi ?* d'un air un peu fourbe car c'est peut-être un visiteur important attendu. Combien de fois l'avons-nous fait sortir pour rien en nous éclipsant vite après avoir poussé le bouton ? Gare aux remontrances de Madame Alain si, une fois dans le hall, vous posiez le pied sur le sol de marbre encore humide de la serpillière. *Vous allez me laisser des marques !* À part ça, ils sont là depuis toujours, venus de Normandie, et sont intarissables sur la pêche dans la région de Caen. En plus d'être gardiens, ils rendent d'immenses services aux cinq familles fortunées occupantes de l'immeuble, comme de servir à table les soirs de réception. Dans la journée, on croise Monsieur Alain occupé à nettoyer la majestueuse rampe en acier de l'escalier principal en gilet à rayures noirs et rouges, tablier serré à la taille, plumeau à la ceinture.

Les dix premières années de ma vie eurent pour cadre un grand appartement au deuxième étage de ce massif et confortable immeuble construit dans les années 1930 entre boulevards des Maréchaux et bois de Boulogne. À l'époque, pas de boulevard périphérique : des immeubles du boulevard Suchet, on passait directement dans le Bois. Louis-Gabriel Suchet, duc d'Albufera, était maréchal d'Empire et avait donné son nom, comme d'autres maréchaux napoléoniens, à une partie des boulevards extérieurs. C'est là que mon père avait choisi d'habiter ! Un ascenseur Roux-Combaluzier à portes à croisillons coulissants et épais tapis brosse rouge montait solennellement par une cage grillagée. À chaque étage il cliquait deux fois comme pour dire, j'arrive, puis, je suis passé. Sous l'appartement de mes parents, habitait le président d'Air Liquide dont on prononçait le nom avec respect : c'est un grand industriel, disait-on, l'air entendu ! Mon père avait acquis cet appartement lorsqu'il avait rencontré ma mère en promenant ses chiens dans le bois de Boulogne. Il était à l'image de ce qu'il souhaitait pour sa famille, quelque chose de grand, de solennel, apte à la réception et à entretenir l'image d'une maison respectée, voire illustre, où les parents vivaient avec leurs enfants mais sans les soucis qui vont avec, élevés par des *nurses,* à l'étage inférieur.

Dans l'entrée, le visiteur était impressionné par l'une des cinq copies de la fameuse et gigantesque toile de David représentant le franchissement du Grand-Saint-Bernard par le Premier consul. Le cheval cabré semblait devoir retomber sur vous, tandis que son cavalier indiquait avec autorité le chemin de l'Italie. À l'époque, ce tableau n'avait pas encore servi de support publicitaire pour des marques de sous-vêtements ou des cartes téléphoniques. C'était pure propagande. À la tête de son armée, le général Bonaparte était en réalité monté sur une mule et pour redescendre, côté Italie, comme tout le monde, il avait glissé sur ses fesses, à la ramasse !

Des personnages insolites et parfois un peu inquiétants fréquentaient le domicile de mes parents. Un matin, alors que nous partions à l'école, un militaire galonné venu rendre visite à mon père se tenait immobile au garde-à-vous devant le tableau ! Nous accélérâmes le pas devant ce personnage étrange. Notre surprise fut plus grande encore quand, rentrant à midi, nous l'avons retrouvé là, dans la même posture ! Rendus silencieux, nous avons filé directement vers notre chambre. Je suppose qu'après son audience, il avait demandé à mon père de reprendre sa position immobile. Comme d'autres qui nous semblaient aussi insolites, il comptait parmi les admirateurs de Napoléon dont nous étions entourés.

Cet appartement est tellement à l'image de ma famille ! Dès le seuil on marche sur du parquet de bois miel, soigneusement encaustiqué. Le bruit de nos semelles en caoutchouc sur le parquet ciré résonne encore à mes oreilles. Dans le salon de gauche, des meubles de Cour, fauteuils revêtus de tissus brodés d'abeilles en fil d'or, guéridons et bibliothèques aux ouvrages finement reliés, rangés par taille, armes d'apparat inestimables ayant appartenu à l'Empereur et son grand collier de la Légion d'honneur assorti de pierres précieuses. Le deuxième salon, qui n'est occupé que les jours de réception, sert de transition avec la grande salle à manger dont les murs sont décorés de pièces du service d'apparat de Napoléon, assiettes de Sèvres aux motifs champêtres, comme autant de petits tableaux bordés de filets d'or. De grandes glaces placées face à face sous les deux guéridons courant au long des murs reflètent à l'infini les chaussures des invités.

Je dors avec Catherine, ma sœur jumelle, dans une pièce à œil-de-bœuf. De là, nous entreprenons de vastes conquêtes, des expéditions lointaines, des traversées périlleuses où je suis invariablement lieutenant et elle, maman. Pour les besoins du jeu, nous nous réfugions sous des édredons épais que nous transformons en grottes tour à tour mystérieuses ou accueillantes, ou en cockpit d'avion. Elle se plie à mes jeux jusqu'à ce que le sommeil me prenne brusquement au détour d'une phrase ou d'un geste ; elle s'endort toujours après moi d'un sommeil plus léger, comme si, sœur attentive, elle veillait encore sur moi. De cette période, je conserve le goût de la poudre de lait pour bébé Guigoz dont on se gavait en cachette.

Sous ces grands immeubles qui ont logé des officiers supérieurs allemands pendant la guerre de 40, il y a de vastes garages accessibles par un ascenseur de service bruyant et poussif que l'on prend au bout de coursives partant de la cuisine et de l'office. Mon père est amateur de belles voitures, dans le box sont garées une Aston Martin bleutée ou une Ferrari grise, une ID Citroën de couleur jaune canari, et la 2CV vert grenouille qui nous conduit à l'école.

Mes souvenirs les plus anciens remontent au début des années 1950. Ils sont associés à ma sœur jumelle Catherine. Histoire commune commencée un 19 octobre 1950 à 16 heures à la clinique du Belvédère de Boulogne. Je n'ai jamais compris pourquoi, né le second, j'ai été déclaré son aîné. Notre mère se fit endormir pour l'accouchement. Nous fûmes reçus par les bras affectueux de notre gouvernante Néné qui veilla sur nous dès le retour de la clinique et jusqu'à nos dix ans. Quelque temps après, nous fûmes baptisés en grande pompe par le Nonce apostolique à Paris, Monseigneur Roncalli, le futur pape Jean XXIII. La cérémonie eut lieu aux Invalides. J'étais revêtu de la robe de baptême du roi de Rome, le fils de Napoléon Ier, tandis que ma sœur Catherine portait celle du prince impérial, le fils de Napoléon III.

« Les jumeaux du prétendant sont nés à Paris », titra *Point de vue* en 1950, avec ce sous-titre au pied d'une photo de ma mère tenant ses jumeaux dans les bras : « Souriante, la princesse Napoléon présente au reporter venu les photographier les deux héritiers de l'Empire. » Plus loin, il est fait état de la fuite du XIVe Dalaï-Lama de Lhassa, de l'entrée des forces alliées à Pyongyang et de la préparation de la bataille de Lang Son par les troupes françaises !

Ma naissance signifiait que la descendance des Bonaparte était assurée. Cet événement tirait une importance particulière du fait que mon père était le dernier descendant de l'illustre famille Bonaparte. Selon une anecdote rapportée par le général Kœnig qui évoquait devant le général de Gaulle la résistance de mon père, celui-ci ne s'enquit pas d'abord de ses actes valeureux, mais lui posa deux questions : est-il marié ? A-t-il des enfants ? La question si importante de l'héritier étant réglée par ma naissance, j'étais désormais investi de tous les espoirs de la famille Bonaparte. Les constitutions impériales me désignaient comme le prince impérial !

Dans un *Jour de France* de 1952, sous une photo d'enfants dans les bras de leurs parents sagement assis, j'ai retrouvé cette légende : « Il y a trois générations d'aiglons dans le salon Empire : Charles, dans les bras de son père, Catherine dans les bras de sa mère, le grand tableau représentant Louis Eugène

Napoléon, fils de Napoléon III par Yvon. Le buste est celui du roi de Rome. Au premier plan, le portrait de l'impératrice Eugénie et celui de Hortense Bonaparte par Isabey. »

Deux mois après notre naissance, nos parents partirent pour un voyage de quatre mois aux Antilles, nous laissant avec la gouvernante, Néné. Lorsqu'à son retour notre mère voulut nous prendre dans ses bras, nous hurlâmes de peur. Catherine et moi sommes restés inséparables jusqu'à aujourd'hui. Enfants, nous avions dormi ensemble, joué, pris le bain et été promenés dans un grand landau, face à face. Nous portions les mêmes vêtements avec les mêmes motifs, les mêmes couleurs. Elle parla plus tôt que moi ; elle avait un petit appétit, mais comme j'étais glouton, je mangeais sa part. Sur des photos prises à deux ans, je regardais l'objectif avec un air déterminé et provocateur, crâne avec mâchoire carrée ; elle était réfugiée dans les jupes de notre gouvernante. Dans nos jeux, j'étais le commandant et elle, l'infirmière, façon d'inverser la réalité, car j'étais en réalité craintif et pleureur, alors qu'elle savait déjà dire non, à sa manière, avec douceur. Comme notre éducation nous privait de relations suivies avec d'autres enfants, nous étions un peu empruntés et timides. Entre nous, il n'y eut jamais la moindre jalousie : elle a toujours été bonne et compréhensive pour son frère qu'elle précéda d'une longueur sur les chemins de la vie.

Rien ne saurait mieux illustrer ce qu'on attendait de nous que cette coupure de *Jour de France*, datée de 1955 :

« La plus jeune des petites filles, dit la journaliste, me confie sans hésiter qu'elle a trois ans et qu'elle s'appelle Laure – Laure-Clémentine, ajoute son père. Je lui donne la rose que je porte, elle en fait une toupie ; son frère la réprimande.

— Charles aime les fleurs, me dit sa mère ; quand je l'ai mené à Bagatelle et qu'il a vu les roses, il m'a dit : on est bien ici, il faudrait que nous restions un peu… un peu, toujours.

Le petit Prince de cinq ans, debout sur la pointe des pieds, tend la main vers la grande épée posée en travers de la table. Son père lui dit :

— Charles, à qui était cette épée ?

— C'est l'épée de Napoléon, répond Charles, et il ajoute : Pourquoi il ne vient pas la chercher ? »

Conclusion de la journaliste : « De toute évidence, Napoléon, pour cet enfant, c'est quelqu'un qui habite cette maison ! » Voilà tout ce que la presse de l'époque trouvait à dire des Bonaparte.

La famille Foresta, dont est issue ma mère, tirait gloire d'être venue en France comme chambellan des papes d'Avignon, de sa permanente fidélité à l'Église et à la branche légitime de la monarchie française, celle qui se réclamait du sang de Louis XIV et non de la branche cadette des Orléans. Cette famille avait fourni une lignée ininterrompue d'échevins, d'avocats, de magistrats au royaume d'Anjou Provence. Mon grand-père, Albéric de Foresta, était dans la droite ligne de ces gentilshommes. C'était un homme sec à la taille moyenne mais de belle prestance, un visage aux traits fins avec une arête nasale fine et marquée, aux yeux brillants de malice. La moindre contrariété déclenchait chez lui des émotions qu'il ne parvenait pas à dissimuler. Il pouvait avoir les yeux humides d'émotion en évoquant un souvenir de jeunesse, ou un ami disparu. Mais il était chatouilleux sur les principes ; il avait la colère froide et le sens de l'honneur des anciens junkers.

Il se targuait d'être parti à la guerre de 14 sur son propre cheval, comme les aristocrates d'autrefois, et il n'avait pas hésité à quitter la cavalerie, arme naturelle des fils de la noblesse, pour se risquer à piloter les premiers biplans engagés sur le front. Jusqu'à la fin de ses jours, il vantera les qualités de son chasseur bombardier Spad modèle 1916. Quelques années plus tard, on présentait au Salon de l'aéronautique du Bourget la Caravelle, fleuron du salon. Je l'entends encore me dire : « Cet avion à réaction n'a aucun avenir, c'est un fer à repasser, il ne plane pas aussi bien que les avions à hélice ! »

Provençal depuis de multiples générations, il partageait les idéaux du mouvement félibrige, de Frédéric Mistral, d'Alphonse Daudet et de Charles Maurras. Il aimait à raconter la grande manifestation de la Concorde en 1934 où il défila, canne ferrée à la main, dans les rangs de l'Action française. Il disait pouvoir reconnaître un juif à son visage. Je ne pouvais pas alors mesurer ce que cela signifiait. Pendant la guerre, il avait fait confiance à Pétain pour sortir la France du désordre où l'avaient conduit les juifs et les francs-maçons. Il était curieux des changements de son temps et ouvert au progrès. Je n'avais pas encore six ans, qu'il me faisait partager son enthousiasme pour les travaux d'Einstein et les récentes découvertes qui avaient conduit à la fission nucléaire. À l'issue de la Première Guerre mondiale, il avait passé une licence de droit, ce qui n'était pas si fréquent à l'époque.

Son gendre, mon père, sortait de la Résistance lorsqu'il rencontra sa fille, en 1949. La venue chez ces légitimistes d'un descendant des Bonaparte n'allait pas de soi. Mais l'honneur de l'entrée d'un prince dans la famille l'emporta sur tout autre considération. Mon père de son côté désignait les monarchistes, toutes tendances confondues, comme des gens de la *maison d'en face*. Lui, se voulait d'une droite libérale. Plus tard, il admirera J.F. Kennedy et soutiendra Giscard d'Estaing. Il resta donc longtemps une sourde mais tenace hostilité de mon père pour les idées de sa belle-famille, lectrice assidue de *Rivarol* et de *Minute*. Pour maintenir l'harmonie familiale, ils convinrent de ne plus aborder ces sujets délicats, sauf au moment de la guerre d'Algérie où ils seront d'accord pour l'Algérie française.

Au soir de sa vie, mon grand-père racontait le conte de fées de sa rencontre avec ma grand-mère, Geneviève Fredet, dans un train qui le ramenait en permission du front. L'élégant officier avait été séduit et n'avait pas tardé à demander sa main à ses parents, une famille d'industriels grenoblois. Elle avait accepté les avances de mon grand-père avec les encouragements de sa famille car il n'était pas fréquent qu'un aristocrate de vieille souche demande en mariage la petite-fille d'un ingénieur récemment établi. La famille possédait à Brignoud une vaste demeure construite à la fin du XIXe siècle sur le modèle d'un château fort avec des tours d'angle, que l'on avait appelée un peu pompeusement le Château du Mas. Elle jouxtait l'usine à eau qui était à l'origine de la fortune. Dans cette famille de notables s'était produite une de ces histoires qui font le bonheur des pièces de boulevard : le père de Geneviève avait quitté son épouse pour suivre une belle gouvernante. L'épouse délaissée – Mamée, pour ses arrière-petits-enfants – vivait seule avec une gouvernante d'âge canonique, une certaine Ginette aux cheveux gras et au cerveau un peu dérangé. De cette arrière-grand-mère, je conserve le parfum de la poudre de riz dont elle se couvrait le visage et qui faisait un contact soyeux lorsque qu'elle nous embrassait. Elle avait consacré sa fortune aux artistes, musiciens et peintres de la région. Elle jouait du piano et chantait d'une voix haut placée et tremblante qui nous faisait pouffer de rire. Nous lui en redemandions. Elle se pliait à nos caprices : elle adorait ces taquineries enfantines et n'était pas dupe de nos polissonneries. Pendant la guerre, bien que maréchaliste, elle avait ouvert son château à des familles juives poursuivies. Elle avait des goûts excentriques. Dans son petit appartement de Grenoble, j'étais pétrifié par un petit bouddha chinois dont la tête en équilibre hochait dès que l'on faisait un pas. Je prenais mon élan et passais devant le guéridon en fermant les yeux.

Les Fredet avaient connu une belle ascension sociale : depuis le grand-père, modeste ingénieur, jusqu'à la petite-fille mariée au prince Napoléon, trois générations seulement s'étaient succédé. Geneviève, la fille Fredet, ma grand-mère, jouait du piano, aimait la musique, parlait du beau monde comme si elle y était née et se piquait d'anglais dont elle avait adopté les intonations. Elle était gaie et ne manquait pas d'histoires drôles. Parfois, elle tenait des propos grivois qui choquaient dans sa bouche et déclenchaient les rires pincés de mon grand-père qui n'était pas en reste. Paris et Londres étaient ses références en matière de spectacles, de mode, d'idées. Dans la société de Brignoud, il y avait les Roussy de Salles, aux comportements troubles pendant l'Occupation, des industriels et des aristocrates locaux, parfois un prêtre, comme la bonne société provinciale savait les réunir. Le beau mariage de sa fille Alix avec mon père l'avait remplie d'une immense fierté. Elle n'aurait pu rêver ambition sociale mieux satisfaite. L'affection qu'elle avait pour ses petits-enfants ne laissait aucune place à ce qui entravait ses valeurs : l'appartenance à une classe sociale élevée, les lumières de Paris.

Une vieille ânesse, Pomponette, attelée à une charrette d'enfants, nous tirait dans le parc de Brignoud en s'enlisant dans les graviers. Ce sont mes premiers souvenirs des longs étés passés dans la maison de mes grands-parents maternels au-dessus de Grenoble. La journée était cadencée par les sirènes de l'usine à wagons de la vallée, créée par la famille. Le dimanche où elles restaient silencieuses, tout semblait mort. Nous aimions à rouler dans la pente des prés jusqu'au tournis, nous aidions à monter les balles de foin sur de hautes charrettes à bœufs, sur lesquelles nous nous hissions pour rentrer à la grange. Nous attendions avec gourmandise la fin du bref instant entre la secousse que l'on appliquait aux pruniers et le déluge de fruits qui nous tombait sur la tête et dont nous nous délections jusqu'à la nausée. Il y avait à gauche de la façade principale des grands carrés plantés de marronniers et de tilleuls et, en contrebas, un tennis abandonné où l'on imaginait les échanges entre jeunes filles de bonne famille et jeunes hommes gominés. Nous, nous préférions l'odeur des prés en été, la récolte du foin, les pralines rouges de la brioche du pays, les orages qui roulaient dans la vallée du Grésivaudan. Il y avait des trésors dans l'armoire à jouets qui avaient appartenu aux générations précédentes : des Gédéon en carton, des livres en relief, des jeux de tarot, des brouettes d'enfant, des collections d'illustrés anciens. Mais ce n'était rien à côté de ce que nous avions entrevu dans les pièces du grenier qui servaient de débarras. Nous rassemblions notre courage pour découvrir, en écartant de grosses toiles d'araignées, des trésors bien plus grands encore : des malles d'officier remplies d'uniformes chamarrés et de sabres d'acier, des vélos à roues asymétriques, des raquettes de tennis, des livres anciens couverts de poussière et des revues de l'entre-deux-guerres aux photos délavées.

Dans le vaste garage séparé du corps principal, il y avait la Chevrolet Bel Air de mon grand-père, aux pare-chocs chromés, de longueur exceptionnelle, et une petite Dauphine Renault pour le service qui paraissait un modèle réduit. À côté, le matériel agricole sentait la poussière et la graisse, des scies circulaires et leurs bandes de transmission étaient affalées, un tas de sciure pour jeter sur le verglas en hiver remisé et des bûchettes serrées en tas contre le mur. Sur le sol lisse du garage, nous aimions nous pousser sur une charrette légère en slalomant entre les véhicules avant qu'elle se renverse, provoquant d'immenses éclats de rire. Par un escalier, on montait à la grange qui donnait sur l'étable où ruminaient deux rangées de vaches savoyardes dont les museaux se faisaient face et que nous n'osions pas traverser. Le fermier nous apprenait à les traire et à nourrir les veaux. Les jours de réception, nous aidions à ratisser le gravier, à élever au plus haut les jets d'eau du bassin, à tondre les pelouses de près. Ce jour-là, les enfants devaient être sur leur trente et un, et venir dire poliment bonjour au salon avant de déjeuner dans le petit salon où était le piano. Pour les hôtes les plus importants, ils étaient conviés à revenir au café. En récompense, ils avaient droit à une part de gâteau.

À la fin de l'été, mes grands-parents prenaient la route d'Arles pour rentrer chez eux, en Camargue. À l'entrée du pont de Trinquetaille, à la sortie d'Arles, nous criions : *camargue, camargue,* puis un grand *Camargue !* lorsque la voiture avait franchi le pont. Il fallait pourtant encore une bonne demi-heure avant d'atteindre le bout des grandes lignes droites qui annoncent l'entrée de Salin-de-Giraud, puis les bornes blanches marquant l'entrée de la propriété de plusieurs centaines d'hectares que mon grand-père avait arrachée au sel de la mer dans les années 1930 pour la transformer en domaine rizicole. Un grand mas entouré d'une vaste exploitation agricole leur sert de demeure. Ils ont aussi une ferme appelée les Charlots : nous pensions que c'était la maison de Charlie Chaplin ! La vie est ponctuée par la cloche qui appelle les ouvriers à la tâche. En septembre, ils sont nombreux, venus d'Espagne et du Portugal pour la récolte du riz. Ils forment de grandes tablées dont les rires parviennent jusqu'à la maison des maîtres. En hiver, beaucoup reviennent pour le repiquage du riz. Leurs jarrets nus sont recouverts de bandes de toile qui n'évitent pas les sangsues. Là, nous nous sentons libres. L'immensité des paysages, la grandeur inégalée du ciel qui s'ouvre en demi-sphère au-dessus des plates terres, les journées de mistral enivrent les petits citadins.

Notre grand-père était fier de son domaine agricole. Il avait réussi, par son travail, à arracher à la nature hostile cette belle exploitation où poussaient désormais des vignes, puis du riz. Il l'avait fait contre l'avis de ceux qui affirmaient que cette terre n'était bonne qu'à la chasse au gibier d'eau. Cette maison avait gardé le souvenir de leur fille aînée, ma mère, qui avait été une si bonne cavalière. Les voisins se souvenaient encore de ses longues chevauchées sur la plage qui mène par le Sambuc aux Saintes-Marie-de-la-Mer. C'est que la fille Foresta ne devait pas passer inaperçue sur son cheval camarguais Aquaviva monté à la dure par cette cavalière à l'air déterminé et hautain qui faisait dire aux voisins qu'elle se prenait déjà pour quelqu'un. Son père devait en tirer une secrète fierté, comme une revanche sur le garçon qu'il n'avait pas eu, signifiant la disparition de sa lignée. Mais pour l'heure, la maisonnée résonnait des cris de ses petits-enfants qu'il appelle ses *fillous* et qu'il préfère avoir pour lui seul, sans sa fille. Le soir venu, dans l'attente de son retour, nous montions sur un banc pour apercevoir les pinceaux des phares de sa voiture que nous confondions avec les éclairs jaunes du phare de Faraman.

En 1956, mes parents entreprirent un voyage de plusieurs mois en Afrique. Dans la chambre, nous marquions par des punaises de couleur la progression de leur périple sur une grande carte du continent africain. À leur retour, je découvris que ma mère avait suivi des cours d'infirmière pendant la guerre. Comme j'avais attrapé la varicelle, elle se fit aide-soignante. D'un geste brusque elle changeait les bandages et d'une main autoritaire elle appliquait sur ma peau les poudres cicatrisantes. En même temps, elle montait sous verre les diapositives de son voyage qu'elle entourait de bandes adhésives jaune et rouge. Dans ma fièvre, je voyais des images de grands Noirs à côté de pygmées minuscules et des danses colorées comme il y en avait sur les rideaux, au milieu desquelles mon père émergeait en short beige et en manches courtes, coiffé d'un casque colonial.

Après l'école des filles, où on m'avait inscrit pour ne pas me séparer de ma sœur jumelle, on me fit entrer dans une privée pour garçons, chez les jésuites de Franklin à Paris. Cette fois, le matin et le soir, c'est le chauffeur, Léon, qui venait me chercher. Interrompant son service de maître d'hôtel, il revêtait un long manteau sombre de chauffeur et se couvrait d'une casquette à visière noire pour s'assoir dignement au volant de la 2CV Citroën qu'il fallait une fois sur deux démarrer à la manivelle. Il m'ouvrait cérémonieusement la porte arrière en utilisant la troisième personne. Je rentrais à la maison, assis sur les sièges de toile. Son immatriculation, 1 JK 75, montrait que cette voiture n'était pas celle du premier venu. À l'époque, un coup de fil au préfet de police permettait de choisir le numéro de sa plaque. Mais on eût plutôt attendu un tel numéro sur une DS Citroën ou une 403 Peugeot officielle. J'enviais mes camarades qui rentraient chez eux en se chamaillant !

La base de l'éducation de la haute aristocratie n'est pas dans ce que l'on vous dit, mais dans ce que l'on ne vous dit pas. Il faudrait sans doute expliquer les codes à d'autres venus de l'extérieur, mais pas aux siens. Ainsi mon père n'a jamais dit un mot ou écrit une ligne sur le contenu de l'héritage napoléonien.

Ses enfants ne pouvaient pas ne pas le connaître. Aux âmes bien nées, il n'est pas nécessaire d'expliquer le protocole, chacun y prend sa place, naturellement. C'est cela la tradition. J'appris que je devais d'abord me conformer à ce que l'on attendait de moi et que je devais déduire du monde qui m'entourait. Le regard des autres, c'est la manière pernicieuse par laquelle on reproduisait les préjugés familiaux. Aussi, j'étais toujours à la recherche d'approbation, craignant le jugement des autres, mes camarades, ma famille, ma mère. Dans le regard de mes camarades je trouvais bientôt une ironie moqueuse. La redingote et la casquette de Léon au volant de la 2CV étaient leur cible privilégiée. Un fossé se créait peu à peu entre les attentes de mes parents et la réalité qui m'entourait. Il me fallut encore quelques années avant de voir clair.

J'étais résigné et inquiet, craignant en permanence de ne pas être à la hauteur. Une boule me lestait le fond du ventre dès le matin. Pour m'en défaire, je passais et repassais en revue le contenu de mon sac et de ma trousse qui étaient dans un ordre parfait. La timidité, le sentiment d'être toujours en faute m'empêchaient de prendre part aux jeux de la cour de l'école. À la récréation, je ne parvenais pas même à traverser la cour où mes camarades s'ébrouaient en tous sens. J'attendais en vain qu'une trouée se produise pour me laisser le passage. Je craignais que mes camarades reprennent la rengaine si souvent entendue : *Napoléon est mort à Sainte-Hélène, son fils Léon lui a crevé le bidon...*

Je revois encore les lettres calligraphiées découpées dans du plastique souple bleu pour les consonnes et jaune pour les voyelles qu'il fallait poser sur un tapis pour former les mots. Je faisais et défaisais les syllabes en imaginant pouvoir changer aussi facilement ce qui m'entourait. Je me voyais encore comme l'acteur d'un film qui doit recommencer les scènes pas satisfaisantes. Par la pensée, je rejouais sans cesse les épisodes où je n'avais pas été conforme à ce que l'on attendait de moi. J'ai eu dès l'enfance un sentiment confus de la plasticité de la vie, et la sensation que je savais donc bien m'adapter aux circonstances.

Ma mère discernait maintenant les premiers signes de ce qu'elle avait toujours pressenti et redouté : que son fils aîné ne soit pas à la hauteur ! N'était-ce pas particulièrement inacceptable qu'un descendant du grand Empereur ne soit pas premier en classe ? Je ne savais pas précisément pourquoi j'étais comparé à ce personnage. Mais je prenais chaque fois la résolution de mieux faire pour éviter au moins le courroux de ma mère. Dans ma chambre, je redevenais l'enfant médiocre, incapable d'atteindre le sommet des espoirs qu'elle plaçait en moi. Le seul prix qui me fut attribué en primaire, mis à part quelques accessits pour bonne camaraderie, fut un prix de poésie. Je rentrai fièrement à la maison où j'eus droit à ce commentaire : « Jamais tu ne seras poète, ce n'est pas un métier d'homme ! »

J'éprouvais une aversion particulière pour les cours d'éducation physique. On passait des petits chaussons avant de s'élancer sur un tapis de crin pour sauter au cheval d'arçon : j'étais gauche et raide et n'aimais pas donner mon corps en spectacle. À l'échelle horizontale, mes mains me lâchaient dès le deuxième barreau. Tous les enfants de notre milieu devaient savoir monter à cheval. J'appris dans un petit manège, rue de la Faisanderie, aujourd'hui remplacé par un commissariat de police. Il y avait quelques box et un manège pas plus grand qu'un salon où les chevaux avaient à peine la place de tourner. Le maître de manège, un ancien du Cadre noir, donnait les ordres à ses chevaux plutôt qu'à ses élèves. En quelques signes et claquements du fouet ils se mettaient en marche, au galop, prenaient la diagonale ou s'arrêtaient brusquement. Une fois par reprise, les chevaux avaient droit à un temps de liberté où ils pouvaient s'ébrouer, précipitant à terre leurs cavaliers qui redoutaient, dans un espace si petit, d'être écrasés contre les murs ou piétinés. Pendant quelques minutes, il régnait alors un désordre d'apocalypse. Puis, les chevaux reprenaient leur morne parcours. Tremblants de peur, nous étions invités à remonter en selle. Le maître de manège aimait à nous faire exécuter des mouvements de gymnastique, sans étrier, sans bride et parfois sans selle. Je n'en menais pas large, surtout quand il me traitait d'artiste et gratifiait le cheval d'un vif coup de fouet. Comme il n'y avait pas encore de télévision chez mes parents, nous étions autorisés à regarder *Rintintin*, la première série télévisée du mercredi après-midi, l'histoire d'un chien de l'armée confédérée, chez un camarade. J'adorais l'histoire de ce chien fidèle. Seule survivance de ces temps, les petits Lu à la framboise que nous déchirions à pleines dents et qui n'ont changé ni de goût ni de présentation.

L'aumônier de Franklin offrait aux enfants de chœur un bol de chicorée avec des tranches de pain beurré après la messe et cherchait des candidats pour son camp scout. Cinquante ans après, il fit l'objet de plaintes pour comportements pédophiles. Mais on avait décidé que les seuls scouts auxquels je devrais appartenir étaient les scouts marins que l'on voyait chaque année souquer sur la Seine où se tenait alors le salon nautique. Un spectacle faisait l'admiration de ma mère : en plein hiver, un prêtre en petit slip de bain plongeait du haut du pont de l'Alma dans l'eau glacée de la Seine pour rassembler quelques pièces au profit de ses scouts.

Je préférais les prêtres aux arguments policés qui proposaient des idéaux élevés, comme savaient si bien les employer les Jésuites. Ma religion était faite d'un catalogue de prescriptions. On s'attachait à apprendre la liste des péchés, à connaître l'échelle de leur gravité, à réciter le catéchisme de Daniel Rops illustré de scènes représentant la vie de Jésus. Pourtant, le rituel de la messe, le mouvement des enfants de chœur aux aubes rouges à surplis blanc, les processions ordonnées, l'odeur de l'encens, le *Veni Creator* et le *Tantum Ergo* parlaient à mon cœur d'enfant.

Sitôt l'heure de midi, la cloche de l'école nous rassemblait pour aller sous la direction du surveillant vers le réfectoire du grand collège. Le groupe des demi-pensionnaires traversait les paisibles rues du 16e arrondissement en criant et en se bousculant pour arriver premier. Je marchais en arrière, laissant devant cette bruyante cohorte. Dans la course pour les places de table j'étais souvent dernier et ne cherchais pas à m'imposer pour un deuxième verre de limonade. Lors de la remise des bulletins, ma mère me pressait de questions. À l'évidence, je n'étais pas le chef qui se distinguait par son charisme, ni celui qui mettait en œuvre ce qu'elle me répétait désormais chaque fois, « Il faut que ça passe ou que ça casse ! ». Je me réfugiais dans les mondes de Jules Verne et de Dumas : *Robinson Crusoé*, *Les Trois Mousquetaires* et *Le Tour du Monde en quatre-vingts jours*. Un de mes premiers livres fut une biographie du général de Gaulle que je lus d'un trait. J'étais impressionné par ce personnage qui avait su dire non.

Lorsque j'eux dix ans, Néné quitta la maison. Le dernier matin, nous étions en larmes : Néné allait nous quitter définitivement, nous ne la reverrions plus jamais, nous serions désormais seuls. Un dernier regard dans l'entrebâillement de la lourde porte d'entrée encadrant son beau visage aux mèches grisonnantes. Elle nous envoya très vite des nouvelles de la famille chez qui elle travaillait désormais. Puis ses nouvelles s'estompèrent. Nous la retrouvâmes, adultes, quarante ans plus tard. Elle avait gardé cette présence énergique et douce qui nous avait tant rassurés, son bonheur de vivre chaque instant de la vie, son amour des enfants petits. Elle accepta la vieillesse et la maladie même lorsqu'elles la privèrent de son plus grand bonheur, celui de marcher le long du Rhin où elle avait pris sa retraite. La mort ne lui faisait pas peur, elle avait vu tant de naissances et savait que la nature avait toujours le dernier mot. Elle disparut pendant l'hiver 1995 sans nous faire savoir que ses derniers jours étaient arrivés, sur la pointe des pieds, nous laissant le trésor le plus précieux, ce qu'elle avait gardé de notre enfance, des albums de photos et des mots d'enfant griffonnés : « Néné, je t'aime comme une route sans fin, je dirai à mes enfants combien tu as été gentille pour moi ! »

On fêta mes dix ans par un froid soleil d'octobre sur les digues du lac Léman en Suisse, dans la propriété de Prangins que mes parents venaient d'aménager. C'est une demeure où avait habité mon arrière-grand-père, Plon-Plon, le fils de Jérôme Bonaparte, depuis son exil de France en 1886 et jusqu'à sa mort. Mon père aimait cette maison familiale qui lui rappelait les moments qu'il y avait vécus avant la guerre. Il appréciait le calme du bord du lac et la proximité de la montagne. Ma mère aurait souhaité reprendre le château de Ronchinne à la mort de ma grand-mère paternelle Clémentine et vivre en Belgique, à proximité de la Cour. Pour mon père, il n'était pas question de revenir dans ce lieu qui lui rappelait sa mère. En Suisse, son épouse se sentait dans un quasi-exil, loin des mondanités. Elle ne cessait de brocarder la balourdise des Suisses et de se plaindre du froid et de l'humidité. Son humeur était exécrable.

Alors que mes parents s'installaient en Suisse, ils choisirent pour mon collège un pensionnat, en Haute-Savoie, à Abondance. Je refis cette route pendant six ans, chaque trimestre, avec le même effroi : elle contournait le lac Léman par Genève puis traversait Thonon avant de plonger dans la sombre vallée de la Drance pour déboucher dans l'étroite vallée d'Abondance. Le pensionnat est tout au fond d'une vallée sombre. Je pris l'habitude de chasser de moi toute émotion, toute évocation inutile du passé pour accepter un présent que je n'étais pas encore en état de changer. J'appris ainsi la patience et l'endurance. Les classes de sixième et de cinquième étaient regroupées dans un premier chalet placé sous l'autorité d'un jeune prêtre issu de la campagne, brutal et colérique, tout juste capable de nous faire réciter les déclinaisons latines. J'étais placé dans cet établissement en raison de la confiance que ma mère avait accordée à un abbé boitillant qui dirigeait l'école par la terreur. Pour se venger de son infirmité, il faisait étalage de sa force. Il aimait à réunir l'école pour montrer que, malgré son infirmité, il excellait à la barre fixe. Nous devions applaudir à ses démonstrations. Bien qu'il n'y eût aucune chance que l'on nous confondît avec les enfants des paysans qui vivaient durement dans cette montagne, nous avions l'obligation de porter en permanence un petit insigne distinctif sur lequel était portée la devise de l'école : confiance et charité. Cette devise donnait matière à de longs discours où s'étalait toute la rhétorique creuse dont étaient capables ces prêtres bavards. J'en conçus une aversion profonde pour la logorrhée d'Église et les sermons.

La vie quotidienne était réglée depuis le lever à sept heures jusqu'au coucher à dix heures. Pendant six ans, je suivis ce rythme. Nous dormions par dortoir de trente au bout duquel logeait un surveillant. À l'autre extrémité, une salle de bains, quelques lavabos, deux douches. Tous les mercredis et les dimanches après-midi, quel que soit le temps, nous partions en promenade dans la montagne. C'est l'occasion pour les abbés de montrer leurs principes éducatifs : des sorties par de froides journées de novembre où la pluie se transforme en neige dès que l'on monte en altitude. Nos vêtements étaient trempés, nos chaussures pleines d'eau et de boue, notre béret dégoulinant, mais il fallait marcher jusqu'au bout, et gare aux traînards.

La distribution des bulletins de couleur était le rituel immuable du dimanche soir. Les bulletins roses étaient pour l'achat des fournitures distribuées une fois la semaine, les bulletins jaunes pour la consultation médicale, les bulletins bleus pour la confession. Il était conseillé de passer au moins une fois par mois à la confession, comme chez le coiffeur ! Nous étions convoqués dans le bureau de l'abbé qui nous gardait en fonction de la gravité de nos fautes. C'était une époque où on ne plaisantait pas avec la confession ; elle pouvait déboucher sur des péchés mortels qui vous priveraient à jamais du paradis ! Dans cet univers clos, nous échafaudions des cabales en traitant de protestant un maître que nous avions pris en grippe. Tout cela alimentait des confessions interminables que l'on meublait de fautes inventées pour justifier un pardon plus généreux. Nous ne connaissions pas le sens de la moitié des péchés énumérés dans le catalogue intitulé : *Pour bien se préparer à la confession.* Un soir d'orage d'été grondant dans l'étroite vallée, une soudaine bouffée d'air poussa les persiennes de la chapelle qui cédèrent au vent. L'Esprit Saint était entré ! La veille de Pâques, il y avait une retraite de trois jours pendant laquelle nous faisions le grand ménage de nos consciences enfantines.

Je suis contraint d'écrire chaque semaine à mes parents à l'heure du repos silencieux qui suit le déjeuner. Dans ses réponses, ma mère me décrit sa vie, partagée entre une existence paisible, faite d'insignifiances, et des obligations mondaines qui la conduisent avec mon père, en France et à l'étranger, chez des rois ou des capitaines d'industrie. Une vie confortable, établie, bourgeoise, aux soucis de personnel, de chiens, de voyages aux motifs futiles. Curieusement, je ne trouve dans ces courriers aucune place pour l'histoire familiale, hors quelques coupures de reportages ineptes dans *Point de vue*. Beaucoup de place est à l'inverse consacrée aux affaires du quotidien, aux vêtements à prendre ou à laisser, aux horaires de départ et d'arrivée : le style est d'une précision militaire, le ton toujours impérieux. Quand mes notes lui parviennent, elle fustige un fils léger, manquant d'idéal et paresseux. Elle retourne ses courriers en soulignant d'un crayon rageur les fautes d'orthographe et en exigeant qu'ils lui soient renvoyés corrigés :

« Je me rends compte que tu manques encore plus de volonté que je m'imaginais et que tu ne t'en rends même pas compte ! Je me demande vraiment ce qu'il faut faire pour que tu prennes enfin conscience de tes responsabilités d'homme !

Je suis également fâchée mais je suis inquiète et j'ai du chagrin : je vois que nous ne pouvons pas compter sur toi, sauf pour jouer au bord de l'eau : c'est un bien maigre idéal.

As-tu relu la lettre que je te renvoie cousue de fautes monstrueuses ? On t'aime bien fort, mon Chéri, mais je ne te demande plus rien puisque tu n'es pas capable de tenir la moindre résolution. »

Les rares courriers de mon père évoquent ses voyages, ses travaux dans le parc, ses randonnées. Il fait peu de commentaires sur mes résultats. J'ai aussi conservé des lettres de mes sœurs qui évoquent à mots couverts le climat de violence familiale en Suisse. Quand mes parents viennent à Abondance, je garde le souvenir des colères de ma mère qui se levaient pour un rien : un oubli, une réponse tardive, un nom de famille écorché. Ah, quelle importance elle attachait au rang social, à la réputation, aux titres nobiliaires ! Sa quête permanente de perfection rendait ses rares visites insupportables. Pendant ce temps, mon père restait muet.

À Abondance, tous les élèves attendaient avec une impatience que les maîtres ne parvenaient pas à contrôler le départ en vacances. La veille, on descendait les valises des greniers. Le jour venu, les placards étaient vidés en quelques secondes, de gros flocons de poussière sortis d'on ne sait où envahissaient les chambrées. Après une ultime messe et le lever des couleurs, les bus qui conduisaient mes condisciples à la gare pour Paris étaient en ligne dans la cour, quelques voitures de parents passaient le seuil de l'institution. Le collège se vide. Ma gorge se serre lorsque j'approche de Prangins, dans la voiture de service conduite par le jardinier. Si l'accueil de ma mère est chaleureux, je sais qu'elle changera brusquement avec la lecture du bulletin de mes notes, et j'entends une nouvelle fois les reproches de toujours. Le lendemain, elle nous fait venir dans le grand salon pour une leçon d'histoire appliquée :

« Charles va nous dire comment s'appellent les Bonaparte qui figurent sur les murs et quels sont leurs liens de parenté entre eux ?

Catherine, quels sont leurs liens de parenté avec nous ? À quelle date sont-ils nés ?

Laure, comment s'appelle cette beauté lascive abandonnée sur son sofa ? »

Nous concevions une vive aversion pour ces personnages en uniformes chamarrés sur fond de batailles et ces reines en diadème, dont les tableaux sont aujourd'hui à Fontainebleau. J'en finis par haïr cette famille. Il fallut que je dépouille ces parents lointains de leurs uniformes d'apparat pour prendre la juste mesure de leur talent et de leurs parcours exceptionnels.

Dans les années 1965, Georges de Caunes, un présentateur de télévision très connu, vient à Prangins pour un reportage sur les descendants des Bonaparte dans le monde. C'est ma mère qui fait visiter la maison et montre les œuvres d'art des salons avec beaucoup d'aisance et une modestie de bon ton. C'est elle qui présente mon père, dans sa propre maison, comme s'il était devenu prince consort ! Il parle de la guerre avec des propos modestes. Il répond au journaliste qui lui pose la question de ses motivations pour le trône impérial par une formule vide : « Je ne prétends à rien, je suis disponible, si on me le demande. » Comme si en politique on allait spontanément vous proposer le pouvoir ! Il est montré au volant de voitures rapides avec des amis de jeunesse parmi lesquels il paraît beaucoup plus à l'aise. Nous sommes d'une sagesse exemplaire, nous allons à vélo pêcher au bord du lac et je suis interrogé dans la salle de jeux sur le métier que je voudrais exercer plus tard. Une hésitation, puis c'est la réponse soigneusement préparée par ma mère : « Je serai marin, mon modèle, c'est Jean Bart ! » Mais immédiatement, comme je veux encore ajouter un mot, dire que j'ai d'autres choses en tête, elle me coupe la parole et m'envoie jouer. La caméra surprend le regard furieux que je lui adresse, immédiatement suivi du sourire d'un fils soumis. Voilà l'image que voulaient offrir les descendants de la famille Bonaparte qui a propagé les idéaux de la Révolution partout en Europe : une vie rangée, bien lisse. Aujourd'hui, j'aime revoir ce film et je mesure le chemin parcouru. Quand il est repassé récemment sur FR3 Corse, plus d'une Ajaccienne m'a arrêté dans la rue pour me dire : « Je vous ai vu hier soir à la télévision, que vous étiez mignon à treize ans ! »

En 1967, je retrouve Paris que je traverse chaque jour en métro pour suivre les cours du lycée Janson-de-Sailly. L'odeur de poussière et les trépidations du sous-sol me rappellent les trajets en métro que je faisais, enfant, tenant fermement la main gantée de mon grand-père de passage à Paris. Je suis comme un provincial. Le grand lycée me semble une gigantesque gare de triage où se croisent des milliers d'élèves. Oubliées, les craintes d'enfance qui me faisaient redouter de traverser même une cour de récréation. Le conseil de classe m'accepte en terminale scientifique avec latin et grec, dans une série d'élite maintenant disparue, A'. Je goûte à la beauté des marronniers en fleur dans le bas des Champs-Élysées et à la transparence de l'air. Je vis chez une famille du boulevard Saint-Germain, amie de ma mère. Je suis heureux dans cette famille cultivée et libérale où chacun peut exposer ses idées sans crainte. Le dimanche, je suis parfois invité à déjeuner chez mes parents, boulevard Suchet.

C'est au stade que j'entendis parler pour la première fois d'une grève d'étudiants à Nanterre. Le chemin par lequel nous allions chaque semaine du lycée au stade de la porte de la Muette offrait un moment de détente dans le programme chargé de terminale. Des étudiants faisaient grève à Nanterre pour obtenir le droit de recevoir des filles dans leur chambre. Des plaisanteries et des rires gras fusaient ! Ces fils de bonne famille étaient par principe contre la grève et le prof de gym parlait des désordres de ceux qu'il nommait des *enragés*. La semaine suivante, on apprit que le ministre de l'Éducation nationale avait été bousculé à Nanterre et que d'autres facultés se mettaient en grève. Les événements de 68 commençaient.

Mes opinions politiques étaient jusqu'alors d'un conservatisme de bon aloi. J'admirais les grands administrateurs qui avaient su remettre en ordre leurs États détruits par les guerres ou lancer des réformes hardies, les de Gaulle, Kennedy et Mendès France. J'étais du côté des Américains qui combattaient pour la liberté au Vietnam. J'admirais le courage des juifs pendant la guerre des Six Jours : David seul contre Goliath. Je n'ai pas le souvenir que quiconque au lycée ait défendu les Palestiniens avant les événements de 68. Il y avait dans la classe le petit-fils du grand constructeur français dont les avions avaient sauvé Israël. Les événements de Nanterre leur paraissaient futiles et les désordres de la rue n'éveillaient qu'hostilité. Ils allaient trouver chez moi une résonance particulière.

Le troisième trimestre devait me conduire presque immanquablement au baccalauréat car, sans être parmi les meilleurs, j'avais largement le niveau requis. En avril, les syndicats étudiants et lycéens mettent à profit les vacances de Pâques pour s'organiser. Ils tiennent dans chaque lycée des réunions d'information, dressent des stands de soutien à la guerre du Vietnam et à la résistance palestinienne. Notre professeur de philosophie, jeune agrégé de Normale sup, nous encourage à réfléchir aux événements en cours et nous propose des interprétations à partir de Karl Marx, revu par Herbert Marcuse, Ivan Illich, et la psychologie freudienne revisitée par Wilhelm Reich. La plupart de mes camarades s'en moquent :

« On n'a pas le temps de faire la révolution, le bac, c'est pour bientôt !

Eh les gars, que faites-vous de la solidarité étudiants-lycéens, ça a encore cogné cette nuit au Quartier latin !

On s'en fout, c'est pas eux qui vont nous faire rentrer en Math sup ! »

Il est interdit d'interdire, ce slogan résonne si bien dans mon esprit adolescent ! Les slogans situationnistes chargés de force poétique me transportent et dévoilent à mon âme encore jeune la vraie vie, celle qu'il ne sera pas nécessaire de rejouer. Je prends soudainement conscience que les combats du Viêt-cong et des Palestiniens sont le prolongement, ailleurs, de ma propre révolte contre un ordre familial injuste et désuet. C'est l'époque où fleurissent les Comités Vietnam de base dans le sillage des étudiants de l'UNEF et les Comités d'action lycéens qui appellent à de grandes manifestations. Je suis désormais de toutes les réunions. Je vois passer les manifestations sur le boulevard Saint-Germain sans encore oser m'y mêler. Elles sont violemment dispersées par des CRS armés de longs bâtons qui chargent en hurlant. Parfois les manifestants ont le temps de dépaver une portion de rue, de sortir des grilles d'arbres, de couper les platanes du boulevard pour se protéger. Mes parents me recommandent une nouvelle fois de ne pas me mêler à ces communistes, les chars russes sont si proches de Paris !

Un soir de mai, je suis encore rempli du parfum du corps de Christina qui m'avait invité chez elle, quand j'entends sur Europe 1 les premiers reportages en direct du Quartier latin. Elle ne voulut pas me suivre. Dommage, amour et révolution font si bon ménage ! C'est une belle nuit de mai. L'air est doux. Les bourgeons des marronniers viennent à maturité et deviennent des chandelles blanches et roses. Les rues sont noires de monde, des badauds, des habitants du quartier, de simples curieux, des manifestants ; c'est la fin d'une manifestation, de nombreux groupes déambulent pendant que d'autres crient encore des slogans. Des cars sombres sont garés au bord des trottoirs, parmi lesquels il est aisé de distinguer ceux de la gendarmerie mobile, des compagnies de CRS et de la police parisienne avec les grands bus vides et grillagés, les paniers à salade, pour nous embarquer, et les petites estafettes de commandement. Plus haut, au coin de la rue Gay-Lussac et du boulevard Saint-Michel, un kiosque renversé brûle, des barricades s'élèvent. Ce soir, ma révolte prend forme. J'approvisionne les barricades en pavés. Derrière ces digues plus hautes qu'un étage, règnent tension et fébrilité, tandis que des groupes casqués se préparent à la charge. J'éprouve pour la première fois le sentiment enivrant de ne faire qu'un avec la foule. Je suis pris dans les mouvements de charge de police, suivis de contre-charge des manifestants. Les avancées et les retraites se poursuivent jusqu'au petit matin dans les gaz lacrymogènes et dans l'étrange obscurité qui recouvre Paris. Je parviens à échapper à un barrage de police en faisant valoir que je suis appelé en pleine nuit par ma mère malade ! On me laisse passer après une fouille serrée. Quand le petit jour est encore blanc, je rentre épuisé dans l'appartement calme et bourgeois que j'occupe rue de Luynes. Rien ne sera plus comme avant. À la radio, Dutronc, *il est cinq heures, Paris s'éveille, il est cinq heures, je n'ai pas sommeil…* Le lendemain, toute la presse titre sur une nuit d'insurrection au Quartier latin. Je n'ai vu que camaraderie chaleureuse et le désir de changer un monde vieux. Mon refus d'une famille figée rejoint désormais la révolte des jeunes contre la société compassée de la fin du gaullisme.

Au lycée, pendant que les autres préparent leur bac, nous organisons les manifestations et les assemblées générales. Les motivations les plus variées poussent les gens dans la rue : une épouse de militaire me conduit un jour de grève jusqu'au Quartier latin, elle est d'extrême droite et pense que l'occasion est offerte de venger enfin les soldats d'Algérie trahis par de Gaulle. Au grand amphi de la Sorbonne, c'est l'agora où de grands intellectuels tentent de s'exprimer après des discours délirants, où des groupes peu recommandables de *katangais* élisent domicile. À l'Odéon, les occupants portent des costumes invraisemblables tout droit sortis du magasin des accessoires. Il y a aussi une grande manifestation au rythme lent et solennel sur les boulevards des Maréchaux à la mémoire de Gilles Tautin, un jeune tué à Flins.

Fin mai, mes parents quittent Paris pour se réfugier en Suisse. Ils m'enjoignent de les suivre. J'ai à l'esprit la fuite du roi et Varennes. Aux portes de Paris, je croise des camarades qui partent manifester. J'espère que nous serons arrêtés avant la frontière, mais les routes sont d'un calme surprenant. C'est la rage au cœur que j'entends sur Europe 1 Ivan Levaï commenter en direct les nouvelles de la rue, que j'assiste sur l'unique chaîne de l'ORTF au discours du général de Gaulle après Charléty et à la contre-manifestation monstre des Champs-Élysées. À Nyon, la ville la plus proche de Prangins, il n'y a pas même un camion pour remonter sur Paris à cause de la grève générale en France. Je consacre les derniers jours de juin à rattraper le retard accumulé. Peine perdue : je serai parmi les rares recalés au bac de 68 !

Je passe une partie de l'été au lycée Vaugelas de Chambéry : pensionnat mixte et liberté totale hors des cours. Il fallait au moins tenter la session de rattrapage. J'allai d'abord visiter la maison des Charmilles chère à Jean-Jacques Rousseau dont j'avais tout lu. Après les cours, nous traînions dans les bars en commentant l'écrasement du printemps de Prague par les troupes du pacte de Varsovie, la mobilisation du peuple qui effaçait les noms des rues pour égarer les tankistes russes, le sacrifice de l'étudiant Jan Palach pour les mêmes idéaux de liberté que les nôtres. Je ne serai jamais communiste. Je fis connaissance avec le commissariat de Chambéry où nous fûmes conduits une nuit pour avoir chanté Bob Dylan à la guitare, devant la gare. On passait en boucle The Moody Blues, « Nights in White Satin », et David McWilliams, « Days of Pearly Spencer ». Les plus fortunés fréquentaient les boîtes de nuit. Je préférais les discussions dans les bars enfumés jusqu'au petit matin.

L'été, mes parents m'envoient sur le chantier de fouilles de la ville antique d'Aléria en Corse, dirigé par un universitaire lyonnais. Ce n'est pas la première fois que je me rends sur la terre natale de ma famille. Nous y étions souvent venus, enfants. Le plus souvent, nous arrivions à Ajaccio en bateau, au petit matin. La fanfare municipale était au pied de la passerelle et interprétait *L'Ajacienne* au moment où mon père mettait le pied sur la terre ferme. Il y avait ensuite les petits-fours à l'hôtel de ville et le discours du maire bonapartiste, auquel répondait mon père qui lisait ses notes. La famille a quitté la Corse en 1793, dans des circonstances que j'évoquerai plus loin, et n'y a depuis jamais vécu. Le tombeau familial est dans la chapelle impériale, près du musée Fesch. Mon père, mort en 1997, et la plupart de mes ancêtres y reposent. Quand j'ai été élu à Ajaccio, en 2001, j'ai découvert que les gens voyaient de temps en temps ce monsieur à la haute taille présider quelque cérémonie, inaugurer le tour automobile de Corse, mais de loin. Et pourtant, il aimait une autre Corse dont il aurait pu partager l'intimité. Celle de la montagne, vers laquelle le conduisaient naturellement ses goûts, celle du parc régional dont il s'est occupé lorsqu'un de ses amis le dirigeait, celle de la mer, des plages du Sud où il nous avait emmenés camper, enfants. Là, il était heureux, s'adressait aux gens avec une sorte de facilité que nous ne lui connaissions pas. Il y avait un fossé entre les cérémonies qui lui étaient imposées et ses goûts qui le rapprochaient des gens simples et de la nature. Il n'a jamais trouvé la force de sauter le pas pour donner cours à ses préférences.

Sur la côte orientale de l'île, la ville antique d'Aléria est située sur les terres du pénitencier de Casabianda qui fournit une main-d'œuvre abondante aux travaux d'excavation. Je loge avec quelques étudiants à l'hôtel d'Aléria. L'ambiance est studieuse car les étudiants préparent leurs mémoires de fin d'études. La fouille de la nécropole gréco-romaine et les travaux de nettoyage et de classement des objets entreposés dans le fort génois de Matra occupent mes journées. J'aime l'excitation de découvrir des objets enfouis depuis des millénaires, le collage et le déchiffrage des fragments de terre cuite. Sur le toit-terrasse du fort génois, on boit l'apéritif au soir des chaudes journées d'été. De là, on a une vue plongeante sur la vaste plaine herbeuse puis sur les peupliers qui bordent le cours paresseux du Tavignano, oasis de verdure qui contraste avec le maquis qui s'étend au-delà jusqu'aux montagnes. L'air de la mer et des étangs proches fait sentir ses effets délétères : la ville a été vaincue, non par les armes, mais par les eaux saumâtres porteuses de malaria. Les moustiques sont toujours là. Sans moustiquaire, il est impossible de trouver le sommeil. Le professeur qui dirige les travaux ne semble pas traumatisé par les événements de 68 qu'il a connus à l'université de Lyon ; il me recommande de bien mesurer la distance qui sépare mes idées de celles des amis de mon père qui prennent Giscard d'Estaing pour un progressiste ! Qu'auraient pensé ces conservateurs du jeune Bonaparte plongé dans les tourments de la révolution corse puis française ? À coup sûr, ils auraient rejoint les monarchies coalisées contre la France postrévolutionnaire gouvernée par le jeune Premier consul corse.

Pour commencer l'année, mes parents eurent la malheureuse inspiration de m'inscrire dans l'une des écoles les plus huppées de France, en Normandie. Je m'en évaderai quelques jours après. Je me souviens du premier repas à mon retour à Paris. Attablé devant une soupe chaude, j'étais seul, libre, mais si heureux. De la chambre de bonne prêtée par un ami, je voyais la Seine. C'était pendant les froides et grises journées de fin d'année. Je lus beaucoup et fis quelques achats de nourriture car mes maigres économies ne me permettaient pas de prendre tous mes repas au restaurant. Je me fixai pour objectif de terminer mon année scolaire dans un lycée et non dans une institution huppée dont tout me séparait. J'ignorais que mon père avait déjà alerté la police qui me recherchait. Après quelques jours, je me décidai à l'appeler. Comme je craignais de ne pouvoir accéder à lui, j'utilisai un nom d'emprunt. Sitôt qu'il me reconnut, sa voix devint blanche, il me sembla qu'il enregistrait notre conversation. Il insista pour savoir où j'étais ; je lui proposai un rendez-vous pour le lendemain. L'entrevue eut lieu boulevard Suchet, dans le bureau de ma mère. Ils tentèrent de faire valoir les sacrifices qu'ils consentaient pour moi et leur inquiétude, auxquels je ne répondais que par de l'ingratitude. Je rétorquai que je voulais étudier dans le public. Quelques jours après, je partis pour le lycée Bertholet d'Annecy. Le préfet de Paris me confia plus tard que mon père lui avait recommandé de me garder quelques jours sous clé ! Sans doute mon père ignorait-il que le propre fils de ce préfet était parmi les manifestants !

Le correspondant local du *Dauphiné libéré* m'interviewa. Je répondis de mauvaise grâce. Seul le baccalauréat m'ouvrirait les portes d'une vie libre, ailleurs. Cette pensée redoubla mon ardeur. Je me renseignai au consulat du Canada à Genève sur les formalités d'immigration. Sitôt le bac en poche, je remplirais les dossiers nécessaires et je partirais faire ma vie là-bas. On s'organisa en petits groupes de travail pour réviser le baccalauréat que je passerai avec mention en juin 69. Je fréquentais assidûment le ciné-club du lycée où passait le film *Théorème* de Pasolini. Il fit un immense scandale en raison de la superposition de la vie du Christ et du thème de l'homosexualité. Quand *Théorème* fut couronné par le grand prix du film catholique, nous eûmes des débats passionnés. J'aimais les longs plans du film. Je le revis récemment : le thème était toujours aussi beau, mais les dialogues m'ont semblé très ennuyeux !

À la fin de l'été, mon père qui, d'habitude, ne s'occupe pas de mon éducation, me prend à part pour me parler de ce qu'il appelle l'avenir de la famille. Comme il n'ose pas aborder de front la question de mon avenir, il commence par un panorama du reste de la famille incluant ma mère, y allant pour chacun d'un commentaire. Il me confie sa lassitude de la vie de couple et pense que ma mère devrait être soignée. Il me fait comprendre que si nous en sommes arrivés au degré d'incompréhension qu'il sent entre lui et ses enfants, c'est à cause d'elle, de ses humeurs, de ses exigences. Il se donne à bon compte le rôle du gentil. Je n'ai pas la présence d'esprit de lui demander pourquoi il accepte cette situation. J'apprendrai plus tard qu'il vivait une autre relation qui lui permettait de supporter avec distance les caprices de sa femme. Il me dit avoir fait le bilan de 68 et me présente un nouvel idéal familial, une version napoléonienne de la famille Kennedy : des gens modernes, beaux et intelligents. Foin de toutes les vieilleries, de ces simagrées d'un autre temps, des titres ronflants ; seuls compteront désormais les mérites et la réussite ! Il manifeste le désir de s'écarter des dévotions confites et du cercle des courtisans. Il insiste sur le fait que les Kennedy pilotaient leur propre avion ; j'en profite pour lui demander de m'inscrire à l'école de pilotage non loin de sa maison. Pourtant rien ne changea, il était incapable d'imposer ses vues à sa famille et à son entourage conservateur.

Le soir des résultats du bac, je rentrai à Genève avec d'autres camarades partis pour une fête bruyante. Je leur demandai de me laisser sur la place de la gare pour goûter cet instant qui m'ouvrait enfin les portes de la vie. Je fus pris d'un sentiment de plénitude et de force que je ne voulais partager avec personne. Je savais que j'allais enfin pouvoir quitter des années de soumission pour devenir moi-même. Je voulais partir pour le Canada. J'appris plus tard que d'autres Bonaparte avaient tourné leurs regards vers l'Amérique. Ils cherchaient aussi la liberté d'être eux-mêmes. J'étais, comme eux, attiré par l'illusion d'une Amérique de tous les possibles.

Au cours de l'été 69, alors que je suis en pleine mer, embarqué sur un cargo qui relie la France à l'Amérique, auront lieu à Ajaccio les cérémonies du bicentenaire de la naissance de Napoléon, dont l'un des points d'orgue fut le rassemblement dans cette ville des descendants des grandes familles de l'Empire. *Le Nouvel Observateur* décrivait ainsi mon père : « C'est un bel homme au profil pompidolien. Il se lève, s'agenouille, se rassoit avec la précision liturgique d'un chanoine. Ce n'est pas lui qui vous brutaliserait un pape… d'ailleurs ils ne s'appellent plus Bonaparte, ils ont pris le nom de Napoléon qui leur ouvre le club très fermé des dynasties de légitime extraction. » Le journaliste poursuit à propos des familles napoléoniennes rassemblées, moquant la noblesse d'empire confite en dévotion : « Les Murat, bien assagis, les Napoléon-Murat, les Achille-Murat, plus du tout ruffians, pillards. Et les Massena, plus rien à voir avec l'aïeul fondateur de leur fortune, de Göring à cheval qui déménageait tous les trésors de l'Italie dans ses fourgons. Bien convenables aussi, les héritiers des maréchaux d'empire enrichis et félons…»

Il y eut force défilés de grognards et bals d'époque dans les rues. Pour l'occasion, le Comité central bonapartiste, comme un seul homme, s'agenouilla alors que la musique municipale entamait les premières notes de *L'Ajaccienne.* Le président Pompidou en personne présida au défilé militaire. À Paris, deux expositions au Grand Palais et aux Archives nationales marquèrent l'événement. Mon père prêta des objets. Je ne trouvais pas ma place dans ce folklore poussiéreux. Entre le bicentenaire de la naissance de Napoléon et ma première visite à New York, mon choix était fait ! C'est sur les quais de New York que je vis le premier pas de Neil Amstrong sur la Lune, le 21 juillet 1969.

« Tu es attendu avec joie dans le vieux mas familial où, à défaut de très grandes distractions, tu trouveras toute la tendresse de tes grands-parents heureux de ta présence. » Je retournai à Brignoud pour répondre à cette cordiale invitation de mes grands-parents restés plus tardivement que les autres années dans leur résidence estivale. Ce fut la dernière fois. La fin de l'été était particulièrement belle : dans le jardin potager, les dahlias aux pétales jaunes et pourpres étaient éblouissants ; les framboises, les groseilles rouges, les groseilles à maquereaux plus goûteuses que jamais. L'affection de mes grands-parents aida à mes choix de vie.

Le dernier voyage avec mon père fut dans le Trans Europe Express qui nous conduisit de Lausanne à Paris pour la rentrée universitaire. L'ambiance était lourde, nous ne savions pas quoi nous dire. Provisoirement, je m'installai boulevard Suchet, à l'étage des enfants, dans l'ancienne chambre de Néné, tout au bout de l'appartement. Au mur, je posai les affiches que j'avais fièrement ramenées de New York, le Che, Castro, Mao, Clint Eastwood mais aussi Peter Fonda sur le chopper chromé d'*Easy Rider*. Après le dîner avec un officier parachutiste d'Algérie, je fis l'éloge de la révolte du peuple vietnamien ; la conversation porta aussi sur les portraits des leadeurs du tiers-monde affichés dans ma chambre :

« J'attends que tu te mettes au travail ; un professeur de droit que je connais pourra te donner des conseils.

— Je sais ce que je veux, je n'ai pas besoin de conseils.

— Tu refuses ma proposition.

— Oui, car j'ai mon idée.

— Tu n'as aucune idée, tu es un incapable, nous t'avons pourtant tout donné... »

Mon père n'aimait pas les conflits, et surtout pas avec ses enfants. La solution était simple : il suffisait de couper la branche rebelle. Mes sœurs et moi nous demandions qui de nous quitterait le premier la maison familiale. Nous le savions maintenant. Elles ne tarderaient pas à m'imiter. Ni l'argent, ni la position sociale ne purent me retenir. Je compris plus tard que mes parents pensaient devoir reproduire le plus fidèlement possible les valeurs qui leur avaient été inculquées par leurs propres parents. Ils attendaient donc que mes choix s'inscrivent dans cette continuité. Ma vie ne pouvait pas être à ce prix. C'était ignorer les aspirations du monde à plus de liberté, nier les bouleversements des mentalités de l'après-68, nier que personne ne peut vivre dans le passé. J'étais jeune, je partais heureux, répondant d'abord à un immense besoin de vivre. Je laissais derrière moi, et pour toujours, leur vieux monde. Jamais je ne regretterai cette décision qui a été l'étape fondatrice de mon chemin vers la liberté.

Désormais, je m'écartais de l'éducation privilégiée qui m'avait été destinée. Je quittais définitivement le milieu dans lequel j'étais né. Cela m'a fait grandir. Je pensais être le seul dans ma famille ; j'ai découvert que beaucoup de Bonaparte avaient connu le même goût pour la liberté et l'avaient payé du même prix : l'incompréhension et le procès en ingratitude. La distance prise avec la tradition m'a permis de jeter un regard neuf et de découvrir des richesses insoupçonnées. J'ai lu cette histoire d'une manière personnelle et c'est cela que je voudrais désormais faire partager au lecteur.

3

Le fils de deux révolutions

Laissons pour le moment ma propre histoire pour évoquer une page de la vie des Bonaparte dans laquelle j'ai retrouvé, a posteriori, mes dix-huit ans. Et ce n'est pas n'importe laquelle, puisqu'il s'agit de la jeunesse de Napoléon. Les différences entre ma jeunesse et la sienne sautent évidemment aux yeux. Différence d'époque, puisque près de deux siècles nous séparent ; différence de lieu, puisqu'il naît à Ajaccio le 15 août 1769 et moi à Paris en 1950 ; différence de condition : il naît dans une famille notable mais modeste d'une ville de quatre mille habitants, dans une île fort éloignée du pouvoir de Paris ; différence de destin : au mieux, il est destiné à suivre l'exemple de son père et de ses ancêtres qui avaient fourni des notables depuis deux siècles. Il deviendra l'homme le plus puissant de son temps, parce qu'il a eu la force de briser le cours de la vie qui lui était promise. Il a certes été aidé par des circonstances exceptionnelles, mais que produisent des circonstances exceptionnelles s'il n'y a pas le courage d'un homme pour changer le cours des choses ? Ce faisant, je ne cherche nullement à me comparer à lui. Rien ne m'y autorise. Mais c'est parce que j'ai moi-même transgressé le cours de ma vie que j'ai pu apprécier la transgression de mon aïeul et mesurer les trésors d'énergie et de lucidité qu'il a déployés en cette circonstance. Le courage de dire non est, à mes yeux, un des fondements de l'esprit Bonaparte.

Dans sa *Correspondance*, Napoléon note : « Parti pour la France le 15 décembre 1778. » On relève que cette formule sous-entend que la Corse n'était pas vraiment française en 1778, neuf ans après sa naissance. En tout cas, Napoléon à neuf ans n'était pas du tout français, mais corse de culture italienne, génoise, plus précisément. Il va déployer des efforts inouïs pour se fondre dans la culture d'un pays totalement étranger : la France de Louis XV. Il est en même temps remarquable que cet enfant devenu officier du roi de France au prix de tant d'efforts se projette, pendant les vingt-quatre premières années de sa vie, non dans l'histoire de France, mais dans l'histoire de la Corse. À l'issue de ses études, il rêve en effet de faire de la Corse un modèle politique dressé face à une Europe aristocratique contre laquelle il retourne le mépris dont il aura été l'objet. Je voudrais raconter ces deux contre-pieds qui vont sceller son destin, et à l'issue desquels commencera sa carrière française.

Imprégnons-nous de l'ambiance de l'enfance de Napoléon. Les circonstances de sa venue au monde ont été mille fois racontées. Le 15 août 1769, sa mère, Letizia Ramolino, ressent les premières contractions au milieu de la grand-messe de l'Assomption à la cathédrale d'Ajaccio. Elle accouche dans la maison familiale qui se trouvait à quelques rues de là dans le quartier réservé aux notables et qui constitue, aujourd'hui encore, le centre historique de la ville.

La ville d'Ajaccio ne connaissait pas les embouteillages d'aujourd'hui ! Elle a été fondée par l'Office de Saint-Georges en 1492 sur des bases qui remontent à l'âge du bronze. Ses maisons, dominées par la forteresse, sont construites en hauteur, car elles n'ont guère la place de se développer sur l'étroite presqu'île choisie par les Génois. Et comme la population, poussée par la misère des campagnes, n'a cessé de croître, des faubourgs se sont développés jusqu'à l'octroi. La ville tire ses ressources du corail abondant dans les environs et très recherché en Italie, mais aussi de la pêche à la sardine et à la langouste. En tout, une petite cité méditerranéenne prospère et tranquille, bruissant d'intrigues et de querelles de clocher. Une cité de quatre mille habitants, pas même reliée par une route carrossable à Bastia, qui est la capitale de l'île.

Ruelles étroites et bruyantes où résonnent les bruits de la vie quotidienne. Les disputes sont fréquentes chez les Bonaparte qui possèdent une maison rue Malherba. Dans six pièces sur deux étages vit le ménage de Charles avec trois enfants, Joseph, Napoléon et Lucien, une bonne, une nourrice. Quatre pièces de la partie la plus ancienne sont occupées par l'oncle Lucien, archiprêtre à la cathédrale d'Ajaccio. Le dernier étage est habité par une tante, Marie Justine, et son mari Pozzo di Borgo. On est procédurier dans la famille. Une affaire de pot de chambre renversé par Marie Justine sur le costume d'apparat de Charles prenant le frais à l'étage d'en dessous ne valut pas moins de trois audiences au tribunal d'Ajaccio et aurait été à l'origine de la brouille entre les Bonaparte et les Pozzo di Borgo. On retrouvera un Pozzo di Borgo au service de la Russie en 1815 !

Les Bonaparte sont en Corse depuis neuf générations. Le premier, Francesco Buonaparte, arrive de Sarzanc sur la côte ligure en 1514, au service de l'Office de Saint-Georges, qui gouverne la Corse pour le compte des Génois, en qualité de cavalier-arbalétrier. Sa peau est si foncée qu'on le surnomme *il Mauro,* le Maure. Ces neuf générations ont donné des notables à la ville. Au moment où Napoléon arrive au monde, l'oncle Lucien, le plus ancien et donc le chef de famille, vient de consentir des travaux importants de couverture, de remplacement de fenêtres, d'ajout d'un grenier et d'un escalier. Ce qui ne manque pas de faire naître un nouveau procès avec les Bozzi, les anciens propriétaires. Une transaction établie sous l'autorité de Marbeuf, gouverneur de la Corse, met fin à cette querelle en 1773. Les Bonaparte sont dans cette maison à la suite de deux alliances avec une famille Bozzi. Ils viennent d'en devenir propriétaires à leur tour à la naissance de Napoléon. L'agrandissement de cette demeure deviendra une des préoccupations majeures de la vie de Charles. Il n'en allait pas seulement de l'installation confortable des siens, mais d'un statut social auquel la famille, comme beaucoup de Corses, est si attachée.

En outre, les Bonaparte possédaient à l'extérieur d'Ajaccio les Salines, une propriété d'environ 23 hectares dont la plus grande partie était occupée par un étang planté de roseaux dont les Génois extrayaient autrefois du sel, et où Charles engloutira une partie de sa fortune dans un projet d'élevage de mûriers. Le reste était bon pour la pâture et la culture maraîchère. De nos jours, une cité HLM occupe ces terrains. Les revenus familiaux provenaient par ailleurs de la propriété commune des troupeaux de chèvres et de vaches, partagés avec des cousins de Bocognano, village situé à quelque trente kilomètres d'Ajaccio, à l'intérieur des terres : « Le dimanche, confiera Napoléon à Bertrand, jour où venaient les paysans avec leurs chèvres, le fromage, le lait, etc. il y avait grande bombance qui durait jusqu'au lendemain et le surlendemain en hiver ; en été, on faisait des cadeaux aux parents des choses qui se seraient gâtées… »

Enfin, après quinze ans de procédure pour faire valoir leurs droits sur une succession Odone, les Bonaparte signèrent en 1785 un bail emphytéotique sur les *Milleli*, nom que les Ajacciens donnent aux pommes reinettes, et la maison Badina, ensemble de terres situées sur les hauteurs d'Ajaccio, plantées de fruitiers, d'oliviers à l'époque génoise et de blé. Napoléon dira que les *Milleli* auraient pu convenir à Jean-Jacques Rousseau. Quand je serai élu de la ville, j'aurai dans mon bureau les clés de cette propriété qui a été donnée à la ville d'Ajaccio par mon grand-père.

Qui est Letizia, la mère de Napoléon, longtemps décrite par l'histoire officielle comme une mère exemplaire, offrant à ses enfants une éducation pétrie de rigueur et d'affection, compagne d'un homme léger, souvent absent, dépensier ? Une incertitude pèse d'abord sur sa date de naissance. Est-elle d'août 1749 ou d'août 1750 ? Son acte de baptême n'a jamais été retrouvé. Comme beaucoup de femmes corses, elle a été mariée à Charles à peine nubile. Son père étant décédé, c'est son grand-père, Pietrasanta, qui avait choisi son mari en fonction des intérêts de la famille, après de laborieuses et sordides transactions. Les débuts de cette union ne furent pas heureux : sitôt le mariage contracté, Charles partit pour Rome, laissant sa jeune épouse à Ajaccio enceinte d'un premier bébé, une fille, qui ne vient pas à terme. Quand Charles revint de Rome après plusieurs mois d'absence, son épouse, alors âgée de dix-sept ans, était enceinte pour la deuxième fois, sans davantage de résultat.

Sa conversation n'est pas de haute volée ; ses préoccupations tournent autour de sa famille, de sujets domestiques, d'argent et de toilettes. Les témoins ont aussi mis l'accent sur sa timidité qui donne à son comportement une certaine gaucherie et même une apparente froideur. À la naissance de Napoléon, c'est encore l'image d'une femme séduisante, élégante, épouse d'un homme de belle prestance, ambitieux, qu'il faut avoir devant les yeux. Avec un mari peu porté sur la religion et un oncle archiprêtre s'occupant davantage d'accroître le patrimoine familial que de la sauvegarde des âmes, sa piété est limitée. Il n'y a pas eu de mariage religieux entre Charles et elle, aucun mariage n'ayant été célébré à Ajaccio à la date qu'indique Charles dans ses mémoires. Selon une tradition que tentait de combattre l'Église depuis toujours, l'autorité des chefs de famille et la signature d'un acte dotal valident le mariage qui est consommé après une réception privée dans la maison de la mariée. L'acte dotal est signé en mai 1764. Il semble que Charles ait cherché par la suite à régulariser cette situation en maquillant, maladroitement, les registres paroissiaux que l'on peut encore voir à Ajaccio.

Letizia donna des preuves de son caractère bien trempé à Corte où elle suivit son mari dans la capitale tenue par Pascal Paoli jusqu'à sa chute, en mai 1769, après la bataille perdue par les Corses à Pontenovo. Ainsi, Joseph, le frère aîné, naît à Corte, et Napoléon est conçu dans la capitale paoliste, dans une Corse en révolte contre la présence des troupes de Louis XV, dans une famille engagée auprès du père de la nation, Pascal Paoli, et donc hostile à la présence française. Revenue à Ajaccio, la vie de Letizia s'ordonne autour des enfants qui vont maintenant se suivre : Lucien en 1775, Élisa en 1777, Louis en 1778, Pauline en 1780, Caroline en 1782 et Jérôme en 1784. En dix-neuf ans, treize enfants, dont huit survivants, naîtront de l'union de Charles et de Letizia. Dix-neuf mois seulement séparent Joseph de Napoléon, alors que sept ans seront passés entre sa naissance et celle de Lucien. Un premier groupe de trois enfants, Joseph, Napoléon et Lucien, sera en âge de jouer un rôle politique dans les affaires corses et dans la Révolution française.

Letizia éleva ses enfants à la corse, sans indulgence, sans rien leur passer. Elle n'hésitait pas à faire preuve d'autorité et à distribuer des fessées. L'histoire retient un trait de caractère qui se manifestera en toutes circonstances : une parcimonie qui allait jusqu'à la ladrerie. Son tempérament inquiet la conduisit, même lorsque ses enfants atteignirent les plus hautes marches de la fortune, à épargner et à accumuler par crainte des lendemains. La grandeur à laquelle ils s'étaient élevés lui parut toujours fragile. C'est Letizia qui apprit à Napoléon la frugalité, et à endurer la souffrance. Napoléon à Sainte-Hélène dira que c'est à elle qu'il devait son élévation. Il se rappellera qu'elle attachait beaucoup d'importance à la franchise. Napoléon la décrira comme ayant une tête d'homme sur un corps de femme, palliant aux absences de son mari : surveillant les enfants d'un œil auquel rien n'échappait, contrainte à une frugalité qui pouvait atteindre la mesquinerie, n'hésitant pas à punir. « Sa tendresse, dira Napoléon, était sévère. » C'est le petit deuxième, Napoléon, qui fit le plus souvent les frais de son autorité. Joseph, lui, était paisible et obéissant.

Charles, le père de Napoléon, était un homme des Lumières, sceptique, cultivé, entreprenant. Toujours en voyage entre la Corse, l'Italie, sa véritable patrie, et la France. Son portrait tardif par Girodet le présente en costume seigneurial, souliers à boucle, bas blancs, culotte et habit de velours cramoisi brodé d'or, gilet de soie jaune et perruque. Il faut faire la part des choses car Girodet peignait pour l'Empereur. Mais tous les témoins en parlent comme d'un homme élégant. Souvent absent, il vivait sans souci des lendemains, sa prodigalité était sans limite, ses besoins d'argent toujours pressants. L'histoire garda de Charles l'image d'un homme faible, vaniteux et calculateur. C'est ainsi que Napoléon lui-même parlera de son père, alors qu'il évoquera toujours sa mère avec affection et respect.

Le 13 septembre 1771 est jour de réjouissance dans la *casa* Bonaparte. Charles vient enfin de recevoir l'acte de reconnaissance de noblesse délivré par les autorités françaises. « Ajaccio est frappé de stupeur et rempli de jalousie à la nouvelle de l'attribution d'un titre de noblesse à la famille Bonaparte », se dépêche d'écrire Charles à son beau-père Pietrasanta ! Il peut alors commencer une carrière politique. Le document officiel arrive en effet juste à temps pour permettre à Charles de se présenter aux états de Corse, la consulte générale de l'île, où il devient l'un des cinq nobles députés de la province d'Ajaccio. Remis en selle par son puissant protecteur, Charles sera par la suite élu parmi les Nobles Douze qui occupaient des positions sociales enviées et rémunératrices. Il sera alors très présent à Bastia, siège de cette institution. Charles revint aux états à la faveur du scrutin de 1777, ce qui lui permit de franchir une étape supplémentaire puisqu'il fut désigné parmi les trois députés envoyés à Versailles porter le cahier des doléances au roi de France.

Marbeuf n'avait pas ménagé sa peine pour permettre son élection, qui était difficile en raison du peu de Bonaparte à Ajaccio. Les Pozzo di Borgo, vieille et nombreuse famille de propriétaires terriens dans les montagnes voisines, furent mis à contribution : Charles représenta la noblesse d'Ajaccio, tandis que Jérôme Pozzo di Borgo représenta le tiers. C'est vraisemblablement en raison de sa docilité que Charles fut choisi, car il importait avant tout à Marbeuf que les doléances portées à Versailles ne se transforment pas en mise en cause de son action dans l'île.

Napoléon a passé son enfance au sein d'une famille nombreuse. Le clan est le cadre naturel des familles en Corse. Napoléon dira : « On ne demande pas combien une jeune fille a de dot mais combien elle a de cousins. » Un clan dans lequel les femmes tiennent une place importante, et où elles sont très présentes dès les premiers jours autour du berceau. L'enfant est mis au monde avec l'aide de Catherina, la vieille servante de la famille, têtue, pointilleuse et en guerre permanente contre tous ceux qui l'entourent, ainsi que la décrira Napoléon. D'autres femmes se pressent autour du bébé. Gertrude, la sœur de Charles, qui, comme son frère, rentrera de la capitale paoliste après sa chute, âgée de seulement vingt-neuf ans. C'est elle que Napoléon appellera plus tard dans ses lettres Zia Gertrude. Il y a aussi la nourrice, Camilla Ilari, femme d'un marin cap-corsin, remplie d'indulgence pour son fils de lait qui devint bientôt esclave de tous les caprices de Napoléon. Elle sera invitée au sacre à Notre-Dame. À ses côtés, la mère de Charles, Saveria. Ses petits-enfants gardent le souvenir d'une dame âgée et courbée qui leur faisait l'effet d'une vieille fée et qu'ils singeaient par-derrière. La galerie des femmes qui entourent le futur empereur ne serait pas complète sans Ange Marie, la mère de Letizia, femme entreprenante et active qui avait épousé, en secondes noces, le Suisse et protestant François Fesch, soldat stationné à Ajaccio. Leur fils unique, Joseph, le futur cardinal Fesch, naît en janvier 1763 ; il est de six ans l'aîné de Napoléon et partage la jeunesse des enfants Bonaparte. La famille s'élargit en 1775 avec la naissance de Lucien en 1775 et, en 1777, avec l'arrivée d'Élisa.

À l'âge de cinq ans, Napoléon est envoyé à l'externat de l'école des sœurs béguines d'Ajaccio, un pensionnat de filles. Puis Joseph et Napoléon sont inscrits dans la classe de l'abbé Recco, à l'ancienne école des Jésuites. L'enseignement de l'abbé paraît bientôt insuffisant au regard des ambitions que Charles cultive pour ses enfants. « Au début de ses études, Napoléon fut celui de mes enfants qui me donna le moins d'espérance ; il resta longtemps sans avoir quelque succès », dit Letizia dans ses *Mémoires*.

Letizia, dans ses *Souvenirs* dictés au baron Larrey, évoque l'école buissonnière, la grotte du Casone, des vêtements débraillés, les bas traînants dans les souliers, son goût pour les confitures fabriquées par les bonnes sœurs, le pain de châtaigne des bergers. Sa langue maternelle est le corse, un dialecte italien. La grotte du Casone se visite encore. Quand des étrangers me demandent à quoi ressemblait Bonaparte à dix ans, je leur recommande d'aller se promener dans les quartiers populaires des Salines et d'observer les enfants corses du même âge.

Le caractère des deux frères se révèle peu à peu. Joseph est placide et porté à la conciliation, Napoléon est irritable, violent, mais aussi inquiet et soucieux de sa bonne image. Napoléon se rappelle à Sainte-Hélène : « J'étais querelleur, lutin, rien ne m'imposait. Je ne craignais personne, je battais l'un, j'égratignais l'autre. Je me rendais redoutable à tous. Mon frère était celui à qui j'avais le plus souvent à faire. Il était battu, grondé, mordu... Bien m'en prenait d'être alerte, maman Letizia eût réprimé mon humeur belliqueuse, elle n'eût pas souffert mes algarades. Sa tendresse était sévère ; elle punissait le mal ou récompensait le bien, indistinctement ; elle nous comptait tout. » Sa nourrice, esclave de tous ses caprices, est la seule à le comprendre ; elle lance à la grand-mère effrayée par le port débraillé et les accès de rage : « Allez dire votre rosaire et ne vous mêlez pas des affaires de mon petit ! » En revanche, Napoléon ne confia à aucun de ses mémorialistes, Antommarchi, Las Cases ou Montholon, qu'il aurait éprouvé, enfant, un goût particulier pour la guerre et les soldats. Tout juste quelques allusions aux bagarres entre enfants de quartiers voisins. En revanche, il se reconnaît un goût précoce pour les chiffres.

Charles, le père de Napoléon, est un pragmatique : il a abandonné Paoli après la défaite de Pontenovo en 1769 pour rallier le pouvoir français vainqueur représenté en Corse par le gouverneur Marbeuf. Il sait que, pour réussir dans ce pays qui occupe désormais la Corse, il faut avoir un titre de noblesse, sésame pour inscrire ses enfants dans de bonnes écoles, celles qui forment l'élite militaire de la monarchie. Charles fait reconnaître un titre nobiliaire incertain par le témoignage d'une famille Bonaparte de Florence, intrigue auprès de Marbeuf pour inscrire ses enfants, obtenir des bourses d'études et rassembler l'argent nécessaire pour payer le supplément. Son caractère est bien cerné par son fils, Napoléon, qui dit de lui à Las Cases : « Il était fortement attaché à la noblesse et à l'aristocratie, et d'un autre côté était enthousiasmé par les idées généreuses et libérales. » C'est un homme de la transition entre la société corse ancienne et celle qui naît avec le siècle des Lumières. Napoléon apprend la mort de son père, décédé le 24 février 1785, à l'École militaire. Les lettres qu'il envoie à sa mère et à l'oncle Lucien sont assez convenues, rien ne manifeste un grand attachement pour son père.

En décembre 1778 Napoléon, accompagné de son père et de son frère Joseph, prend la route d'Autun en passant par Bastia et Florence. Le dépaysement d'Autun n'est rien à côté de ce qui attendra Napoléon à Brienne. Il ne reviendra plus en Corse avant presque huit années. Son brevet d'officier fut acquis au prix de souffrances que Napoléon accepta par ambition et par orgueil, mû bientôt par le dessein de servir la Corse de Paoli.

Le jeune Corse commença par apprendre le français. L'abbé Chardon, son maître, écrit : « Napoléon est arrivé à Autun au commencement de l'année 1779 avec son frère Joseph… Je ne l'ai eu que trois mois ; pendant ces trois mois, il a appris le français de manière à faire librement la conversation et même de petits thèmes et de petites versions. Au bout de trois mois, je l'embarquai… pour l'École militaire de Brienne. »

Le départ d'Autin pour Brienne rompt le dernier lien qui attache l'enfant de neuf ans et huit mois à sa famille et à sa terre natale. « J'étais en pleurs, dit Joseph dans ses *Mémoires*, Napoléon ne versa qu'une larme qu'il voulut en vain dissimuler. L'abbé Simon, sous-principal, témoin de nos adieux, me dit après son départ : il n'a versé qu'une larme, mais elle prouve autant sa douleur de vous quitter que toutes les vôtres. » Napoléon quitte le frère aîné avec lequel il a partagé son enfance corse pour vivre désormais seul, au milieu des ennemis qui ont envahi son pays, sachant à peine parler leur langue, ignorant leurs usages, dans un pays froid et pluvieux.

Il y a devant lui la perspective d'une longue scolarité, pas même interrompue par des vacances puisque les élèves ne sont jamais autorisés à rentrer chez eux lorsqu'ils viennent de si loin. Longues années, avec pour compagnie ses nouveaux camarades, une éternité pour cet enfant habitué à une nombreuse famille, à des femmes prévenantes et affectueuses. Les souvenirs que Napoléon évoquera avec les mémorialistes de Sainte-Hélène se rapportent à des épisodes humiliants qui le révoltent. Alors, il se renferme, prend l'air distant et sombre dont ses camarades rendront compte lorsqu'il sera devenu illustre. « Il avait, dira Las Cases, son mémorialiste de Sainte-Hélène, beaucoup d'amour-propre et une grande fierté intérieure dès Brienne. »

Il occupe une petite cellule de quelques mètres carrés, fermée à clef chaque soir et où il gèle plus de trois mois par an. Bourrienne, son ami, qui deviendra par la suite son secrétaire, rapporte qu'en présence des moines rassemblés pour le dîner, Napoléon reproche à son père d'avoir rallié les Français au lieu d'être resté jusqu'au bout auprès du père de la nation. Arthur Chuquet produit la caricature d'un camarade sur laquelle Napoléon est représenté plus grand que nature, retenu aux cheveux par un professeur chétif avec cette légende : *Bonaparte, cours, vole, au secours de Paoli.* À l'évidence, ce petit Corse chétif est la tête de Turc de ses camarades. Il n'a pas encore dix ans quand il décide que tous ses sacrifices seront désormais destinés à laver l'honneur de Pascal Paoli. C'est l'idole à laquelle il se raccroche face à l'hostilité qui l'entoure, exilé, loin des siens. Il repasse les récits des aventures de ses parents et des vétérans de la guerre d'indépendance. C'est ce qui lui permet de tenir.

Napoléon n'est pas un brillant élève à Brienne. Son français reste approximatif et parlé à l'italienne. Ses camarades ne s'y trompent pas lorsqu'ils le désignent par son nom prononcé à l'italienne, *Napoïglioné,* le fameux « la paille au nez ». Napoléon conserva toute sa vie un accent corse qui surprendra. De langue maternelle corse, il s'était mis au français à Autun, de sorte que la langue dans laquelle il s'exprimait, que ce soit le français ou l'italien, n'était pas courante. L'italien perdait dans sa bouche grâce et harmonie alors que le français comporta longtemps des locutions et des tournures italiennes. Il ne parvint jamais à une maîtrise parfaite de l'orthographe française et cacha ses fautes par une écriture illisible.

Contraint de travailler plus que les autres, il lit beaucoup, ne joue pas et vit en solitaire. Bourrienne, son ami, se rappelle qu'il était « inadapté, insociable, impopulaire et agressif », tandis qu'un autre camarade, Castres de Vaux, le dit « peu communicatif, peu aimable, d'une figure peu prévenante, toujours mal peigné et d'une assez mauvaise tournure ». Ses capacités dans les matières qui lui plaisent se manifestent peu à peu : l'histoire ancienne, où il trouve des modèles de grandeur antique, passion assez largement partagée à son époque, et les mathématiques : la géométrie, dira-t-il, est « le sublime abstrait, comme la grande poésie ». En cela, il est dans l'esprit du temps pour qui les mathématiques ouvrent l'esprit à la raison, à la maîtrise et à la transformation du monde, au pouvoir aussi.

L'histoire gréco-romaine revient à la mode au XVIIIe siècle. Les lectures des *Vies parallèles* de Plutarque et de la *Jérusalem délivrée* du Tasse nourrissent Napoléon, avec celles de César, de Cornélius Népos, de Salluste, de Tite-Live, de Virgile, de Cicéron, d'Horace. Un jeune condisciple anglais le décrit, isolé, « dans la retraite inaccessible qu'il s'était aménagée au jardin, s'alimentant de ces hommes qu'il se préparait à surpasser ». Pour ces jeunes hommes qui vont prendre part à la Révolution, il est tentant de comparer le despotisme décadent de la monarchie avec la liberté et l'austérité de la République romaine.

Napoléon affirme qu'il devint à Brienne morose et sombre et qu'il se réfugiait dans la lecture qui « fut pour lui une espèce de passion poussée jusqu'à la rage ». Il se querelle souvent, toise de haut cette « jeunesse dissipée » et s'en tient, pour lui-même, à des mœurs austères copiées sur le modèle romain. Son frère Lucien le rejoint pour quelques mois et dit qu'il était généralement mal vu, parce qu'il inspirait la crainte. Ses anciens condisciples rapportent des anecdotes d'une vie de pensionnaire : bataille de boules de neige, précipitation de matelas par les fenêtres. Son avenir est bientôt entre les mains de l'inspecteur des collèges militaires, qui le sélectionne pour l'École royale militaire de Paris, la troisième étape de sa formation.

À l'École royale militaire, « la première nuit fut pénible. Le ton était différent », se rappellera-t-il. Rien de commun entre le collège militaire du petit village champenois et Paris. Il découvre les bâtiments de cette splendide école achevée depuis peu, un bâtiment aux lignes classiques rappelant l'Antiquité gréco-romaine. Dans ces lieux, il retrouve des jeunes nobles dont les pères avaient vaincu les maigres troupes de son pays et leur chef prestigieux, Pascal Paoli. Avec eux, aucune affinité. Il affiche son mépris pour les aristocrates : « Ils étaient la cause de la Révolution, la plaie de la nation, des imbéciles haïssant tous ceux qui n'étaient pas des ânes héréditaires comme eux », confiera-t-il à O'Meara, à Sainte-Hélène. « Sans être grand de taille, dit-il à la fin de sa vie, je ne manquais pas d'être fort. Je me rappelle qu'à l'École militaire, nous autres petits nobles nous nous donnions des roufflées avec les fils des grands seigneurs, et j'en sortais toujours vainqueur. » C'est un rebelle ; un jour où on lui fait une remarque sur ses origines corses, il répond : « Je ne viens pas ici pour parler de la Corse, et un prêtre n'a pas mission de me chapitrer sur cet article ! » La féodalité, les liens qui unissent les vassaux au souverain ont disparu de Corse depuis plusieurs siècles. Il fallait venir de cet étrange pays qui n'avait jamais connu de roi, pour être étonné d'habitudes vieilles de huit siècles en France !

Il faisait partie du groupe des boursiers, alors que beaucoup, issus des rangs de la haute aristocratie française, payaient leurs études : « Nous étions servis et nourris magnifiquement, traités en toutes choses comme des officiers jouissant d'une grande aisance, plus grande certainement que celle de la plupart de nos familles, et fort au-dessus de celle dont beaucoup d'entre nous devaient jouir un jour. » Louis XV avait placé ces jeunes hommes dans un cadre aussi luxueux pour qu'ils deviennent des gentilshommes, des hommes du monde capables de paraître à la Cour et que l'éducation aux bons usages mettrait en position de commander dans les armées du roi.

Reçu avant-dernier de sa promotion, les capacités de Napoléon ne passent pourtant pas inaperçues. Son dossier scolaire contient cette célèbre appréciation : « Corse de nation et de caractère ; il ira loin si les circonstances le favorisent. » Bon élève dans les matières scientifiques, les mathématiques, les sciences naturelles, moyen en géographie, en histoire ancienne et moderne, en latin et en humanités, il est complètement nul, de l'avis de son professeur, en allemand. Ses copies sont truffées de fautes d'orthographe. Son maître, Domairon, est frappé par la « bizarrerie de ses amplifications » et dira que son expression orale était comme « du granit chauffé au volcan ». Le martèlement des phrase claires et puissantes, cette manière de sortir des mots ce qu'ils contiennent d'abstrait pour aller au fait brut, n'appartiennent qu'à lui. Son professeur de mathématiques, Louis Monge, laisse un autre témoignage intéressant : « Réservé et laborieux, préfère l'étude à toute espèce d'amusement, se plaît à la lecture des bons auteurs ; connaissant à fond les mathématiques et la géographie ; silencieux, aimant la solitude, capricieux, hautain, extrêmement porté à l'égoïsme, parlant peu, énergique dans ses reparties ; ayant beaucoup d'amour-propre, ambitieux et aspirant à tout ; ce jeune homme est digne qu'on le protège. »

Quatrième et dernière étape de sa formation, après un an à l'École militaire, un concours l'oriente vers l'école d'artillerie de Valence, pour apprendre à manier le canon, une arme alors considérée comme d'élite. Il doit en moins d'un an absorber un programme de trois ans, dont le célèbre cours de mathématiques de Bezout. Il peut considérer avec quelque fierté qu'il est le premier Corse sorti des écoles militaires du roi, ce qui devrait lui ouvrir une place privilégiée dans l'armée de Pascal Paoli. Car il voit son avenir non pas en France, mais en Corse, auprès du héros provisoirement exilé à Londres dont il souhaite ardemment le retour.

Il est ensuite nommé lieutenant en second au régiment de La Fère stationné à Valence puis à Auxonne. À seize ans et deux mois, il est officier d'artillerie. Avec son camarade Des Mazies, il apprend l'usage du canon et l'art du commandement. Il est encore timide, sauvage, pauvre… et inconnu. Deux passions occupent son esprit : sa patrie, la Corse, et Jean-Jacques Rousseau. Elles sont en réalité confondues. Il découvre Rousseau à travers l'admiration que celui-ci portait à Paoli, le père de la nation corse. Il connaît bien l'article que Rousseau a consacré à la Corse dans *L'Encyclopédie* : « Une des manifestations les plus remarquables a pour théâtre l'île de Corse. Là-bas, une nation courageuse et résolue mène maintenant depuis plus de trente-six ans un combat sans relâche contre l'oppression de la république de Gênes. Ces valeureux insulaires ont été longtemps considérés comme une vile bande de mécontents, une troupe désordonnée de rebelles que l'on contraindrait vite à reprendre les chaînes qu'ils avaient secouées dans leur révolte. Ils ont cependant persévéré dans leur dessein. La providence les protège et l'Europe aujourd'hui tourne ses regards vers eux et les voit, à son grand étonnement, à la veille de s'affranchir du joug étranger et de devenir un peuple libre et indépendant. » Avec ses maigres appointements, Napoléon commande de Valence à Paul Borde, libraire à Genève, les suites des *Confessions* de Rousseau, les deux derniers volumes de *L'Histoire des Révolutions de Corse* de l'abbé Germanes, et « tous les ouvrages qu'il aurait sur l'île de Corse qu'il pourrait lui procurer promptement ».

Après un an de service au régiment de La Fère, il obtient enfin une permission pour regagner la Corse qu'il n'a pas revue depuis sept ans et neuf mois. Additionnant les prolongations de congé, il y reste une année complète qu'il met à profit pour commencer une carrière politique dans l'île. Parti enfant, c'est un adulte qui retrouve huit ans après, avec un immense bonheur, sa mère, ses frères et sœurs, la terre à laquelle il n'a pas cessé de penser. Le bonheur de le retrouver est partagé. « Ah ! dit Joseph vingt ans plus tard, jamais le glorieux Empereur ne pourra m'indemniser de ce Napoléon que j'ai tant aimé et que je désire retrouver tel que je l'ai connu en 1786, si l'on se retrouve aux Champs-Élysées… L'aspect du pays lui plut. Ses habitudes étaient celles d'un jeune homme appliqué et studieux… Il était admirateur passionné de Jean-Jacques Rousseau, ce que nous appelions être habitant du monde idéal, amateur des chefs-d'œuvre de Corneille, de Racine que nous déclamions journellement. Tous ces ouvrages occupaient une malle de plus grande dimension que celle qui contenait ses affaires de toilette. » Il est désormais sous-lieutenant dans l'armée du roi de France.

Il aborde alors la deuxième étape de la mutation qui le fait passer du service de la Corse au service de la France. D'un attachement exclusif à sa patrie corse et à son héros Pascal Paoli, au statut d'un proscrit chassé de l'île par celui qu'il adulait. Dans quel état d'esprit retrouve-t-il la Corse ? Sans rentrer dans les méandres de l'histoire corse, on peut dire que la Corse qu'il quitte en 1776 est encore marquée par la récente défaite de Pontenovo en 1769 et la féroce répression française, empêchant toute expression des idées d'indépendance. En 1786, ces idéaux ont repris de la force, préparant le retour de Paoli en 1790. Quel rôle entend jouer Napoléon, premier officier corse formé à l'École royale militaire ? Tous ses écrits le prouvent, il rentre en Corse pour mettre son savoir militaire à la disposition de Paoli. Dans son for intérieur, il espère devenir le chef de son armée.

Je retrouve ici une similitude troublante entre mon destin et le sien. Il était prêt à recevoir les événements de 1789, comme j'étais prêt pour les événements de Mai 68. « En lui, écrit justement Frédéric Masson, la Révolution est accomplie avant que, dans les faits, elle soit commencée. » Je pourrais en dire autant de Mai 68. Pour lui, comme pour moi à une tout autre échelle, se posera alors la question d'envisager l'avenir après la rupture.

Napoléon signe parmi les premiers pour la création d'un comité national favorable aux héros de la Bastille. Mais aux revendications à la liberté se mêle une critique ouverte de la présence française : « Nous avons tout perdu en perdant la liberté, et nous n'avons trouvé dans le titre de vos compatriotes que l'avilissement et la tyrannie », proclame le manifeste. Les signes se multiplient qui, de Corse, demandent le retour du vieux chef exilé à Londres. Le 30 novembre 1789, un décret de la Constituante autorise le retour de Paoli qui sera à Ajaccio en mai 1791. Les Bonaparte lui font bon accueil. Napoléon, de son côté, a entrepris depuis plusieurs mois la rédaction d'une *Histoire de la Corse* qu'il avait à l'origine destinée à Necker. Il adresse le projet de texte à l'exilé de Londres pour lui demander son aide. Sa demande est précédée de la célèbre adresse : « Général, je naquis quand la patrie périssait. Trente mille Français vomis sur nos côtes, noyant le trône de la liberté dans les flots du sang, tel fut le spectacle odieux qui vint le premier frapper mes regards. » Mais la réponse de Paoli, rentré en Corse, est décevante : il n'a guère le temps de l'aider dans ses recherches, l'histoire ne s'écrit pas dans les années de jeunesse, mais lorsqu'on a acquis un peu d'expérience, il devrait s'appliquer à recueillir des anecdotes et des faits plus saillants. Comme Joseph insiste auprès de Paoli, le vieux chef rajoute que ses *Lettres sur la Corse* auraient fait plus grande impression « si elles avaient dit moins » et si « elles avaient fait preuve d'impartialité ». Le jeune officier à l'amour-propre à fleur de peau est meurtri. Il insiste et se met à la rédaction de sa *Lettre à Buttafoco* dans laquelle il prend en exemple le caractère démocratique du premier gouvernement de Pascal Paoli pour dénoncer les impostures de son adversaire, Buttafoco. Le général corse répond sans plus d'enthousiasme. Napoléon reconnaîtra à la fin de sa vie que ces essais ont été écrits à une époque où « il était encore neuf et étranger à tout et qu'il jugeait avec impertinence les gens qui maniaient les affaires ».

Poursuivant ses activités politiques à l'armée, il adhère à la Société des amis de la Constitution à Valence et obtient bientôt son affiliation aux Jacobins à Paris. « Il y a fort peu de rois qui n'eussent pas mérité d'être détrônés », écrit Napoléon dans un projet de dissertation d'octobre 1788. Début 1789, il ajoute : « Préjugés, habitudes, religion, faibles barrières ! Fiers tyrans de la terre, votre trône s'écroule si vos peuples disent jamais en se regardant ! » À leurs désaccords littéraires, nos deux héros vont désormais ajouter des désaccords politiques. Paoli, qui connaît bien les institutions anglaises, est un chaud partisan de la monarchie constitutionnelle comme les premiers constituants, Mirabeau ou Lafayette, qui l'ont rappelé de son exil à Londres. Par la suite, Paoli se déclara horrifié par la décapitation de Louis XVIII.

Napoléon est élu en avril 1792 lieutenant-colonel en second de la garde nationale d'Ajaccio dont l'un des premiers faits d'armes est la tentative de reconquête de la citadelle d'Ajaccio tenue par les troupes régulières et dont les canons sont servis par des hommes de son propre régiment d'artillerie d'Auxonne. Troupes jugées peu sûres par Paoli. Le jeune lieutenant fait feu contre son propre régiment ! Ce combat oppose l'armée régulière à la garde nationale, représentant le parti révolutionnaire. Il oppose aussi l'armée du roi de France à des milices nationales dont nul n'ignore qu'elles sont entre les mains de Paoli, désormais président du conseil général de Corse, la plus haute autorité de Corse. Napoléon regagne en toute hâte Paris où il doit s'expliquer sur son absence prolongée et non justifiée car il est sur le point d'être considéré comme déserteur, ou, pire, comme immigré. « Il me paraît instant que tu ailles en France », lui écrit Joseph.

Ses démarches tombent au moment où l'Assemblée constituante déclare la guerre à la première coalition. La République a besoin de tous ses officiers, Napoléon est finalement réintégré dans son arme avec le grade de capitaine. De la fenêtre du frère de Bourrienne, qui tenait un magasin de meubles au Carrousel, il assiste au sac des Tuileries par une « foule sans ordre dénotant par les propos et les vêtements ce que la populace a de plus abject ». Joseph dira que « c'est le premier champ de bataille qu'il ait vu et qu'aucun des lieux de carnage où il passa par la suite ne fit sur lui impression plus forte ». En septembre, la Convention remplace la Constituante et, alors que la levée en masse de l'an II a brisé l'élan des troupes de Brunswick lancées sur Paris, Napoléon décide de rentrer en Corse pour jouer la carte de Paoli. Il est convaincu que la France ne pourra pas garder la Corse et que « tout ceci se terminera par notre indépendance ». Alors Paoli reprendra la tête d'une Corse indépendante dont lui, Napoléon, le militaire professionnel, dirigera l'armée. À son frère Joseph, il écrit : « Tiens-toi sur le pied de venir député de la prochaine législature ; sans quoi tu joueras toujours un sot rôle en Corse. »

En Corse, il commande six compagnies de volontaires qui sont envoyées à Bonifacio, dans le sud de l'île, pour reprendre aux Piémontais alliés aux Autrichiens les îles de la Madeleine, aux côtés de l'escadre française et de soldats marseillais. Cette expédition est un nouvel échec. Les officiers volontaires, parmi lesquels Napoléon, protestent auprès du ministre de la Guerre et de Paoli contre la conduite de l'opération, dirigée par un certain Colonna-Cesari. « Ils ont vu avec étonnement l'ordre que vous avez donné de la retraite à un moment où les troupes étaient pleines d'espoir de victoire. Ils voient aujourd'hui avec indignation la trame qui vous a obligé à la dicter. Ils espèrent que vous vous empresserez pour en punir les auteurs. » Ces accusations seront retenues parmi les griefs de la Convention contre Paoli.

Lucien Bonaparte suit à Toulon un certain Sémonville, nommé ambassadeur à Constantinople et qui fait demi-tour à Ajaccio après l'annulation de sa mission. Dans les premiers jours d'avril, il tient un discours enflammé contre Paoli à la Société populaire de Toulon. Il se lève sans avoir idée de ce qu'il allait dire, dans une vaste salle, fort peu éclairée, devant les sociétaires coiffés du bonnet rouge. Il est emporté par la fougue et par la rhétorique. Les conséquences de ses paroles lui échappèrent : des motions se succédèrent réclamant l'impression de son discours ;

un message fut adressé aux administrateurs du département pour envoyer des troupes au secours d'Ajaccio ; une députation de trois membres partit aux Jacobins à Paris dénoncer la trahison de Paoli et demander punition.

Le 2 avril, Escudier, député du Var, donne lecture à la Convention des propos de Lucien. Elle tombe au plus mauvais moment : l'Assemblée vient d'apprendre la défection de Dumouriez et voit des traîtres partout. Vainement, certains demandent qu'on attende le rapport des commissaires envoyés sur place. L'Assemblée suspend sur-le-champ Paoli de ses fonctions militaires et décrète que ses commissaires doivent par tous les moyens se saisir de Paoli et de Pozzo. Les trois commissaires mandatés par l'Assemblée sont consternés. Saliceti, élu de Corse, surtout : « Ma position est terrible, je vois d'un cœur affligé l'humiliation du général, mais mon serment me prescrit l'exécution du décret quoiqu'il soit moralement impossible. »

À la nouvelle du décret, Paoli fait hisser le drapeau blanc. Ce n'était pas, comme certains le prétendirent, le drapeau de la monarchie, mais le drapeau blanc à tête de Maure, celui des martyrs de Ponte Novo. Aussitôt, des paysans en armes affluent vers Corte. Ceux de Balagne se présentent devant Calvi ; comme ils trouvent porte close, ils envahissent l'île Rousse, brûlent Belgodère. La Convention tient Saint-Florent et Bastia mais Bonifacio et Ajaccio restent aux mains de Paoli.

Lucien, toujours inconscient, se vanta de ses paroles incendiaires prononcées à Toulon dans un billet adressé à ses frères qui fut intercepté par Paoli. « Quel petit vaurien ! s'écria Paoli. Il est capable de tout ! Voyez quels sujets peuvent mettre en doute l'honnêteté des caractères vieillis au service de la patrie. » Il ajouta que les Bonaparte, jadis nourris et élevés avec l'argent de Marbeuf, étaient maintenant les ressorts principaux de la conspiration contre le peuple.

Toujours confiant, le général écrivit à la Convention une lettre très digne dans laquelle, après avoir rappelé que toute sa vie avait été consacrée à la défense de la liberté, il soulignait l'absurdité et l'immoralité des accusations portées contre lui, offrant de quitter son île natale si sa présence devait conduire à la guerre civile. Il soulignait son attachement à la République française, tout en reconnaissant ce qu'il devait à l'Angleterre : « Je ne suis pas un ingrat (vis-à-vis de l'Angleterre), mais je suis moins encore un parjure (vis-à-vis de la France). »

La Convention maintint sa position : Paoli et les siens étaient des traîtres et des hors-la-loi. Robespierre et ses amis n'ignoraient pas les protestations qui émanaient des sociétés populaires corses. Mais pouvaient-ils accepter que, si les volontaires des armées du Midi avaient fui devant l'ennemi, c'était en raison de leur mauvais recrutement, de la corruption qui régnait aux approvisionnements, de leur indiscipline, du manque d'officiers ? Il était plus simple d'expliquer la défaite par la trahison de Paoli.

Joseph Bonaparte, qui s'était hâté de quitter Ajaccio pour se porter au-devant de son ami Saliceti à Corte, estimait comme Napoléon que la Convention avait eu tort. Bien plus tard, il conclut dans ses *Mémoires* : « Paoli se trouva ainsi avoir accompli une révolution contre la France sans l'avoir voulue, sans l'avoir préparée à l'avance et presque à son insu », excluant donc toute préméditation d'alliance avec l'Angleterre et rejetant implicitement la cause de la rupture sur la décision injuste de la Convention.

À quelques jours d'une rupture décisive, Napoléon prenait la plume, le 21 avril 1793, pour rédiger à l'attention de la Convention un chaud plaidoyer en faveur du Général.

Mais la lettre où Lucien s'est désigné à ses frères comme l'auteur de l'adresse du club de Toulon à la Convention est maintenant connue de toute l'île ; nul n'ignore par ailleurs que Joseph avait rejoint à Bastia les commissaires de la Convention. Les événements s'accélèrent. Les administrateurs du département partisans de Paoli s'affirment décidés à soutenir « une lutte légitime plutôt que de souffrir le despotisme ». Une consulte (assemblée corse) composée de neuf mille délégués se réunit à Corte le 28 avril, soit une semaine après la lettre de Napoléon à la

Convention. On n'avait jamais connu une telle affluence. Paoli lit la lettre qu'il avait adressée à la Convention pour présenter sa défense et affirmer une fois encore son inébranlable attachement à la République française. La consulte le proclame, une fois de plus, Père de la Patrie, et déclare que le peuple corse, fidèle à ses serments, persiste dans son union avec la République française.

Le 29 avril, on examine le cas des familles favorables aux Jacobins. Vint le tour des Bonaparte, après celui des Arena. La dernière séance de la consulte leur est consacrée et adopte la motion finale : « Nés dans le despotisme, nourris et élevés sous les yeux et aux frais d'un pacha luxurieux qui commandait dans l'île, les trois frères s'étaient faits avec le plus ardent empressement les zélés coopérateurs et les perfides agents de Saliceti… Pour peine, l'Assemblée les abandonne à leurs remords intimes et à l'opinion publique qui d'ores et déjà les a condamnés à une perpétuelle exécration et infamie. » Condamnation morale qui vaut exclusion de la communauté corse.

Entre le 21 avril où il rédige son plaidoyer en faveur de Paoli, et le 3 mai, en moins de quinze jours, Napoléon passe sans retour possible du côté des Jacobins. Basculement qui tient moins à ses propres convictions qu'à des rapports de force politiques. Son rêve de devenir général de l'armée corse s'évanouit. Il est chassé de Corse, lui et toute sa famille.

Ici se brise définitivement l'ambition qui l'avait animé depuis Brienne de servir sa patrie corse : « Tout avait plié, ma présence n'était bonne à rien, je quittai la Corse. » Le chemin qui s'ouvre désormais est celui dont il s'était écarté au début de la révolution : le service de la France. Son éblouissante carrière commence trois mois après, en septembre 1793, quand il est nommé commandant provisoire de l'artillerie de la République au siège de Toulon. La page corse, celle de son enfance, de son adolescence et de sa jeune vie d'adulte, est alors définitivement tournée. Il ne revint qu'une fois dans l'île, quelques jours, au retour de la campagne d'Égypte. Aucun membre de sa famille n'y résida plus, à l'exception du prince Roland, fils de Lucien, jusqu'à ce que je m'établisse à Ajaccio en 1999 et me présente aux élections municipales.

Avant de m'engager en politique à Ajaccio, j'ai éprouvé le besoin de comprendre ce qui avait causé le départ des Bonaparte, et plus encore pourquoi ils n'étaient plus revenus dans une île à laquelle leur nom est pourtant si intimement attaché. J'ai exploré la rupture entre les Bonaparte et Paoli et ses conséquences. On a souvent opposé Napoléon au vieux chef Paoli, de retour de son deuxième exil à Londres. Différences de génération, de caractère, de carrière, de projet politique. En réalité, j'ai été fasciné par ce qu'ils avaient de commun et qui avait été jusqu'alors sous-estimé par les historiens. Un courant nouveau de l'histoire corse se développe depuis qui confirme mes thèses : Napoléon a été jusqu'à l'âge de vingt-quatre ans un acteur de l'indépendance de la Corse, admirateur de Paoli. Des circonstances politiques indépendantes de sa volonté le conduisent à s'adapter à des réalités nouvelles et à modifier sa trajectoire et celle de sa famille. Les historiens n'ont pas donné à ces faits la place qu'ils méritent car la légende napoléonienne commence avec la prise de Toulon. Les deux premières escarmouches, à la citadelle d'Ajaccio et aux îles Magdalena, sont des échecs cuisants qui portent ombrage au génie de celui qui allait devenir l'un des plus grands capitaines de tous les temps. La portée limitée de ces actions pouvait par ailleurs justifier qu'il n'y soit fait allusion qu'incidemment.

Mais il y a plus. L'histoire de Napoléon est majoritairement écrite par des Français du continent. On savait qu'il était né en Corse, on connaissait les dessins de Job présentant le jeune Corse penché sur son cahier d'écolier, éclairé par une bougie projetant sur le mur la silhouette de l'Empereur, on apprenait les souffrances du petit Corse exilé en quelques anecdotes. Mais on n'admettait pas qu'il eût conçu pendant les vingt-quatre premières années de sa vie un autre projet, sans rapport avec l'histoire de France et même, à bien des égards, hostile à la France : l'indépendance de la Corse. Pour cela, il fallait lire l'histoire de la jeunesse de Napoléon par le prisme de l'histoire corse, faire un détour par l'extraordinaire histoire des révoltes corses contre l'occupant génois au début du XVIIe, par la première constitution corse de 1755, qui est aussi l'une des premières constitutions du monde, par le premier gouvernement de Pascal Paoli inspiré des principes du siècle des Lumières, qui s'achève malheureusement à Ponte Novo, et par la terrible répression menée en Corse par Louis XV. Les archives documentant cette période sont en Corse et surtout en Italie, à Gênes, Naples, Turin et au Vatican. Elles sont en cours d'exploitation par les historiens. Un nouveau climat intellectuel et politique entoure l'enfance et la jeunesse de Napoléon. Les historiens ont pendant longtemps présenté Napoléon comme un adversaire de Paoli. En réalité, Napoléon a beaucoup admiré Paoli, au point de vouloir lui consacrer sa carrière. Dans *Le Mémorial de Sainte-Hélène*, Las Cases rapportera les propos de Napoléon regrettant de n'avoir pas trouvé un terrain d'entente avec Paoli. Lui-même, dans son ultime exil à Londres, allumera des bougies pour célébrer chaque victoire de Napoléon en disant que la réussite du jeune Corse le vengeait de l'adversité.

Dans la capacité à accepter des idées et des réalités nouvelles, aussi dérangeantes soient-elles, dans le courage de sortir en quelques jours d'un destin longuement mûri et activement préparé, dans la capacité à dire non, il y a, à mes yeux, un fragment essentiel de l'esprit des Bonaparte.

4

Une grande sottise

La conquête de leur liberté par les peuples colonisés a marqué la deuxième moitié du XXe siècle où j'ai connu l'essentiel de ma vie d'adulte. À la fin de la Seconde Guerre mondiale, le vaste Empire colonial français couvrait l'Afrique du Nord – Algérie, Tunisie, Maroc –, l'Indochine, une bonne partie de l'Afrique de l'Ouest – Afrique-Occidentale française, Afrique-Équatoriale française –, Madagascar, les vieilles colonies – Guadeloupe, Martinique, Guyane, Réunion, les comptoirs de l'Inde et de la côte du Sénégal –, la Calédonie, et une poignée d'îles dans le Pacifique. À quoi on pourrait ajouter les anciennes colonies allemandes que la SDN confie en mandat à la France, en 1919 : Syrie, Liban, Togo, Cameroun. En tout, quarante territoires regroupant 110 millions d'habitants. Des parcelles de cet empire sont restées françaises, les DOM ou TOM, qui n'ont pas perdu, à mes yeux, leur statut colonial.

Le passé colonial de ma famille est chargé. Bonaparte rétablit l'esclavage en 1802. Mon arrière-grand-père, le roi Léopold II de Belgique, se livra au Congo à des atrocités contre les travailleurs noirs dans ses propriétés. Au collège, les maîtres nous incitaient à ne pas passer trop de temps sur le siècle des Lumières dans lequel ils ne voyaient que les turpitudes révolutionnaires et les massacres. Une messe était célébrée chaque année à la mémoire de Jean Bastien-Thiry, qui avait ourdi l'attentat du

Petit-Clamart contre le général de Gaulle qui lui valut d'être condamné à mort en 1963. Tous mes camarades partageaient un antigaullisme d'extrême droite. Enfant, je n'y faisais pas exception, tant cela allait de soi !

Mon père garda toute sa vie un attachement particulier pour l'armée. La Légion étrangère évoquait des souvenirs de camaraderies partagées. Il aimait retrouver chaque année la chaude ambiance des mess de sous-officiers de Légion où on arrosait copieusement la fête de Camerone. Le général Kœnig, héros de Bir-Hakeim, fut son témoin de mariage et mon père était introduit auprès de la haute hiérarchie militaire qui considérait avec respect le descendant de l'empereur Napoléon. Le même général Kœnig décida le général de Gaulle à abolir la loi d'exil votée en 1886, en raison de l'attitude courageuse de mon père pendant la Seconde Guerre mondiale. C'est donc à lui que je dois d'être né en France et de n'avoir pas connu l'exil. Comme mon père connaissait bien l'état d'esprit des militaires, certains d'entre eux, parmi lesquels le général Cherrière, commandant en chef à Alger en 1954, mécontents de la politique des derniers gouvernements de la IVe République, avaient échafaudé le projet de le placer à la tête d'une junte à laquelle aurait également été convié Guy Mollet ! On ne pouvait imaginer plus étrange cocktail ! Cependant, le 14 mai 1958, veille du jour où le général de Gaulle se déclara prêt à assumer les pouvoirs de la République, mon père assura le Général de son soutien, coupant court aux rumeurs. Il avait approuvé le projet d'une nouvelle constitution qui donnait davantage de pouvoir au chef de l'État, de même que la résolution affichée par le Général de donner plus de moyens à l'armée pour garder l'Algérie à la France. Il fut particulièrement satisfait d'entendre le Général prononcer en juin 1958 son fameux *Je vous ai compris !* depuis le forum d'Alger et lorsqu'il réitéra le lendemain à Mostaganem par le non moins fameux *Vive l'Algérie française !*. Mon père s'engagea alors dans un soutien actif aux troupes combattantes en Algérie : il fit plusieurs visites dans les djebels tenus par les parachutistes en

1959 et en 1960. Il prit de nombreux contacts avec les autorités à Alger. Mon père considéra comme une trahison les prémices de la négociation avec les rebelles à partir de 1960, alors que les militaires assuraient qu'ils étaient sur le point de gagner la guerre : le général de Gaulle s'était joué de tous ceux qui avaient mis leur confiance en lui, pour gagner le temps de négocier en sous-main l'indépendance de l'Algérie. Il apporta alors un soutien discret à l'OAS et aux généraux putschistes de 1961 et appela à l'abstention au référendum d'avril 1962 sur les accords d'Évian, « ne pouvant approuver aujourd'hui ce qui hier était condamnable ». Le 23 mai 1962, après le procès des putschistes d'Alger, il envoya un télégramme de félicitations à Jean-Louis Tixier-Vignancour, alors avocat du général Salan, et futur candidat à l'élection présidentielle de 1965. Toute sa vie il resta proche de la faction de l'armée qui ne pardonna pas au Général d'avoir trahi. Plus tard, mon père reprochera au Général son antiaméricanisme et son manque d'enthousiasme pour l'Europe. Mais il approuva la manière dont il vint à bout de 68 car il craignait par-dessus tout le désordre. En novembre 1970, il figura aux premiers rangs de la messe d'obsèques du Général à Notre-Dame.

Le retour du Général en 1958 reste lié à un souvenir d'enfance, quand mon père ne put rejoindre Toulon où il était attendu pour une manifestation de soutien. Nous étions en voiture et la foule était tellement dense aux portes de la ville que nous fûmes bientôt immobilisés dans un immense embouteillage où les gens agitaient des drapeaux français en hurlant des slogans en faveur du Général. Pendant le putsch d'Alger, nous fûmes envoyés dans la maison d'un collaborateur de mon père, dans l'Allier. Ces événements étaient potentiellement dangereux pour mes parents depuis que le nom de mon père avait été avancé pour prendre la tête de la révolte à Alger.

Enfants, nous baignions donc dans une ambiance franchement militaire et Algérie française. Ma mère avait été faite marraine d'un régiment de dragons parachutistes combattants. Elle revenait enthousiasmée de ses visites dans leur cantonnement qu'elle appelait ses tournées en Algérie. Sur le guéridon de son bureau, elle a mis en évidence une photo où elle passe en revue le régiment sur une base militaire en Kabylie. Elle est debout, raide, dans un command car à côté du chef de corps en tenue léopard. Son visage est tendu de fierté et d'énergie. Elle ne perd pas son sang-froid lorsque la première Jeep saute sur une mine : la revue se poursuit en contournant l'épave fumante. Auparavant, elle n'avait connu de la guerre de 40 que quelques coups de feu à la libération de Toulon et les bals avec les officiers américains. Mais les uniformes chamarrés, les poitrines décorées, les défilés serrés, les pas cadencés, les airs martiaux lui ont toujours plu.

C'est un tout autre état d'esprit qui m'animait dix ans plus tard, lors de mon premier voyage en Algérie. Mai 68 était passé par là, et c'est évidemment l'Algérie actuelle que je voulais voir. Mais la colonisation était encore trop proche pour être totalement oubliée. J'étais curieux de découvrir rues, places, lieux répétés à l'envi pendant mon enfance. Première surprise : dans les rues, ces noms avaient disparu, remplacés par des mots en arabe. Il suffisait de demander au premier passant, tout le monde connaissait les rues en français, mais les plaques en arabe donnaient le sentiment d'être désormais dans un pays étranger. Pourtant, à y regarder de près, le français couvert à la hâte ressortait encore. Quelque dix ans après, les signes de la colonisation étaient encore bien présents. À Alger, j'étais logé au dernier étage d'un immeuble qui dominait la somptueuse baie d'Alger. Il faisait un doux soleil de Pâques, la lumière était très claire. Sur la terrasse, des orangers, des bougainvilliers. L'immeuble ne semblait plus entretenu depuis dix ans. À Tipasa, Cherchell et Sidi-Ferruch, les ruines des cités romaines baignaient dans le souvenir de Camus. Au bord des plages, on dégustait des rougets grillés arrosés de Pschitt orange. Il fallait aller dans les gargotes du fond du port de l'amirauté d'Alger pour trouver un vin rouge fruité très sombre et très fort.

En trente-six heures un autobus relie la capitale à la province de Tindouf, dans le sud, à la frontière du Maroc. Avec des amis coopérants, nous allons à la fête du Mouggar, qui rassemble chaque année les tribus nomades du Sud. Les paysages qui glissent progressivement vers le désert tiennent notre attention éveillée jusqu'à la tombée de la nuit. Embarqués en surnombre, nous nous laissons ballotter par les secousses du gros véhicule Mercedes qui rebondit sur les trous de la chaussée, étendus sur nos sacs de couchage dans l'allée centrale. J'ai la tête sous l'imposant siège du conducteur qui oscille au-dessus de moi avant de réaliser qu'un cahot plus sérieux pourrait me briser le crâne. Au milieu de la nuit et du désert, une explosion, suivie d'une violente embardée, arrête notre course au milieu d'un champ de pierres : un pneu a explosé. Tout le monde descend, commente et, comme il n'y a rien de plus à faire que d'attendre une roue de secours par le prochain bus, on allume des petits feux avec du bois glané on ne sait où, on prépare le thé avant de se rouler, à même le sol, dans sa couverture. À Tindouf, c'est la surprise délicieuse d'une oasis paisible et verdoyante. La fête est plus loin, sur une grande plaine caillouteuse. Des caravaniers venus de Libye, de Mauritanie, du Niger échangent du sel, du sucre contre du pain et des étoffes. Les chameaux harnachés rivalisent de beauté et défilent avec un air indifférent et hautain. Des Touaregs minces à haute taille, des Libyens arrivés en camion par les pistes du désert, se mélangent aux badauds venus d'Alger. Nous sommes hébergés par un militaire algérien qui nous a à la bonne et nous propose un baraquement au camp militaire. Dans tous mes voyages au Maghreb, l'hospitalité me sera offerte, spontanément. Dix ans après le départ des Français, nos hôtes sont tiraillés entre l'Algérie nouvelle et la France où beaucoup ont travaillé, où presque tous ont de la famille. Quelques-uns évoquent les combats auxquels ils ont pris part, ils en parlent sans haine.

À Colomb-Béchar, nous louons une Renault fabriquée en Roumanie. Découverte du Sahara, de son immense profondeur, de ses nuits étoilées où l'on glisse dans un sommeil peuplé de rêves paradoxaux. Le matin, il fait froid, une boîte de sardines et un mauvais pain de boulangerie industrielle feront l'affaire avant de reprendre la route. Bientôt, nous goûterons à la fine galette cuite à même le sable, accompagnée du thé à la menthe que des Touaregs nous invitent à partager au bord d'un oued mis en soudaine crue par des pluies torrentielles que rien n'annonçait. Notre route est coupée. Pour combien de temps ? Nul ne le sait. Deux jours se passent à assister impuissants aux camions s'engageant imprudemment dans l'eau boueuse jusqu'à la porte de leur haute cabine avant de chavirer. On annonce enfin la venue d'une dépanneuse. C'est un Algérois avisé qui rançonne ceux qui n'osent pas traverser le gué à leurs risques et périls. Quelques heures après, l'eau décroît et l'homme rentre à la capitale fortune faite ! Nous faisons le tour des sept villages de Ghardaïa, la cité sainte des Mzabites qui furent aussi les premiers convertis à l'islam au VIIIe siècle, et recevons l'hospitalité d'une famille très religieuse qui loge les femmes d'un côté et les hommes de l'autre.

L'été suivant, en 1974, n'ayant pu traverser la frontière entre l'Algérie et le Maroc bordée de profonds champs de mines pour éviter le passage des groupes armés sahraouis, nous regagnons le Sud marocain par Gibraltar et Tanger dans une vieille Land Rover. Par les Pyrénées et Saint-Jacques-de-Compostelle, je voulais d'abord voir le Portugal de la révolution des Œillets. Un climat à la Mai 68 a en quelques jours chassé l'air pesant d'une triste dictature qui obligeait chacun à des propos prudents et à des mœurs pudibondes. À Porto, des ouvriers nous invitent à boire dans des verres arborant faucille et marteau qui leur auraient valu la prison le mois précédent. Après la traversée par Gibraltar, après Tanger, Fès et Meknès, nous empruntons la route du Moyen-Atlas pour rejoindre les oasis de Tafilalt et suivre le fond de l'oued Drâa par des pistes dans un désert de pierre admirable. Il fait une chaleur démoniaque, nos estomacs sont à rude épreuve, nous dormons à la belle étoile, c'est l'aventure, nous sommes libres et heureux.

À la fin des années 1970, je suis nommé administrateur du Programme des Nations unies pour le développement au Nigeria, à Lagos. Ce pays a une réputation exécrable mais c'est aussi l'un des plus vastes et plus riches en pétrole et gaz d'Afrique. Ce programme coordonne l'action des agences spécialisées comme la FAO ou l'Unesco. La veille de mon départ, je déambulais encore insouciant dans le centre de Paris entre les rues de Seine et de Bucy. Une nuit d'avion suffit à changer ma vie. Arrivée à Lagos par le vol UTA du petit matin. Aéroport impersonnel, attente aux formalités interminable, mais bagages au complet. Une voiture de l'Onu devrait être là mais il n'y a personne. L'anglais parlé par les Africains m'est incompréhensible après une mauvaise nuit d'avion, quand mon oreille est encore un peu endormie. Je prends un taxi mais, au lieu de suivre l'autoroute, il bifurque par un petit chemin de traverse à la sortie de l'aéroport. On m'avait prévenu, bien des étrangers se sont trouvés ainsi dépouillés dès leur arrivée. Une seconde de stress, non, ce n'est rien qu'un raccourci pour me déposer à l'hôtel international en centre-ville. Le chauffeur de la mission m'attend dans une longue voiture du corps diplomatique, il n'avait pas voulu prendre le risque d'aller jusqu'à l'aéroport. Ma résidence est un peu plus loin, dans un ancien *compound* de l'époque anglaise, un immeuble de trois étages, à l'apparence extérieure minable genre HLM avec des grandes traces d'humidité, comme sur tous les grands immeubles de la ville. Je suis au troisième et dernier étage dans un vaste appartement, fait pour une famille nombreuse où je me retrouve seul, avec mes deux valises, pour une période indéterminée. J'apprendrai qu'il n'était pas si mal d'avoir une baignoire avec de l'eau même un peu marron, un frigidaire et une cuisinière qui marchent et deux ventilateurs en état ! La maison est située sur la grande île d'Ikoyi, plantée de fleurs et d'arbres tropicaux de l'époque anglaise. À huit heures, petit déjeuner à l'hôtel du coin, je suis le seul client, pain et confiture en conserve importés, mauvais café. À midi, l'assistant du patron de la mission, le représentant général, m'invite à déjeuner chez lui. C'est un Somalien, intelligent et vif, qui a fait toute sa carrière dans la bureaucratie onusienne. Il m'introduit au Club réservé aux étrangers, créé par les Anglais et où perdurent des traditions désuètes, comme le port obligatoire de la cravate dans la salle à manger. Grande piscine d'eau claire et tiède dans la chaleur tropicale où barbotent toutes les nationalités d'Occident, vaste parc en bordure d'une caserne militaire. Le soir, cinéma en plein air, on donne *Frankenstein Junior*, sans intérêt, mais impression délicieuse, petite brise fraîche et nuit tropicale. Ce parc, que l'on devine largement amputé depuis les Anglais, sert de refuge aux Blancs épuisés par le climat tropical, pour l'essentiel hommes d'affaires et expatriés, conseillers techniques auprès du gouvernement. Car sitôt franchies les portes de ce havre, commencent la lagune et les bidonvilles où habitent des millions de familles déracinées, au bord d'eaux répugnantes porteuses d'infections mortelles. C'est pour traiter ces fléaux que le Programme des Nations unies pour le développement a été mis en place.

On m'apporte de volumineux dossiers de procédures actualisés par des fiches mobiles qui arrivent chaque jour de New York. C'est bien présenté, facile à consulter, efficace, à l'américaine. Des centaines de bureaucrates sont à l'œuvre pour rédiger et mettre à jour pareille merveille administrative. Cette bible sert de guide pour superviser les programmes des agences spécialisées intervenant sur la vaste métropole de Lagos qui est passée en vingt ans de cent mille à huit millions d'habitants. Les habitants s'entassent par millions aux portes de l'enfer, regroupés par village ou par ethnie ; ils souffrent d'insolubles problèmes de santé, de pollution des eaux de la lagune, de promiscuité, d'habitats de planches et de carton ouverts aux pluies tropicales. La violence est palpable partout. Les experts internationaux sont appelés par les gouvernements pour gérer une situation qui les dépasse depuis longtemps. Parmi les dossiers qui m'attendent, celui de l'aéroport de Lagos qui doit être reconstruit à l'extérieur de la ville, car il est maintenant enserré de bidonvilles qui rendent impossible son développement, est de taille. Après de longues négociations, le gouvernement propose un nouveau site. Le temps que les dirigeants se mettent d'accord, que les plans soient dressés, que les agences des Nations unies donnent leur accord, que le projet soit repris dans l'enveloppe d'aide prévue pour le Nigeria fixée chaque année par l'assemblée générale des Nations unies, que le gouvernement achète les terrains, que l'on observe à la lettre le manuel de procédure, de nouveaux bidonvilles occupent le nouveau site. Tout est à recommencer.

Je gagne dix fois plus qu'un employé de la compagnie Nigeria Airways, qui est au sommet des salaires locaux et qui fait vivre une famille de dix personnes. Or les prix des consommations courantes occidentales, café, conserves, sont beaucoup plus élevés qu'en France. Comment fait la population locale pour survivre ? Réponse, huit millions d'êtres humains – mais peut-on ainsi désigner ceux qui vivent sous les ponts des autoroutes ou sous des cartons exposés au soleil et aux pluies tropicales ? – crèvent de misère, alors que quelques milliers de dirigeants, gouvernants, hauts fonctionnaires, militaires, commerçants, vivent dans l'opulence. Je comprends pourquoi les casernes sont si proches des quartiers résidentiels. Le Nigeria, ancienne colonie anglaise, est héritier de l'empire du Bénin, l'un des plus anciens empires d'Afrique qui s'étendait le long du golfe du Bénin et qui a occupé en son temps une grande partie du continent africain. Il reste au musée de Lagos de merveilleux bronzes sculptés qui témoignent de la richesse passée de ce vaste empire qui a été en contact avec les dernières dynasties de pharaons d'Égypte. Certains motifs en bronze semblent copiés sur les fresques des tombes égyptiennes. À l'époque de la colonie anglaise, le pays exportait de l'huile de palme, du coton, de l'hévéa, du cacao. Depuis, le Nigeria est ruiné par sa richesse principale, le pétrole, extrêmement abondant dans le golfe du Bénin. Le pétrole et le gaz dont le Nigeria est le premier exportateur d'Afrique l'ont rendu entièrement dépendant de l'Occident : le blé blanc et l'huile de tournesol ont remplacé les cultures vivrières traditionnelles dans la nourriture de base. Les productions agricoles locales, le manioc, l'huile de palme, les fèves, ne trouvent plus preneurs. Les paysans nigérians ruinés quittent les villages de brousse et se précipitent dans les métropoles, eldorados lumineux où ils espèrent trouver de quoi survivre, eux et leur nombreuse famille. Absurdité, corruption, déni des engagements les plus solennels : dans les stations-service on vend de la viande d'autruche congelée en provenance d'Afrique du Sud, pays d'apartheid avec lequel le Nigeria était censé n'avoir aucune relation commerciale, mais dont les avions atterrissent chaque nuit.

Pour résoudre les problèmes inextricables de Lagos, le pouvoir nigérian a depuis trouvé un moyen radical : déménager le gouvernement et son administration dans une ville nouvelle située à Abuja, sur les plateaux, à mille kilomètres ! Les profiteurs ont amassé d'immenses fortunes en achetant des terrains dans le bush avant que la décision ne soit officielle. Les militaires rendent le pouvoir aux civils lorsqu'ils se sont rempli les poches et peuvent alors digérer, à l'abri des aléas politiques, les fortunes volées. Les civils, provisoirement revenus au pouvoir, font de même jusqu'à ce que des jeunes officiers veuillent à leur tour profiter de la manne, et déclenchent un nouveau coup d'État ! Au musée national de Lagos, on expose la voiture criblée de balles du dernier dictateur déchu. On apprend que le gouvernement tente de récupérer une somme détournée par un général, précédent ministre du Pétrole, équivalent à la moitié du budget de l'État ! Face à l'impuissance et à l'immoralité générale, la violence est partout. On risque sa vie pour quelques dollars sur l'autoroute qui mène à l'aéroport. Dans la boîte à gants de ma voiture, on m'a recommandé de glisser un revolver. Je serais bien en peine de m'en servir ! À l'ambassade de France, le médecin a soigné un expatrié dont le doigt avait été arraché pour récupérer une alliance. Le directeur autrichien d'une agence des Nations unies a assisté au viol de sa femme avant que sa maison ne soit mise à sac. Dans les rues, on vous montre avec des rires sardoniques des débris calcinés : ce qu'il reste des voleurs transformés en torches vivantes par les populations excédées qui ont jeté un bidon d'essence sur leurs corps emprisonnés avant de craquer une allumette. Les grands porte-containers hésitent à pénétrer dans le port d'Apapa depuis que des bateaux ont été arraisonnés au large par des vedettes rapides. Le trafic est contrôlé par des mafias internationales : seuls sont vidés des containers identifiés dans les ports d'embarquement car chargés de marchandises de valeur. On se protège de la violence comme on peut, avec des grigris et de la sorcellerie : mon chauffeur me montre de profondes scarifications entaillées de part et d'autre de son nez qu'il enduit d'herbes pilées qui le protègent des agressions et des accidents de la route !

À côté de situations atroces, Lagos est pleine de situations ubuesques : poubelles d'aluminium neuves débordant de déchets puants, autoroutes ultramodernes à la chaussée ensablée avant même d'être inaugurée, trottoirs défoncés au pied d'immeubles de bureaux flambant neufs, trous dans les chaussées assez larges pour absorber un véhicule par temps de mousson. En centre-ville, autour des immeubles luxueux, des incinérateurs achetés à prix d'or en Europe sont inadaptés à brûler les déchets d'une ville d'Afrique ; plus bas, sur le port, des carcasses de cargos échoués dans la boue de la lagune gênent la manœuvre des porte-containers géants qui alimentent le pays. Le désespoir se manifeste par la violence et aussi par la fatigue, sorte de dépression généralisée. Les Yorubas, l'ethnie locale, dorment dans les lieux les plus inattendus. Il n'est pas rare de traverser des services administratifs entiers endormis, la tête posée sur le bureau, relâchés sur les volants des camions garés en longue file aux portes de la ville, étendus sur une natte au milieu de la poussière et dans le fracas de la circulation. Ici, on ne dit pas qu'on dort, mais qu'on est attaqué par le sommeil !

Pour ne pas rester cantonné dans l'enclave blanche, je sors dans les quartiers populaires africains écouter le grand chanteur nigérian Fela Kuti mélanger le rock, le messianisme à la NKrumah, la libération nationale à la Castro. Ses femmes, nombreuses et splendides, l'accompagnent sur scène. Sous un grand hangar de tôle ondulée, baptisé autel du sacrifice, chaque spectateur est invité à se servir de cigarettes de cannabis disposées dans de grandes vasques. Avec la bière qui coule généreusement, l'ambiance est chaude lorsque le maître commence son spectacle ; les bagarres sont fréquentes. Fela est aussi un politique redouté des militaires : porte-parole de la lutte anticorruption, il finira sous leurs balles. Après le spectacle, on ne traîne pas pour rentrer. La nuit, sur les autoroutes, il n'est pas rare de voir des cadavres de piétons laissés pour morts au bord des voies, comme des animaux. Pour le petit cercle des expatriés français, il y a cinéma tous les soirs à l'ambassade de France : des films classiques et sages avec Gabin, Jean Marais, Bardot, Mastroianni. L'ambassadeur a connu mon père en Inde et m'invite à déjeuner. Je fuis les cocktails du corps diplomatique.

Je ne voudrais pas dresser un bilan entièrement négatif de l'action des agences des Nations unies en Afrique. Elles sont le fruit d'une mobilisation internationale en faveur des pays les plus pauvres. Mobilisation multilatérale qui exclut que les pays riches puissent tirer des avantages directs de leur contribution pour leurs propres entreprises, comme c'est systématiquement le cas avec les aides bilatérales. Pourtant, le fonctionnement des agences est extrêmement lourd et onéreux ; les résultats de décennies d'aide au développement sont décevants. En outre, elles épargnent aux gouvernements locaux l'effort de se réformer, de lutter contre la corruption, de mettre en œuvre des usages raisonnés de leurs ressources minérales. Ce que je voyais alors à Lagos sera à l'origine, quelques décennies plus tard, des migrations : après la génération de la décolonisation, après celle du développement désordonné, de l'accaparement des richesses par quelques-uns, la jeunesse est poussée par la misère et par les violences religieuses et claniques à chercher un avenir ailleurs.

Après le Nigeria, je travaille pour les gouvernements du Gabon, de la Côte-d'Ivoire, du Togo, du Sénégal. À l'arrivée à Abidjan au petit matin, on survole un centre-ville avec des buildings imposants. Vue de la lagune, la ville a des petits airs de Manhattan. En centre-ville, des avenues propres et bien tracées, des services publics en état de marche. Dans le centre du Plateau, des boutiques de luxe, souvent tenues par des Libanais, avoisinent avec des échoppes africaines débordant de tissus multicolores. Sur les trottoirs, on vend des fruits tropicaux pour une poignée de CFA. Une nuée de prostituées ghanéennes essayent de gagner leur vie à proximité des grands hôtels. Tout cela garde un parfum de l'époque coloniale. Nous travaillons pour la Caisse de stabilisation, agence gouvernementale qui achète aux petits producteurs le coton, le café et le cacao, pour les vendre au meilleur moment sur les marchés mondiaux, afin de leur garantir des prix stables. Même si les responsables de l'institution, spéculateurs avisés, enrichissent au passage quelques familles proches du président Houphouët, en comparaison du Nigeria, l'exploitation des richesses locales est conduite avec bon sens et organisation.

La colonie française de cadres et de chefs d'entreprise affiche un mépris teinté d'ironie et de condescendance pour l'Afrique et les Africains. Aucun amour, peu de connaissance réelle du pays. Le racisme primaire fait bon ménage avec un sentiment de supériorité qui trouve matière à s'affirmer en toutes occasions de la vie courante, si bien que les deux sociétés ne se mélangent pas. Les écoles, les tennis, les restaurants sont séparés. En dernier recours, les Français savent qu'ils sont protégés par les parachutistes français casernés près de l'aéroport. Il est très rare d'être reçu au domicile d'Africains ; ils ne sont invités dans les dîners français que s'ils occupent des postes à responsabilités très élevés. Les expatriés disposent de revenus plus importants que s'ils étaient restés en France et mènent une vie facile : le dimanche, ils fréquentent la station balnéaire d'Assinie, fine bande de sable et de cocotiers entre lagune et océan où ils louent des cases à l'année, s'adonnent à la pêche autour des derricks de pétrole où les poissons viennent particulièrement nombreux, ou vont chasser les crocodiles la nuit. Ils fréquentent assidûment le casino de l'hôtel Ivoire ou les boîtes à filles de Trechville. Des fortunes considérables s'amassent dans les plantations d'hévéas, de café ou de cacao, propriétés de sociétés financières françaises.

Je suis à Abidjan, le 10 mai 1981, pour l'élection de François Mitterrand à la présidence de la République. C'est peu dire qu'il ne suscite pas l'enthousiasme de la communauté française qui vote massivement à droite. J'entends dans les dîners les mêmes calomnies à propos de Mitterrand que celles qui traînent dans ma famille. En janvier 1981, je croise dans le hall de l'hôtel un sénateur de Paris qui est le numéro deux de la fédération de Paris du PS. Comme moi, il a appartenu au CERES. Il me confie que les sondages sont très défavorables à Mitterrand qui n'a aucune chance de gagner les présidentielles et qui devra, après un nouvel échec, se retirer pour laisser la place à des plus jeunes. Le lendemain, il a rendez-vous avec le président Houphouët-Boigny, membre de l'Internationale socialiste, et lui confirme ce pronostic. Le président lui répond que les coopérants français feraient bien de rester tranquilles pour lui éviter tout problème avec le camp Giscard qui a toutes les chances d'être réélu. Il avait eu vent que, parmi les coopérants, s'était créée une petite section du parti socialiste. L'affaire remonte jusqu'à l'ambassadeur de France qui se plaint de notre activisme à la direction de notre cabinet conseil : il faut éviter les vagues, certains ingénieurs occupant des postes stratégiques dans l'administration du pays. Au soir du second tour, le 10 mai 1981, nous tenons notre revanche en organisant une fête improvisée dans les locaux du centre culturel. L'ambassadeur proteste. Au premier mouvement diplomatique, il sera rappelé à Paris.

Après la réforme de la Caisse de stabilisation à Abidjan, mon travail d'expert me conduit à Lomé, au Togo, pour une étude sur la tarification des services de l'eau. Lomé n'avait pas connu la croissance d'Abidjan, elle semblait être restée sous administration française, avec le charme désuet de l'Afrique de nos grands-parents. Un marché était consacré aux objets de cultes vaudous : dents et queues d'animaux, œufs de reptiles et pattes de volatiles. Le pays était sous la coupe d'un dictateur féroce, le général Eyadema, au pouvoir depuis un quart de siècle. Tout commença par une visite protocolaire chez le ministre des Travaux publics et une réunion de travail avec le directeur de l'Hydraulique. Pour calculer le juste prix d'un service public, il me fallait impérativement connaître le coût des équipements et les emprunts contractés. Pour mesurer les investissements du Togo en matière hydraulique – un secteur essentiel au développement du pays puisqu'il conditionne l'accès des populations à des eaux propres –, je devais donc commencer par rassembler les emprunts négociés auprès des bailleurs de fonds internationaux. Je fis le tour des bureaux de Lomé, mais impossible de retrouver ces dossiers, ni à la direction de l'Hydraulique, ni à la direction du Trésor. J'étais sur le point de déclarer ma mission infructueuse lorsque, ouvrant un placard au fond d'un couloir sombre, je les retrouvai tous, soigneusement classés. Personne n'en avait gardé le moindre souvenir. Il n'y avait donc aucune centralisation de la dette du pays et le Togo payait des traites à la demande des bailleurs, souvent des banques occidentales, sans vérifier leur bien-fondé, ce que ne ferait pas même un épicier négligeant ! Pourtant les pays de l'Afrique de l'Ouest francophone me paraissaient mieux gérés que le Nigeria. Nous avions des *contreparties* locales, jeunes cadres africains formés dans les universités occidentales, recrutés au début de la mission de coopération pour prendre le relais après notre départ. Ils enviaient nos salaires et attendaient que nous soyons partis pour récupérer le véhicule de la mission. Mais ils étaient le plus souvent absents de leur travail. C'est pourquoi, en Côte-d'Ivoire, le président Houphouët-Boigny réservait quelques dizaines d'emplois stratégiques à des coopérants français et refusait obstinément qu'ils soient occupés par des cadres africains. Puisse la situation avoir évolué dans le bon sens depuis cette époque ! Les réfugiés qui tentent de gagner l'Europe trente ans après montrent que mes souhaits sont loin d'être réalisés !

Le Nigeria, la Côte-d'Ivoire, le Togo ne peuvent évidemment être réduits à ces expériences personnelles. Partout en Afrique, de jeunes cadres, des associations locales, des ONG se sont mis au travail et développent des projets porteurs d'avenir. Des femmes, des jeunes, des anonymes incroyablement dévoués à leur tâche se sont mobilisés pour défendre leurs terres, réaliser des projets respectueux de l'environnement, dénoncer les pratiques de pouvoir claniques et la corruption, comme Fella au Nigeria ou Wangari Muta, née au Kenya, qui a reçu en 2004 le prix Nobel de la paix pour avoir replanté des milliers d'arbres avec l'aide des femmes des villages de son pays. Certaines administrations africaines mènent des actions aussi remarquables, notamment dans le domaine de l'éducation, avec des moyens réduits, parfois sous la menace de groupes armés hostiles à l'éducation des filles. Mais d'autres pays où j'ai œuvré, comme l'Indonésie, ont su mieux utiliser l'aide internationale et ont acquis rapidement un niveau de prospérité bien supérieur aux pays africains. Ce qui ne les met pas à l'abri de nouvelles difficultés, notamment environnementales. Nous y reviendrons. Mais soyons patients, regardons notre propre histoire : il faut du temps pour construire des nations. Du temps pour entrer dans les ères industrielles auxquelles une position d'exportateur de matières premières ne prédisposait pas. L'Afrique progresse, elle entre dans la troisième révolution industrielle, celle de l'intelligence verte et d'une industrie sans carbone, avec moins de retard que dans les révolutions précédentes. Elle garde toutes ses chances. Mais il lui faudra être au rendez-vous d'une natalité hors de contrôle.

Le rétablissement de l'esclavage par Bonaparte

La loi du 20 mai 1802, sous le Consulat, revint sur l'abolition de l'esclavage et de la traite des Noirs portée par l'abbé Grégoire quelques années plus tôt. Deux grandes conquêtes de la révolution, dans les Antilles, en Martinique, Guadeloupe et à Saint-Domingue, future Haïti, furent mises à bas par le Premier consul et il ne se trouva que soixante-trois députés du Corps législatif pour s'y opposer. Il importe de comprendre les circonstances de l'adoption de ces dispositions rétrogrades, contraires à l'image d'un Consulat mettant en œuvre les principes émancipateurs de la Révolution. Il faut éviter le piège de l'anachronisme, qui consiste à juger une période de l'Histoire avec des concepts qui n'existaient pas à l'époque. La Société française des amis des Noirs créée en 1788 par Brissot était parvenue à regrouper les personnalités marquantes de la première période de la Révolution : Mirabeau, Condorcet, Duport, l'abbé Grégoire, La Fayette. Elle prônait l'égalité entre les Blancs, les *mulâtres* et les Noirs. En face, il y avait les amis des colons regroupés dans le puissant club de l'hôtel de Massiac. Après un premier vote supprimant la traite, à l'initiative de l'abbé Grégoire, le 4 février 1794, la Convention vota par acclamation l'abolition de l'esclavage dans l'ensemble des colonies françaises. Mais, comme souvent, cette admirable loi de l'assemblée révolutionnaire resta muette sur les moyens de la mettre en œuvre. De sorte que le Consulat hérita du Directoire le soin de l'appliquer. Les lois ne valent que par leur application. Comme l'abolition n'avait pas été préparée, la loi ne put être mise en œuvre rapidement et il résulta de cette période d'incertitude un regain de violence dans les deux camps : révolte des colons contre la loi et révolte des anciens esclaves contre les maîtres refusant d'appliquer la loi. Trouver une solution était d'autant plus urgent que l'abolition de l'esclavage avait pris une dimension géopolitique depuis qu'à la faveur des désordres, les Espagnols et les

Anglais avaient grignoté une partie des positions françaises dans les Caraïbes et occupaient maintenant la Martinique.

À Saint-Domingue, un esclave affranchi, François-Dominique Toussaint Louverture, avait pris la tête du mouvement des Noirs contre les planteurs et se posa très vite en chef d'une île indépendante. Le Directoire lui confia le commandement des troupes françaises stationnées dans la partie française de l'île avec le grade de général de division. À l'avènement du Consulat, Toussaint Louverture s'était peu à peu transformé en chef d'État qui contrôlait la partie française de l'île et s'apprêtait à envahir la partie espagnole, cédée à la France mais toujours sous contrôle espagnol. Dans les Antilles, Bonaparte devait donc relever un double défi : trouver un accord entre les populations noires et blanches, mais aussi une issue à la sécession de Toussaint Louverture. L'enjeu était important pour ces îles qui comptaient 600 000 esclaves originaires d'Afrique, environ 30 000 hommes de couleur libres et 55 000 Blancs.

Les consuls installés depuis quelques jours adressent une proclamation aux citoyens de Saint-Domingue dans laquelle ils affirment d'abord que « les principes sacrés de la liberté et l'égalité des Noirs n'éprouveront jamais d'atteinte ni de modification ». Mais quelle était au juste la pensée du premier d'entre eux ? Il partage l'opinion de la majorité des hommes de son temps : l'esclavage est naturel, il est lointain, il concerne des populations avec lesquelles il n'a jamais été en relation. Je n'ai trouvé aucun propos raciste, au sens que nous donnons aujourd'hui à ce mot, dans les 40 000 lettres de sa correspondance. Il montrera d'ailleurs lors de la campagne d'Égypte une curiosité et une absence de préjugé remarquables à l'égard de l'islam, au point que certains prétendirent, sans preuve, qu'il s'était converti. L'égalité, qui est à la base des grandes réformes du Consulat, ne s'étend ni aux Noirs, ni aux esclaves. Elle ne les exclut pas formellement, elle les ignore. Bonaparte perçoit l'esclavage uniquement au travers de la géopolitique et de l'économie.

En 1802, la lutte contre les Jacobins avait conduit à l'élimination des idéologues au sein des Assemblées et fait perdre toute influence au parti antiesclavagiste. Le lobby colonial emmené par Cambacérès et Talleyrand et relayé jusque dans l'intimité de l'Empereur par la créole Joséphine eut le champ libre. Il eut beau jeu de mettre en avant des considérations économiques et sécuritaires : la canne fournissait le sucre qui était alors une denrée vitale ; la France ne pouvait pas prendre le risque d'en être privée par un désordre croissant dans les plantations. Ils insistèrent aussi sur les dangers du renforcement de la flotte anglaise dans les Caraïbes, que la flotte française, notoirement plus faible, n'était pas en mesure de contrer. Il apparut très vite que le Premier consul n'avait nulle intention d'imposer la législation révolutionnaire et de tenir les engagements qu'il avait pris avec ses collègues au début de son gouvernement. Dès avant l'adoption de la loi rétablissant l'esclavage, en décembre 1801, il envoya son propre beau-frère, le général Leclerc, avec 20 000 hommes, reprendre le contrôle de Saint-Domingue. En janvier 1802, il confia à Richepanse le soin de reprendre la Guadeloupe aux insurgés. Richepanse fut d'une brutalité inouïe. À Saint-Domingue, tortures, noyades collectives, chiens dressés à la chasse aux Noirs, exécutions sommaires se multiplièrent ; Toussaint Louverture fut envoyé au fort de Joug près de Pontarlier où il mourut en 1803. Il n'eut pas le temps de constater que sa défaite n'éviterait pas à la France de perdre Saint-Domingue dès la reprise des hostilités avec l'Angleterre, hostilités qui avaient été provisoirement suspendues par la paix d'Amiens de 1803. Les principes généreux initiés par la Convention furent définitivement foulés aux pieds par un arrêté de juin 1802 interdisant aux gens de couleur de pénétrer sur le territoire de la métropole sans autorisation. À Sainte-Hélène, Napoléon confiera à Gourgaud que cette piteuse aventure avait été « une grande sottise » de sa part !

Napoléon III et l'Algérie

L'action de Napoléon III en Algérie est beaucoup plus conforme aux idéaux des temps nouveaux. Le contexte est évidemment très différent. Quelque quarante ans plus tard, la France, comme beaucoup de pays européens, est en pleine expansion coloniale. Des expéditions militaires françaises atteignent le Sénégal, la Cochinchine et le Cambodge, le Liban, le Mexique, jusqu'à Pékin où le Palais d'Été sera brûlé par une colonne franco-anglaise. La politique algérienne est une exception à cet expansionnisme tous azimuts car la phase militaire de la colonisation est achevée au moment de l'élection du prince-président. Il lui revient d'organiser la pérennisation de la présence de la France. Dans son *18 Brumaire de Louis Bonaparte*, Karl Marx reprend Hegel qui avait écrit que tous les grands événements et personnages historiques se répètent pour ainsi dire deux fois. « Mais, dit-il, il a oublié d'ajouter : la première fois comme une tragédie, la seconde fois comme une farce. » La politique de Napoléon III en Algérie prouve que ce jugement est pour le moins hâtif.

Quelle est la situation de l'Algérie en 1848 ? Elle est musulmane depuis la conversion des Berbères au VIIIe siècle, et elle est intégrée à l'Empire ottoman depuis 1555. Mais au milieu du XIXe siècle, l'Empire ottoman n'est plus que l'ombre de lui-même. Il est tout juste assez fort pour tenir Alger, son arrière-pays, et quelques villes importantes comme Oran, Blida ou Constantine. L'arabisation progressive du pays berbère est achevée. La régence du dey d'Alger, nommé par les Ottomans, est reconnue par toutes les puissances européennes de l'époque et par les États-Unis. Benjamin Stora cite *Le Moniteur* de 1793 : « Tandis que l'Europe se coalise contre la France libre, une puissance africaine (Alger), plus loyale et fidèle, reconnaît la République et lui jure fidélité. » L'Algérie d'alors avait donc soutenu les premiers pas de la République en France. Mais une dette non remboursée contractée à l'époque du Directoire sera à l'origine du fameux coup d'éventail asséné par le dey d'Alger au consul de France en 1827, prétexte à l'annexion lancée en mai 1830 par le gouvernement ultra de Polignac en quête de succès militaire. Après avoir occupé Alger, d'où le dey se retire en juillet, l'armée française fait face à la résistance des chefs indigènes, dont le fils d'un marabout d'origine chérifienne qui rassemble des tribus de la région de Mascara et prêche la guerre sainte, Abd el-Kader, âgé de vingt-quatre ans. Il étend son autorité sur l'intérieur, fédère les tribus et jette les bases d'un État dont il établit la capitale à Tagdemt. Après des échecs devant Oran et Constantine, la France nomme Bugeaud gouverneur général d'Algérie et parvient à enlever les principaux centres tenus par l'émir. En 1843, le duc d'Aumale s'empare de la *smala*, ville volante de l'émir regroupant 60 000 personnes, qui se rendra en décembre 1847. La répression française est sans pitié, comme autrefois en Vendée : destruction de villes, *enfumades* des rebelles dans des grottes. L'émir est envoyé en prison à Toulon. Nul ne peut prévoir que cet homme deviendra l'ami de Napoléon III.

En 1852, au moment de l'établissement du Second Empire, la conquête militaire de l'Algérie était donc presque achevée. L'âme de la résistance algérienne s'était rendue au duc d'Aumale, quatrième fils de Louis-Philippe, en décembre. Ne restaient insoumises que quelques poches de résistance en Grande Kabylie et dans les oasis du Sud. La Grande Kabylie, le massif du Djurdjura, et les dernières oasis dans le Sud seront finalement conquis en 1857. L'arrivée des colons prenait de l'ampleur : le peuplement européen, dont la moitié venait de France, était passé de 131 000 à 193 000 personnes entre 1851 et 1860. Parmi elles, 9 500 opposants républicains, hostiles au coup d'État de Napoléon III, furent déportés en 1851. Le gouvernorat militaire encourageait la spoliation des tribus locales par des mesures comme la limitation à 15 hectares des parcelles laissées aux familles indigènes et la restriction des aires de parcours des tribus nomades. Une grande partie des terres libérées fut cédée à des sociétés de colonisation comme la fameuse Compagnie genevoise, louant aux fermiers musulmans les terres acquises grâce à des subventions d'État.

Comme son oncle Napoléon, qui ignorait tout de l'esclavage avant d'accéder au pouvoir, son neveu Louis-Napoléon ne connaissait rien à la question coloniale. Tout juste avait-il entendu les propos du saint-simonien, le père Enfantin, qui disait que l'Algérie « était un boulet attaché aux pieds de la France ». Il avait aussi constaté que les trois départements étaient hostiles au rétablissement de l'empire puisqu'ils avaient voté non au plébiscite de 1851 qui avait fait du premier président de la République élu au suffrage universel le deuxième empereur Napoléon. Beaucoup étaient des proscrits de 1848, puis de 1851. Bravant leur hostilité, l'Empereur se rendit deux fois en Algérie. De tous les chefs d'État de 1830 à 1958, il fut de loin celui qui qui accomplit les plus longs séjours sur place.

Philippe Séguin relève dans son ouvrage de référence, *Louis Napoléon le Grand*, que son attitude était d'autant plus méritoire qu'il ne manquera pas d'hommes capables d'analyser froidement la situation à Paris et qui, une fois sur place, deviendront les porte-parole des colons français. Les mesures proposées par le Général après son premier déplacement de 1958 sont d'ailleurs assez comparables à ce que voulait Napoléon III un siècle plus tôt : l'égalité et la fraternité entre Européens et musulmans dans un cadre électoral unique, la promotion économique, sociale, éducative et l'accès à la fonction publique de la population musulmane, le constat de l'impossibilité d'une solution purement militaire, le choix en faveur d'une Algérie associée à la France. Rien ne justifie davantage le parallèle tracé par Philippe Séguin entre les deux hommes d'État que le courage et la clairvoyance avec lesquels Napoléon III agit en Algérie, sans crainte de se mettre à dos les colons et de susciter l'incompréhension de l'armée. Plutôt que de déléguer le traitement de l'Algérie à ses généraux, il choisit de porter un intérêt personnel à l'affaire qui fut bientôt marquée de l'empreinte de ses propres choix, reflets de ses propres valeurs. C'est pourquoi je peux légitimement considérer que c'est un peu de l'esprit Bonaparte qui se manifeste dans les politiques qui tendaient au progrès et au bien-être des populations musulmanes.

Pour avoir une autorité directe sur les affaires algériennes, Napoléon III supprime le poste de gouverneur et crée le ministère de l'Algérie et des Colonies directement rattaché à lui, qu'il confie à un membre de sa propre famille, le fils de Jérôme, frère cadet de Napoléon, le prince Napoléon-Jérôme, mon arrière-grand-père, de mars 1858 à juin 1859. Après son retrait, l'Empereur reprend directement en main la politique algérienne. En septembre 1860, il fait un premier voyage sur place. Il découvre avec surprise un pays qui, lui, découvre avec la même surprise un empereur proche du peuple musulman. L'impératrice Eugénie, son épouse, assiste à un mariage musulman. Cela fait jaser chez les colons. L'Empereur n'en a cure. À son retour, il décide de mettre en œuvre les principes qu'il avait esquissés dans son discours d'Alger : « Notre grand devoir est de nous occuper du bonheur des trois millions d'Arabes que le sort des armes a fait passer sous notre domination. Élever les Arabes à la dignité d'hommes libres, répandre sur eux l'instruction tout en respectant leur religion, améliorer leur existence en faisant sortir de cette terre tous les trésors que la Providence y a enfouis et qu'un mauvais gouvernement laisserait stérile, telle est notre mission. » Et devant les colons médusés, il répète : « Notre premier devoir est de nous occuper du bonheur de trois millions d'Arabes que le sort des armes a fait passer sous notre domination. »

Dans les lettres à ses ministres Pélissier et Mac Mahon que Napoléon III fait publier dans *Le Moniteur*, il développe des conceptions qui, selon Philippe Séguin, annoncent l'Algérie algérienne. En 1862, il veut : « L'égalité parfaite entre indigènes et Européens, il n'y a que cela de juste, d'honorable et de vrai. (...) Il faut convaincre les Arabes que nous ne sommes pas venus en Algérie pour les opprimer et les spolier mais pour leur apporter les bienfaits de la civilisation. » En 1863, toujours dans *Le Moniteur* : « L'Algérie n'est pas une colonie proprement dite, mais un royaume arabe. Les indigènes ont comme les colons un droit égal à ma protection et je suis aussi bien l'empereur des Arabes que l'empereur des Français. Cinq hauts dignitaires arabes invités à la chasse à Compiègne se précipitent pour baiser la main de son fils, le prince impérial, habillé à l'arabe. L'Empereur les relève et ordonne à tous une fraternelle accolade. » En 1865, il réitère l'expression de son état d'esprit : « Je préfère utiliser la bravoure des Arabes plutôt que de pressurer leur pauvreté. » Il n'hésite pas à arbitrer en faveur des autochtones dans les conflits entre les colons et les tribus qui n'acceptaient pas la limitation de leurs terrains de parcours. Il poursuit néanmoins la politique de peuplement : entre 1861 et 1872, la population européenne passe de 193 000 à 245 000. En 1863, il affirme que les Arabes sont français et que ceux qui le demanderaient pourraient, *sans conditions de stage*, devenir citoyens français. Le sénatus-consulte du 14 juillet 1865 est le texte le plus libéral de la législation coloniale du XIXe : il accorde la nationalité française à tous les Arabes qui le souhaitent avec pour seule obligation d'abandonner la polygamie. On imagine sans peine la bronca des colons !

Du 3 mai au 7 juin 1865, l'Empereur se rendit une deuxième fois en Algérie. Au cours d'un périple de trente-six jours et de 3 000 kilomètres, il visita le territoire avec le nouveau gouverneur général, le maréchal de Mac Mahon. Il ne se contenta pas d'une visite officielle. Il voulut constater la situation de ses propres yeux. Il visita les écoles, les travaux des ports d'Alger et d'Oran, il s'intéressa à la rade de Mers el-Kébir et engagea des fonds pour sonder et jeter les plans de la future base militaire. Louis Napoléon reçut les notables à sa table et leur dit : « Vous connaissez mes intentions… j'ai irrévocablement honoré vos chefs, respecté votre religion. Je veux augmenter votre bien-être, vous faire participer de plus en plus à l'administration de votre pays comme aux bienfaits de la civilisation. » En 1863 et en 1865, il reparla de l'Algérie comme d'un royaume arabe et répéta : « Je suis aussi bien l'empereur des Arabes que l'empereur des Français. » L'hypothèse d'un vice-roi résidant à Alger fut vivement critiquée par les colons. L'Empereur alla jusqu'à se mettre à dos le saint-simonien Duval qui lui répondit : « L'Algérie sera un royaume français et non un royaume arabe. » Mais les colons pouvaient compter sur le gouverneur Mac Mahon. Le projet de royaume tomba peu à peu dans l'oubli. Prenant la mesure de la mésentente entre les colons et les militaires, l'Empereur décida alors de revenir au régime militaire, mieux à même, pensa-t-il, de protéger les Arabes.

Jusqu'à la fin, Napoléon III chercha à changer la donne en Algérie. En mars 1870, le Corps législatif examina un nouveau régime préconisant l'instauration d'une véritable autonomie administrative et la division du territoire en trois départements civils et trois départements indigènes, élisant leurs propres députés. Le projet n'aboutit pas car le gouvernement avait désormais une autre priorité : la guerre avec l'Allemagne. Les Européens d'Alger eurent une dernière occasion de manifester leur mécontentement contre cet empereur libéral en votant non au plébiscite de mai 1870 par 14 000 non contre 11 000 oui et 8 000 abstentions. Ils furent les premiers à se réjouir de sa chute : dès que fut connue la défaite de Sedan, ils renversèrent ses statues sur les places.

Les colons auraient au moins pu porter à son crédit l'œuvre réalisée en matière de travaux publics. Fidèle à ses idéaux saint-simoniens, il fit construire 5 000 kilomètres de routes, des voies ferrées entre Alger et Blida, entre Philippeville et Constantine, et entre Alger et Oran. Ces lignes existent toujours, je les ai empruntées lors de mes séjours en Algérie, en me disant que cet arrière-grand-oncle, qui n'était évidemment pas en mesure de penser l'indépendance de l'Algérie, avait pourtant concrètement amélioré la vie des Algériens. Son principal tort avait été d'avoir vu clair un siècle trop tôt. Sa politique inspirera les tenants d'un colonialisme à visage humain, préparant l'indépendance, comme Lyautey au Maroc.

Abd el-Kader

Les rapports de Napoléon III avec l'émir Abd el-Kader illustrent bien la vision progressiste de l'Empereur sur l'avenir de l'Algérie. Abd el-Kader est le fils du chef d'une grande tribu de l'Ouest algérien, près de la frontière marocaine. Mystique arabe, c'est aussi un poète. En 1830, à la prise d'Alger par les Français, il constate avec amertume le rapide retrait du bey d'Alger et la faillite de la noblesse d'épée ottomane. Son père proclame le jihad et l'envoie combattre les Français à Oran. Il est élu par l'assemblée des tribus, à vingt-quatre ans, émir, chef des armées et sultan des Arabes. Il utilise une tactique d'extrême mobilité pour user les colonnes françaises sans entrer directement en confrontation avec elles. Bientôt, il contrôle Mascara et Tlemcen et toutes les provinces de l'Ouest algérien à partir d'Oran. Lors du traité de Tafna avec le général Bugeaud qui commande les troupes françaises, en mai 1837, il a autorité sur la plus grande partie de l'Algérie du Nord.

À partir de 1839, le duc d'Orléans, fils aîné de Louis-Philippe, reprend les hostilités et pénètre dans le Constantinois. Bugeaud est nommé gouverneur général avec la mission de soumettre tout le pays et pas seulement les côtes ; il forme des colonnes légères et pratique la tactique de la terre brûlée avec ses fameuses « colonnes infernales ». Les tribus sont enfumées « comme des bêtes puantes ». Abd el-Kader échoue à soulever la Kabylie. Il est traqué dans le Rif par les Marocains avant de se rendre aux Français en décembre 1847 après la prise de sa smala par le duc d'Aumale.

En décembre 1847, l'émir se rend au général Lamoricière contre l'assurance qu'il pourra s'exiler à Alexandrie ou à Saint-Jean-d'Acre. Louis-Philippe ne tint pas promesse et l'envoya au cachot à Toulon, où il partagea son temps entre méditation et prière. Puis le gouvernement provisoire de 1848 l'envoya à Pau dans le château natal d'Henri IV où il reçut la visite de notables, d'officiers, d'ecclésiastiques. Sur le chemin de sa nouvelle prison, il se demanda ce qu'étaient venus faire les Français dans son pays si pauvre et si mal irrigué. Il fut ensuite envoyé au château d'Amboise où il tint une sorte de salon littéraire et scientifique. Abd el-Kader prônait inlassablement le rapprochement : « Si les musulmans et les chrétiens m'écoutaient, je ferais cesser leur antagonisme et ils deviendraient frères à l'intérieur et à l'extérieur. »

En 1848, le gouvernement du prince-président décida de le maintenir en captivité tout en adoucissant son sort. Ardent admirateur de l'émir, le président de la République pour encore quelques semaines vint en personne à Amboise le 16 octobre 1852 lui annoncer qu'il était désormais libre de s'installer en Turquie et que la France interviendrait auprès des Ottomans qui n'étaient pas favorables à la venue de ce Maghrébin qui leur reprochait d'avoir abandonné l'Algérie. Lors de cette entrevue, Napoléon dit à l'émir : « Vous avez été l'ennemi de la France mais je n'en rends pas moins justice à votre courage, à votre caractère, à votre résignation dans le malheur ; c'est pourquoi je tiens à honneur à faire cesser votre captivité, ayant pleine foi dans votre parole. » L'émir lui répondit par une longue lettre joliment adressée au « neveu du musulman d'Égypte » (référence à la campagne d'Égypte de Bonaparte) : « Vous avez eu confiance en moi... vous m'avez donné ma liberté et sans m'avoir fait de promesses vous avez rempli des engagements que d'autres avaient faits sans les tenir... je viens donc vous jurer... que je ne ferai rien de contraire à la confiance que vous avez mise en moi et que je tiendrai religieusement mon serment de ne jamais retourner en Algérie... je suis un descendant du Prophète et personne ne pourra jamais m'accuser de forfaiture. » Il avait compris que le jihad n'est pas réductible à la guerre et que sa mission était désormais d'éclairer l'Occident par l'Orient pour créer une véritable alliance.

Le 2 décembre 1852, jour de l'avènement du Second Empire, Abd el-Kader est reçu par l'Empereur aux Tuileries et passe avec lui les troupes en revue devant les Invalides, escorté par les généraux qui lui ont livré une guerre sans merci. Il fait partie des invités de l'Empereur à l'Opéra où il étreint publiquement son ami, le *sultan* Napoléon III. Plus tard, il est invité au château de Saint-Cloud. L'émir fait le tour de Paris : Notre-Dame, la Madeleine et l'Imprimerie nationale où on lui montre la traduction imprimée de ses engagements à l'égard de la France, puis il se recueille sur le tombeau de Napoléon et passe en revue les troupes à Satory sur un cheval blanc, cadeau de l'Empereur. En remerciement, il envoie à l'Empereur un cadeau plus précieux encore : trois pur-sang arabes, un bai, un alezan et un bai clair avec des vers brodés composés par ses soins.

Au terme d'un voyage triomphal, il embarque à Marseille pour Constantinople en janvier 1853, et s'installe à Bursa, sur une grande terre, entre mer Noire et Méditerranée. Il pense que la technologie occidentale peut aider les peuples orientaux à rester maîtres de leur avenir. La spiritualité ne l'éloigne pas du progrès. Dans sa propriété, il fait appel à des ingénieurs venus d'Europe pour mettre en place les dernières innovations techniques en matière agricole. Un an plus tard, il revient à Paris à l'occasion de l'Exposition universelle et porte un grand intérêt aux plus récentes inventions. Il assiste au *Te Deum* donné à Notre-Dame pour célébrer la prise de Sébastopol, en Crimée.

Puis il convainc l'Empereur de l'aider à s'installer à Damas où les émigrés magrébins présents dans la grande Syrie l'attendent comme chef et guide. Il veut surtout se rapprocher de la maison occupée autrefois par son maître andalou soufi, Ibn Arabi. Doté d'une confortable pension versée par la France, il peut désormais se consacrer entièrement à l'étude et à la diffusion de l'œuvre de son maître. S'inspirant de l'Andalousie où les trois religions monothéistes avaient cohabité en paix sous une théocratie musulmane, son enseignement est un modèle de tolérance : tout individu en prière, qu'il soit juif, chrétien ou même idolâtre, prie un seul et même Dieu. Il développe une théorie de l'unicité absolue de l'essence divine dans son ouvrage : *Livre des haltes, des stases, des états et des étapes.* Toutes les prières, écrit-il, s'adressent au Dieu unique : « Pour qui veut le Coran, pour qui veut la Torah, pour tel autre l'évangile, pour qui veut mosquée ou prier son seigneur, pour qui veut synagogue, pour qui veut cloche ou crucifix, pour qui veut Kaaba dont on baise pieusement les pierres, pour qui veut images, pour qui veut idoles, pour qui veut retraite ou vie solitaire, pour qui le veut guinguette où lutiner la biche… »

Lors des émeutes antichrétiennes de 1860 qui virent les Druzes s'en prendre aux Maronites, il protégea les chrétiens de Damas des émeutiers musulmans et leur offrit l'hospitalité. On ne compte plus alors les princes, les rois, les politiciens, les hommes d'affaires qui viennent à Damas. Le baron Rothschild, Ferdinand de Lesseps, de nombreux saint-simoniens font le voyage. Abraham Lincoln lui envoie une paire de pistolets ! Napoléon III, en déplacement en Algérie, lui fait remettre le grand cordon de la Légion d'honneur. Mais ces hommages ne sont pas totalement désintéressés. Beaucoup espèrent que l'émir tiendra un rôle politique après la dislocation de l'Empire ottoman : les Anglais pour établir une voie de communication avec le golfe Arabo-Persique et les Français pour achever le percement du canal de Suez. Il refuse catégoriquement de se laisser entraîner dans ces jeux politiques, malgré l'insistance de son ami Napoléon III qui avait rêvé d'en faire un vice-roi d'Algérie et songe maintenant à lui faire prendre la tête d'un État arabe libéré du joug ottoman. Mais l'ancien émir souhaite que les Arabes accèdent par eux-mêmes à l'autonomie. Beaucoup de ses disciples deviendront des figures marquantes du nationalisme arabe, comme son petit-fils Khaled, qui passe pour l'initiateur du nationalisme algérien en 1920. À partir de 1863, il se consacre entièrement à la vie spirituelle. Il séjourne plus d'un an entre La Mecque et Médine à la recherche de l'état suprême de l'illumination, dans la grotte de Hira où le Prophète reçut la première sourate. Il se réfugie dans la maison d'Abu Bakr, le premier calife de l'islam, qui jouxte la mosquée du prophète.

Musulman moderne, il l'est encore quand il écrit à Ferdinand de Lesseps à propos du canal de Suez : « Aucune personne intelligente ne peut mettre en doute que votre œuvre soit un véritable bienfait pour l'humanité et qu'elle ne soit en même temps d'une utilité générale dont les avantages rejailliront sur la plupart des habitants de la terre. Nous prions le Très-Haut de vous faciliter l'achèvement et de réaliser la jonction des eaux » ; il convainc les populations locales des bienfaits du projet ; il inaugure le canal de Suez en compagnie de l'Impératrice, sur le pont du Forbin, frégate de la marine française. En 1867, Abd el-Kader se rendit pour la troisième fois en France à l'occasion de la deuxième Exposition universelle. Il rendit hommage à son ami, l'Empereur, bâtisseur de villes superbes, et qualifia l'édifice construit pour accueillir les exposants de « palais de l'intelligence animé par le souffle de Dieu ».

La défaite de Sedan et l'emprisonnement de l'Empereur l'affectent profondément. Sa chute sonne le glas du projet de royaume arabe que Napoléon III avait pensé un moment lui confier. Le sénatus-consulte de 1865 qui instaurait la nationalité française pour les Algériens est suspendu, les Bureaux arabes démantelés, un régime favorable aux colons est institué. C'en est fini de la politique généreuse du « neveu du musulman d'Égypte ». Abd el-Kader meurt à Damas en mai 1883. D'abord enterré à Damas, sa dépouille regagna l'Algérie en été 1966 lors d'une grande cérémonie voulue par le président Boumédiène. Il repose au carré des Martyrs à Alger avec cette citation : « Si la France me donnait à choisir entre posséder des biens et vivre soumis ou être libre mais pauvre, je choisirais d'être libre et pauvre. » Sa vie et ses rapports avec la France ont été nettement plus complexes ! Il est, depuis, considéré en Algérie comme le premier héros de l'indépendance. Hommages, articles, colloques nombreux lui sont consacrés.

5

Deux fidèles à 1789

Pendant les quatre années du Consulat, Napoléon a gouverné sous le régime de la Ire République proclamée par la Convention en 1792. En réalité, le Premier consul avait déjà passablement violé le principe républicain par le coup d'État de Brumaire. À sa décharge, il n'avait pas été le premier à s'imposer par la force dans la brève histoire de cette République qui rodait des principes politiques entièrement nouveaux. Napoléon III sera élu président de la IIe République, celle qui crée le suffrage universel, avant de se mettre à la tête du Second Empire en décembre 1852. Ces deux Bonaparte ont en commun d'avoir bafoué les formes républicaines de gouvernement pour y substituer leur pouvoir personnel. Si l'on s'en tient à l'égalité, les deux empereurs ont néanmoins gardé avec eux un morceau du drapeau de la République. Ce serait un contre-sens d'opposer frontalement les deux empires à la République. Sous le Premier Empire, les institutions du Consulat visant à corriger les inégalités de naissance ont continué à se développer : l'école, le code civil, l'accès à la fonction publique par le mérite. Sous le Second Empire, le souci du bien-être de la classe ouvrière n'a jamais été absent des préoccupations d'un empereur saint-simonien qui avait consacré une brochure de jeunesse à l'extinction du paupérisme.

Les deux empereurs ont été sévèrement jugés par deux parents qui leur reprochaient l'exercice personnel du pouvoir : Lucien, détracteur de son frère aîné Napoléon, et mon arrière-grand-père, le prince Napoléon, dit Plon-Plon, contempteur de son cousin Napoléon III. L'un et l'autre étaient viscéralement attachés au principe républicain et à la démocratie politique. L'un et l'autre passèrent néanmoins à côté des véritables causes de la chute de leurs deux parents : Napoléon Ier mena des guerres qui finirent par dresser contre lui le monde paysan ; Napoléon III laissa se développer la misère dans la classe ouvrière malgré ses idées saint-simoniennes.

Lucien

Par ses références constantes à l'esprit de 1789, Lucien me semble incarner mieux que ses autres frères l'esprit des Bonaparte. Il refuse d'accepter les arguments de Napoléon pour passer outre aux principes fondateurs de la République. Je ne vais pas faire ici un récit complet de sa vie, d'autres l'ont bien fait avant moi. Pour montrer où je vois l'esprit des Bonaparte, je voudrais me limiter aux termes du débat qui a opposé les deux frères.

Dès leur enfance, leurs relations sont tumultueuses. L'affect tient une place fondamentale dans les querelles entre ces deux frères ombrageux, Corses au sang bouillant, au verbe haut, pétris d'ambition. Les arguments affectifs et familiaux sont souvent étroitement liés à leurs désaccords politiques, leur servant à l'occasion de toile de fond et d'alibi. Enfants, les deux frères Napoléon et Lucien sont déjà presque étrangers l'un à l'autre.

Cinq années séparent Lucien, né en mai 1775, de Napoléon, qui resta en revanche très proche de son aîné, Joseph. Charles, leur père, avait envoyé Lucien rejoindre ses frères sur le continent afin qu'il reçoive une éducation aussi soignée que la leur. Lucien commença sa scolarité à Autun avec son frère aîné Joseph, « le plus doux et le plus aimable des hommes ». Il poursuivit à

Brienne où il rejoignit Napoléon, dont il garda mauvais souvenir : « Très sérieux de son naturel, il me reçoit sans la moindre démonstration de tendresse, ce qui refoule la mienne au fond de mon cœur. » Il poursuit dans ses *Mémoires* : « Il n'a rien d'aimable dans les manières, ni pour moi, ni pour les autres camarades de son âge, qui ne l'aiment point, sans doute parce que, comme moi, ils le craignent… Je crois que c'est à ma première impression du caractère de ce frère que je dois la répugnance que j'ai toujours éprouvée de fléchir devant lui. »

Après un passage par le séminaire d'Aix, Lucien est très tôt initié à la politique. Il fait ses premières armes en fréquentant assidûment le cercle des Amis de la Constitution, société patriotique ajaccienne qui compte tous les Bonaparte parmi ses membres fondateurs. De tous les Bonaparte, c'est lui qui est immergé le plus jeune dans le chaudron de la politique. Quand entre 1790 et 1793 Joseph et Napoléon commencèrent leur ascension politique en Corse dans le sillage de Paoli, Lucien resta un peu en arrière car, dit-il, « on ne discutait pas avec Napoléon ; il se fâchait des moindres observations et s'emportait à la plus petite résistance. Joseph même n'osait pas répliquer à son frère ». Lucien quitta la Corse sur les pas de l'ambassadeur Sémonville fin mars 1793 et lança de Toulon son célèbre anathème contre Paoli, au club jacobin de la ville, qui précipita le départ de Corse des Bonaparte. Un courrier adressé par Lucien à ses frères pour leur narrer son intervention à la société populaire de Toulon vint aggraver leur cas, car il tomba entre les mains des paolistes qui, à la consulte de Corte, dénoncent en mai 1793 cette famille… « née dans le despotisme, nourrie et élevée sous les yeux et aux frais d'un pacha luxurieux qui commandait l'île, [dont] les trois frères s'étaient faits avec le plus ardent empressement les zélés coopérateurs et les perfides agents de Salicetti… pour peine, l'assemblée les abandonne à leurs remords intimes et à l'opinion publique qui d'ores et déjà les a condamnés à une perpétuelle exécration et infamie ».

Toute la famille se réfugia à Calvi puis s'exila à Toulon où elle arriva le 11 juin 1793.

Par la protection du corse Saliceti devenu le puissant représentant de la Convention à Marseille, Lucien trouva un modeste emploi dans l'administration des subsistances militaires à Saint-Maximin dans le Var. À Saint-Maximin, il fréquenta ardemment les clubs révolutionnaires, mais tint à se faire passer dans ses *Mémoires* pour un patriote opposé aux mesures expéditives de la Terreur : « Un vingtième au moins des habitants étaient renfermés comme suspects. On améliora le sort des suspects. On en fit sortir quelques-uns pour jouer sur un théâtre de société des pièces patriotiques, et surtout on prit la résolution dans le comité de ne jamais envoyer personne à la boucherie d'Orange. »

Le 4 mai 1794, le jeune président du comité révolutionnaire local épousa la fille de son aubergiste, la belle Christine Boyer. La fin de cette année fut marquée par la prise de Toulon qui dévoila les talents militaires de Napoléon ; il sera promu général de brigade en décembre. Dans une lettre à la Convention, signée Brutus Bonaparte, citoyen sans-culotte, le *modéré* Lucien exaltait le massacre de huit cents prisonniers politiques que l'on mitrailla sans pitié le 19 décembre 1793 sur le Champ-de-Mars, après la prise de Toulon : « Citoyens représentants, c'est du champ de gloire, marchant dans le sang des traîtres, que je vous annonce avec joie que vos ordres ont été exécutés… ni l'âge ni le sexe n'avaient été épargnés… ceux qui avaient seulement été blessés par le canon républicain avaient été taillés en pièces par l'épée de la liberté et la baïonnette de l'égalité ! » Napoléon commenta à Carnot, ministre de la Guerre : « Lucien s'est compromis en 1793 plusieurs fois, malgré les conseils réitérés que je n'ai cessé de lui donner. Il voulait faire le Jacobin, de sorte que, si, heureusement pour lui, les dix-huit ans qu'il avait alors n'étaient pas son excuse, il se trouverait compromis avec le petit nombre d'hommes, opprobres de la nation. »

Après le magasin de Saint-Maximin, Lucien obtint, à nouveau, grâce à Saliceti, une place d'inspecteur des charrois à

Saint-Chamans, près de Sète. La réaction thermidorienne l'envoya à la prison d'Aix en juillet 1795. Ses trois frères, Joseph, Napoléon et Louis, furent aussi inquiétés. Ils étaient tous suspectés de jacobinisme. La famille se mobilisa pour faire sortir Lucien, le plus gravement compromis par les accusations d'un certain abbé Rey dont il avait sauvé la vie sans pouvoir lui épargner d'être catalogué comme suspect. « J'entrai dans cette horrible maison où, malgré beaucoup de lavages, on distinguait encore les traces de sang des malheureux que l'on y avait assassinés sept ou huit jours auparavant… nous eûmes plusieurs alertes d'égorgeurs, mais nous fûmes heureusement quittes pour leur féroce musique. » Napoléon, promu commandant de l'armée de l'Intérieur par Barras, obtint pour son jeune frère un poste de commissaire des guerres auprès de l'armée du Nord.

Il ne cessa de vanter les mérites du régime directorial mis en place à partir d'octobre 1795 « qui a fait faire un pas de géant aux véritables idées républicaines ». Lucien pénétra dans la société du Directoire sur les pas du général Bonaparte. Après les casernes du Nord, où il était parti à contrecœur, il voulut rentrer en Corse pour s'y faire élire. Afin de satisfaire cette ambition, il n'hésita pas à commettre la double imprudence de quitter l'armée du Nord sans autorisation et de s'adresser directement à Carnot, devenu membre du Directoire, pour lui faire part de son projet. Napoléon, à qui le courrier fut envoyé, répondit au Directeur : « Vous aurez vu, par la seule lecture de la lettre de mon frère, combien ce jeune homme a une tête exaltée… la Corse étant libre aujourd'hui, vous m'obligeriez beaucoup en donnant l'ordre de s'y rendre puisque sa tête ne lui permet pas de rester à l'Armée du Rhin. »

À Bastia, Lucien fut promu commissaire des guerres du Liamone avec un traitement qui lui permettait de se présenter en avril 1798 à l'élection au Conseil des Cinq-Cents dans le département du Liamone (Corse du Sud). Comme il n'avait pas l'âge minimum requis de trente ans, il produisit des faux qui le faisaient naître à la place de Joseph en 1768 ! L'argent nécessaire à la campagne, il le trouva dans une louche affaire de piraterie dans laquelle trempaient également Joseph et Fesch pour laquelle il fut inquiété, une fois élu député. Il ne fait aucun doute qu'après 1794 les Bonaparte avaient investi dans la course, activité alors non interdite à laquelle s'adonnaient nombre de commerçants méditerranéens.

Il est élu au Conseil des Cinq-Cents la veille du jour où Napoléon s'embarque pour l'Égypte. Il s'installe au Conseil le jour où arrive à Paris la nouvelle de la prise de Malte par son frère. Pendant les trois premiers mois de son mandat, Lucien se tint sagement sur son banc, n'intervenant que sur des sujets mineurs. Celui qui avait brillé à Saint-Maximin n'était plus qu'un provincial gauche à la tribune des Cinq-Cents où siégeaient les ténors rescapés des tourments de la Révolution. En aout 1798, élu secrétaire de l'Assemblée, il prend de l'assurance et s'oppose pour la première fois à Barras. Il vient de réaliser que le Directoire en place depuis maintenant trois ans s'épuise en raison de ses propres faiblesses. Barras dira dans ses mémoires : « Il motionne sans arrêt, secrètement soufflé par son frère Joseph qui le désavoue en public, suivant une tactique ordinaire de la famille. » Déjà, il s'est rapproché de l'abbé Sieyès qui médite une révision constitutionnelle. Lucien apprend peu à peu à naviguer entre les différents courants qui ballottent le Directoire, tantôt du côté de Barras, tantôt du côté de Sieyès, tantôt du côté de l'opposition jacobine. Jamais du côté des royalistes. Il navigue si bien qu'il est élu président du Conseil des Cinq-Cents : personne n'ose s'opposer à la candidature du frère du *héros des Pyramides* qui rentrait d'Égypte couvert de gloire.

Le rôle de Lucien dans l'exécution du coup d'État de Brumaire fut décisif, tous les historiens en conviennent. C'est lui qui, avec Sieyès, trouva la manière d'en terminer avec le Directoire, c'est lui qui organisa la première rencontre entre Sieyès et Bonaparte et qui convainquit son frère que *l'oracle constitutionnel* portait un projet proche du sien : un exécutif fort concentré entre les mains de trois consuls et une politique de réconciliation nationale ; c'est à son domicile que fut scellé le pacte final. Le 18 Brumaire, par manque de sang-froid, Napoléon commit une série d'erreurs qui auraient pu lui être fatales si Lucien n'avait pas été là. Pénétrer sans autorisation, avec une escorte armée, dans l'enceinte d'une assemblée qui délibère était un geste grave dont Napoléon lui-même dira plus tard que ce fut « la plus mauvaise manœuvre qu'il ait jamais faite ». Lucien changea le cours des choses en répondant à la demande de mise hors la loi de Napoléon par un habile discours. Mais il ne put éviter que la résistance inattendue du Conseil des Cinq-Cents contraigne l'armée à employer la force. Le changement constitutionnel s'était mué en coup d'État militaire. La carrière de Napoléon resta à jamais marquée par l'usage initial de la force contre des assemblées délibérantes.

Napoléon n'admit jamais le rôle de Lucien dans son accession au pouvoir. Devoir son élévation à son jeune frère lui était insupportable et fit l'objet de nombreuses disputes entre eux. Dans ses *Mémoires*, Lucien précise ses motivations : « J'étais convaincu que la forme du gouvernement la meilleure était réalisée dans le système de la république consulaire... Quel homme raisonnable pourrait me faire reproche d'un si heureux changement... Sans doute il est permis d'être étonné que cette République consulaire ait duré si peu de temps... que la Constitution de la République consulaire ait été si facilement sacrifiée... » Et indiqua ce qui sera désormais le leitmotiv de ses griefs : « On ne peut nier, je le dis avec peine, que l'exercice de ce pouvoir d'un seul n'ait bientôt dépassé toute limite, et que la faculté de tout faire à sa guise n'ait par la suite produit les plus grands excès : faculté dangereuse, ou plutôt arme fatale à ceux qui ont l'imprudence de s'en servir, et qui fut, en effet, la principale cause de la chute de l'Empire. »

Dès le lendemain de Brumaire, Lucien fut écarté des travaux de la commission chargée de proposer aux consuls provisoires une nouvelle constitution. Lucien voulait en effet éviter que « la puissance gouvernative et la militaire soient réunies dans le même individu ». Il souhaitait que Napoléon se cantonne à des attributions civiles, comme Sieyès tenta de le plaider. La loi constitutionnelle de l'an VIII ne tint aucun compte de ses idées et donna au contraire tout le pouvoir à l'exécutif. En décembre 1799, Lucien fut désigné au Tribunat, chambre dans laquelle on reléguait les opposants et les *discoureurs*. Puis son frère, craignant que de cette place il n'animât une opposition parlementaire, le nomma dès le lendemain ministre de l'Intérieur en remplacement de Laplace. Le ministère de l'Intérieur d'alors n'était pas celui que l'on connaît aujourd'hui. La police n'en dépendait pas, mais il couvrait la plupart des grands départements civils, comme l'administration générale et communale, l'agriculture, le commerce, les ponts et chaussées, l'instruction publique, les mines, les institutions artistiques. Napoléon avait vu juste. Lucien, beau parleur et homme de tribune, n'avait aucune des qualités nécessaires pour la direction de ce vaste secteur ministériel. Il confia les affaires quotidiennes à son ami corse, Campi. Lucien rongeait son frein en constatant l'ascension continue du Premier consul. Il n'aimait pas les ministres qui avaient une influence plus grande que la sienne, comme Talleyrand qu'il avait qualifié de grand laquais, et Fouché qui renseignait le Premier consul sur ses agissements, attendant patiemment le moment de le ruiner.

Au crédit de Lucien, on doit indiscutablement porter la réforme du 17 février 1800 qui créa l'administration préfectorale. Il eut souvent le dernier mot face à Cambacérès et Talleyrand pour la nomination des préfets, dont il anima le corps par des circulaires où transparaît un ministre très *consulaire*, comme dans cette circulaire du 22 ventôse : « Soyez le premier magistrat du département, jamais l'homme de la Révolution. » On y distinguait une énergie remarquable, comme dans cette exhortation aux préfets au moment du départ de Bonaparte pour l'Italie : « De grands événements se préparent. Le Premier consul part pour l'armée, et les vœux de la France l'accompagnent. Vous, contenez les ennemis de la patrie ! »

Napoléon n'eut qu'à se féliciter de l'organisation par Lucien du plébiscite ratifiant la constitution de l'an VIII. Les opérations se déroulèrent entre décembre 1799 et janvier 1800. Lucien proclama les résultats le 7 février 1800. Il fallut arrondir de nombreux résultats et ajouter toutes les voix de l'armée pour obtenir 3 millions de oui contre 1 562 non ! Sur la base des registres locaux, les historiens ramènent le nombre de oui à 1,5 million et relèvent une participation réelle de 20 %, alors que les résultats officiels proclamaient 40 %. Les classes possédantes restaient, autant que les anciens révolutionnaires, hostiles à ce nouveau gouvernement. Les principaux soutiens venaient du monde rural qui voyait en Bonaparte le garant de l'acquisition des biens nationaux et aspirait à la fin de l'incurie des administrations locales et au retour de la sécurité. Mais la masse de la population restait indifférente.

Le 14 mai 1800, Lucien apprit à Neuilly le brusque décès de sa femme Christine, enceinte d'un troisième enfant et dont il était sincèrement épris. Il éprouva un profond chagrin de la disparition de la compagne des jours difficiles de Saint-Maximin. Sur sa tombe, il porta cette simple épitaphe : *Amante, épouse et mère sans reproche*. Le Premier consul dut le rappeler, après un mois, à « retourner à ses affaires ».

Au début du Consulat, Lucien comme Joseph se rapprochèrent des idéologues qui défendaient le principe républicain, dont le chef de file incontesté, Benjamin Constant, fit une entrée remarquée au Tribunat avec un discours audacieux sur la liberté d'expression : « Sans l'indépendance du Tribunat, il n'y aurait plus ni harmonie ni Constitution, il n'y aurait que servitude et silence. » Germaine de Staël, la fille de Necker, raconta quelques années plus tard que son salon, habituellement si fréquenté, demeura étrangement vide le lendemain !

En mai 1800 circulaient à Paris des nouvelles alarmantes sur la possible mort de Napoléon au début de la bataille de Marengo ; c'était en réalité Desaix qui avait été tué. Lucien informa son frère Joseph du complot dit d'Auteuil où des opposants regroupés autour de Talleyrand réfléchirent à qui devrait remplacer Napoléon au cas où celui-ci ne reviendrait pas d'Italie. On parlait de Carnot ou de La Fayette. Ainsi se trouvait posée pour la première fois la question de la succession du Premier consul. Sans doute Lucien espérait-il figurer au premier rang. Mais c'était sans compter sur l'hostilité de Joséphine et ses liens avec Fouché qui ne manquèrent pas d'alimenter la mauvaise humeur de Napoléon. Ses discours, entachés de républicanisme, irritaient le Consul.

En octobre 1800, Lucien fit imprudemment imprimer et distribuer dans les préfectures une brochure anonyme : *Parallèle entre César, Cromwell, Monck et Bonaparte.* Ce texte posait le principe de la séparation des pouvoirs et de la dynastie héréditaire. Il n'est pas certain que Napoléon n'ait pas cherché au travers de cette publication à lancer un ballon d'essai. En tout cas, il convoqua Lucien aux Tuileries le 12 novembre en présence de Fouché pour lui demander des explications. Une violente dispute suivit où Napoléon reprocha à Lucien sa vie privée, ses spéculations boursières, ses opérations maritimes équivoques et le luxe de son train de vie. Lucien jeta son portefeuille sur la table de travail du Premier consul et démissionna de son ministère : « Il y a maintenant entre Bonaparte et moi une barrière qui ne sera jamais abattue, parce qu'il est au-dessus de mon caractère de me disculper et de reconnaître la légalité d'un tribunal que je récuse. » Mais Napoléon ne voulait pas rompre avec son frère et lui offrit en compensation l'ambassade de Madrid. Sa mission fut couronnée de succès : il permit grâce à la paix de Badajoz d'éloigner provisoirement l'Angleterre du Portugal.

Rentré à Paris en novembre 1801, Lucien mène un train de vie fastueux alimenté par les ressources tirées de son ambassade madrilène. Dans ses *Mémoires*, il apparaît désormais préoccupé par des questions de préséance au sein de sa famille dont Napoléon joue pour montrer son ascendant. Lucien reçoit les confidences de tous les mécontents : Joseph, Bernadotte,

Leclerc qui le prennent à témoin de leurs griefs à l'égard du puissant Premier consul. Les uns dénoncent le caractère autoritaire de son régime, les autres regrettent la distance dans laquelle il tient le clan catholique et monarchiste. Les mécontents vont à lui par instinct. Mais Napoléon se garde d'écarter ce frère dont il a pu mesurer les talents. Il lui propose de reprendre la place qu'il avait abandonnée au Tribunat lors de son ambassade à Madrid et de le désigner comme rapporteur de deux projets essentiels : le concordat et la Légion d'honneur, pour lesquels Napoléon est en difficulté et où les talents d'orateur et l'expérience parlementaire de son jeune frère lui seraient utiles. Lucien est sans illusion sur le rôle de l'assemblée où on l'envoie siéger. Il sait que l'on peut y parler librement, mais que, dépourvue du droit de voter les lois, elle n'a qu'une fonction *tribunitienne*, sans influence réelle sur la conduite des affaires de l'État. Il y trouva un climat différent de celui qui régnait avant son départ pour Madrid. Pour la première fois, l'autorité du Premier consul était contestée. Avant de recevoir en audience le bureau du Conseil d'État, Napoléon fulmine : « Ils sont là, quinze métaphysiciens bons à jeter à la rivière... C'est une vermine que je porte dans mes habits... Je leur opposerai le peuple français ! »

Avant d'accepter le Tribunat, Lucien s'était disputé avec son frère à propos de la Louisiane. Quand il apprit que Napoléon envisageait de céder la Louisiane aux États-Unis, il se précipita aux Tuileries pour tenter de protéger cette colonie arrachée à l'Espagne lors du traité d'Aranjuez qu'il avait personnellement négocié lors de son ambassade à Madrid. Il trouva son frère dans son bain et ils eurent un vif échange où Lucien évoqua la probable résistance des Chambres à un tel projet. Napoléon rétorqua qu'il se passerait si nécessaire de cette approbation, et fit valoir le peu d'intérêt de ces colonies en raison de l'absence d'une marine puissante pour les protéger. Et d'ailleurs, ajouta-t-il, « aucune gloire nationale ne nous peut venir de la mer ». Lucien évoqua Colbert, mais son frère n'avait pas confiance dans la marine pour combattre l'Angleterre. Lucien une dernière fois fit valoir l'inconstitutionnalité du projet.

« Ah, répond Napoléon, vous me la donnez belle ! Vous croyez-vous au club de Saint-Maximin ? Continuez donc : ceci est trop beau pour y demeurer court, monsieur le chevalier de la Constitution… Mais sachez que je déteste vos amis jacobins et que je me moque d'eux, de vous et de votre représentation nationale ! »

Et de colère, il jette à terre une tabatière.

« Je te briserai comme cette boîte ! »

Lucien la ramasse.

« Mon frère, avant de me briser moi-même, c'est le portrait de votre femme que vous venez de briser. »

À la veille de l'établissement du Consulat à vie, Lucien était partisan d'un régime fort, mais du maintien du système républicain. Son frère le tenait donc soigneusement éloigné des tractations dans lesquelles il impliquait en revanche son frère aîné, Joseph. Sachant pertinemment que ces propos seraient rapportés au Premier consul, Lucien n'hésitait pas à proclamer en public, selon Miot : « … Je veux qu'il s'aperçoive qu'un homme peut résister à ses caprices… Qu'il aille une fois de plus ensanglanter l'Europe par une guerre qu'il aurait pu éviter. Moi, je me réunirai à Moreau, s'il le faut, et à tout ce qui reste en France d'amis de la liberté pour me soustraire à tant de despotisme. » On s'acheminait à grands pas vers un régime monarchique après le plébiscite sur le Consulat à vie prévu en juillet 1802. Fouché et Carnot étaient en désaccord avec cette évolution, alors que Cambacérès, Talleyrand et Roederer la souhaitaient, comme Joseph. Lucien restait partisan d'un régime autoritaire, mais non dynastique.

Par la constitution de l'an X, les deux frères du Premier consul sont nommés au Sénat et reçoivent la dignité de grand officier de la Légion d'honneur. Lucien renoue avec une posture très républicaine en refusant de figurer sur la liste des bénéficiaires de la *grande cassette*, à laquelle émargeaient les autres membres de la famille. Il est vrai que, depuis l'ambassade d'Espagne, il pouvait aisément s'en passer. De son siège de sénateur il assista, en la désapprouvant, à l'évolution du régime vers la monarchie : « Sainte liberté, pourquoi suis-je le frère de celui qui est encore plus poussé à te détruire par de faux républicains que par son propre penchant. Ce sont eux, hélas, qui veulent qu'il en arrive à ce matricide national ! »

Fidèle à ses amitiés, il ne cessa d'intervenir auprès de son frère en faveur de Madame de Staël, que Napoléon détestait. À la Malmaison, en 1803, ils eurent une conversation à son propos.

« Je ne suis ni Louis XVI ni La Révellière-Lepeaux [un des premiers Directeurs]. Conseillez-lui de ne pas prétendre à me barrer la route là où il me plaira de m'engager, car je la romprai », tonna le Consul.

Lucien dénonça alors son penchant à faire la guerre aux facultés intellectuelles de l'humanité.

À quoi Napoléon répondit : « … Quant aux œuvres métaphysiques de votre amie, faut-il avouer à ma honte qu'en les feuilletant par-ci par-là, je n'y ai rien trouvé qui pût m'attacher à les lire, car je n'y ai rien compris. Les métaphysiciens et les bavards sont mes bêtes noires ! »

Durant l'été 1802, il rencontra dans une soirée où se retrouvait la nouvelle élite du Consulat Alexandrine de Bleschamp, âgée de vingt-quatre ans, qui venait de perdre son mari à Port-au-Prince. Mais Napoléon n'entendait pas que ses frères fassent des mariages qui ne servent pas ses projets politiques. S'il était parvenu à rompre l'union de son cadet, Jérôme, mon ancêtre, avec Elizabeth Patterson de Philadelphie, il trouva en Lucien un homme fier, avec une conception ferme de sa dignité personnelle, qui n'hésita pas à affronter l'exil pour prix de ses propres choix. Napoléon chercha à le convaincre de l'intérêt qu'il aurait à épouser Marie-Louise, la fille des souverains d'Espagne, que

Lucien avait lui-même mise sur le trône de l'Étrurie lors de son ambassade à Madrid et dont le mari, Louis Ier, venait de décéder. Selon Frédéric Masson dans *Napoléon et sa famille,* Lucien déclara tout net :

« Je refuse d'épouser une femme laide, contrefaite, bossue et boiteuse, presque naine, d'une figure qui prêtait à rire et d'un corps qui eût fait pleurer. »

À quoi Napoléon aurait répondu : « Lucien, crois-moi : il n'est pas nécessaire que nos femmes soient belles. Nos maîtresses, c'est différent. Une maîtresse laide, c'est monstrueux. Elle manquerait essentiellement à son premier, disons mieux, à son unique devoir ! »

Lorsque Lucien informa par courrier son frère de son mariage, celui-ci lui envoya Murat en pleine nuit pour l'informer que son mariage serait nul car non autorisé par lui. Face à son refus d'obtempérer, Bonaparte tenta de mettre en cause la moralité de la jeune femme, exemple, selon lui, du dévergondage du Directoire, dont il cherchait à débarrasser le pays. Mais Napoléon, qui venait de reconnaître le mariage civil de l'ancien évêque Talleyrand et qui pouvait trouver dans la vie de Joséphine un bel exemple de ce qu'il dénonçait, n'était pas le mieux placé pour faire ce genre de reproche à son frère, qui ne se gêna pas pour le lui dire. Constant rapporta dans ses *Mémoires* ce savoureux échange :

« Vous voyez, dit Napoléon, où vous conduit votre entêtement et votre sot amour pour une femme galante.

— Au moins, lui répondit Lucien, la mienne est jeune et jolie ! »

Lucien fut profondément humilié par l'hostilité de son frère à l'égard de la femme qu'il aimait. Alexandrine décrit dans ses *Souvenirs inédits* ses craintes que Lucien ne cède, son désespoir d'être devenu objet de haine, l'atmosphère de suspicion qui régnait autour d'eux, la crainte d'être traité comme le duc d'Enghien. Aussi partit-il le 4 décembre 1803 pour un long voyage en Italie, avec, confia-t-il à Joseph, « la haine dans le cœur ». Il en revint en février 1804, dans un contexte politique nouveau où l'attentat de la rue Saint-Niçaise avait définitivement donné au consulat le cours nouveau que Lucien avait toujours désapprouvé. Le 4 mai, Napoléon fut proclamé Empereur des Français et, même s'il avait juré de maintenir intactes les conquêtes de la Révolution, il quittait, pour n'y plus revenir, les chemins de la République.

La duchesse d'Abrantès rapporte la dernière rencontre entre les deux frères à Saint-Cloud. Lucien jeta à son frère :

« Le Consulat avec un droit de désignation comme sous la Rome d'Auguste, soit. La monarchie avec un régime de dévolution proprement dynastique, jamais... Cet empire que vous ne soutiendrez que par la violence sera un jour abattu par elle. »

Napoléon répliqua en restant intraitable sur la question du mariage avec Alexandrine. Et conclut : « C'en est donc fait, je viens de rompre avec Lucien, de le chasser de ma présence. »

À la proclamation de l'empire, tous ceux qui ne s'étaient pas ralliés furent écartés. Pichegru fut étranglé, Cadoudal et ses chouans guillotinés, le duc d'Enghien fusillé, Moreau exilé. Lucien préféra s'éloigner. Dans ses *Mémoires,* il évoque la dernière nuit du 3 avril 1804 qu'il passa dans son hôtel de la rue Saint-Dominique. Il veilla jusqu'à minuit, heure à laquelle Napoléon se couchait. Puis il se sépara de sa mère et de son frère Joseph, restés avec lui, avant de partir, à l'aube, avec Alexandrine. L'exil romain durera onze ans. Lucien s'était définitivement exclu du partage de l'empire entre ses frères et sœurs auquel l'Empereur allait procéder.

Rapidement se regroupèrent autour de Lucien tous ceux qui, comme le général Gouvion Saint-Cyr, désapprouvaient l'orientation absolutiste du régime : « Ah, pourquoi lui-même ne renouvela-t-il pas l'exemple de Washington que nous l'entendîmes si souvent proclamer plus grand à ses yeux par ses refus de s'élever au-dessus de ses concitoyens ? » Plus tard, à Rome, il deviendra ami de Humboldt, le savant, ministre de Prusse, avec qui il suivra sur une carte d'Europe les progrès de la campagne de Prusse de 1806. De son exil, Lucien n'hésitait pas à déclarer à ses proches : « J'attends la première bataille que l'Empereur ne manquera pas de perdre pour me présenter en France et y faire proclamer la république. » Pourtant Napoléon chercha à rencontrer son frère lors d'une visite à Venise, en décembre 1807.

Cette ultime rencontre eut lieu à Mantoue, préparée par Joseph et par Élisa qui implora son frère, par un courrier de l'été 1807, de « réfléchir aux propositions qui te sont faites. Maman et nous tous serions heureux de ne faire qu'une seule famille politique ». Les deux frères ne s'étaient pas revus depuis quatre ans. L'entrevue dura quatre heures et sera longuement rapportée par Lucien. Après avoir échangé quelques amabilités, les frères évoquèrent la Corse, Saint-Maximin, le 18 Brumaire, puis passèrent aux choses sérieuses.

Napoléon fit miroiter à son frère la possibilité d'un trône, mentionnant l'Italie ou l'Espagne. Sans vergogne, Napoléon lui dit : « Prenez votre part ! » Mais il resta intraitable dans son refus de reconnaître le mariage civil de Lucien qui, comme quatre ans auparavant, refusa d'humilier sa femme. Il conclut dans ses *Mémoires* : « Celui qui préfère ses devoirs de père et d'époux au rang de second prince français mérite à mes yeux plus de respect que d'excuse. » À la fin de l'entretien, il était quatre heures du matin, il hésita « à tendre la main à l'Empereur et il fallut que celui-ci, mollement, lui offre sa joue sur laquelle il imprime un baiser plus respectueux que fraternel ». Napoléon dit à Roederer : « Lorsque Lucien à Mantoue a osé me parler en étranger, je lui ai dit : Va, malheureux, sors de ma présence, plus de rapports entre nous ! » Selon son secrétaire Méneval, qui raccompagna Lucien à son auberge : « Il était extrêmement ému et avait son visage baigné de larmes. Quant à l'Empereur, il se borne, après un long silence et un soupir, à dire sèchement à ses secrétaires : Mon frère ne veut pas renoncer à sa petite racaille... Je lui prouverai que ma tête est plus dure que la sienne ! »

À Rome, Lucien s'était rapproché du pape Pie VII lorsque sur ordre de Bonaparte, le général Miollis occupa la ville sainte pour obliger le Vatican à s'aligner sur le blocus continental. Il chercha à contraindre Lucien à quitter Rome pour Florence : « Je ne souffrirais pas qu'un Français et l'un de mes propres frères agisse contre moi avec la prêtraille. » Lucien prit soudain conscience qu'il risquait d'être arrêté et jeté en prison. Maugréant contre ses frères qui ne l'avaient pas soutenu, il réalisa ses biens en Italie et, grâce à Murat, roi de Naples, embarqua sur le *Hercules* battant pavillon américain. Mais Lucien et sa famille furent faits prisonniers par les Anglais et transférés le 22 août 1810 à Malte, au fort Ricasoli, réservé aux Français. Quand Napoléon apprit l'arrestation de son frère, il parla d'une nouvelle manifestation de l'incapacité de sa famille, le priva de son titre et de ses revenus de sénateur et le fit radier de l'*Almanach impérial* ! De Malte, un bâtiment conduisit Lucien et sa famille à Plymouth où la presse britannique le présenta comme victime de la cruauté de *Bonnie* et comme un exilé à qui l'Angleterre devait l'hospitalité.

Ils vécurent en semi-liberté au château de Thorngrove, dans le Worcestershire, pendant quatre ans, et ne revinrent en Italie qu'après le départ de Napoléon pour l'île d'Elbe. Pendant ces années, les soucis financiers n'empêchèrent pas Lucien de mener une vie de gentilhomme, fréquentant l'aristocratie anglaise, se consacrant à sa passion pour l'astronomie et pour la littérature. De Thorngrove, Lucien suivait de près l'actualité européenne. Son hostilité à Napoléon ne se démentait pas comme dans cette lettre adressée à son frère Louis, réfugié à Gratz, en 1813, où il dénonçait cette « fausse gloire [qui] ne s'émeut point de la douleur et du deuil d'un million de familles ». Sa sympathie va au pape qui, « grâce aux puissances alliées, va rentrer en possession de sa neutralité pacifique ». Et il ajoute dans ses *Mémoires* :

« Je vois s'accumuler sur sa tête les nuages du courroux céleste d'où partira la foudre qui ne peut manquer de le frapper, s'il persévère dans ses iniquités ». La punition céleste arriva à partir de l'hiver 1812 où Napoléon, poussé par le froid et l'isolement, fut contraint d'évacuer Moscou. La chute venait de commencer.

À l'annonce de la retraite de Russie, Lucien fut pris de remords. La duchesse d'Abrantès évoque dans ses *Mémoires* un courrier adressé par Lucien à son frère lors de la mort de Duroc à Wützen, lorsque Napoléon, dans une ultime manœuvre, parvint à repousser les alliés jusqu'en Silésie. Le cadet se disait désespéré de ne pouvoir être auprès de son aîné, à la place de Duroc. La duchesse rapporte l'émotion qui envahit Napoléon à cette lecture. Mais le prisonnier de Thorngrove ne pouvait plus grand-chose pour son frère. Il assista, impuissant, à l'entrée des armées de la coalition à Paris en mars 1814 et au vote de déchéance du 2 avril.

Mais il quitta Rome en mars 1815 pour épauler son frère de retour de l'île d'Elbe. Incertain de l'accueil qu'il lui réserverait, il le retrouva aux Tuileries, le 9 mai. Il affirma dans *La Vérité sur les Cent-Jours* que son retour à Paris n'était dicté que par le « dévouement fraternel » et il rappela qu'il n'y était pas contraint et qu'il avait, à l'époque glorieuse, su refuser des charges importantes. Napoléon embrassa son frère et lui remit le grand cordon de la Légion d'honneur avant de le nommer « prince français ». Il lui attribua le Palais-Royal avec le droit d'assister au Conseil des Ministres, le chargea de la direction des journaux officieux, autrement dit de la propagande, et le fit membre de la Chambre des pairs.

Lucien espérait que Napoléon reviendrait aux idéaux de la Révolution. Ses amis, Benjamin Constant et Carnot, étaient revenus aux affaires. Les premières mesures comme les décrets d'abolition de la noblesse étaient nettement d'inspiration libérale. Mais les actes additionnels à la Constitution de l'empire, inspirés par Benjamin Constant, malgré les garanties accordées à la justice et aux libertés individuelles, frappaient par leur ressemblance avec la charte de Louis XVIII, notamment par l'instauration d'une pairie héréditaire. Lucien attendait le retour à des institutions électives. Que Napoléon pût se couler dans les institutions d'une monarchie constitutionnelle, personne ne pouvait y croire. Le plébiscite d'approbation de la nouvelle constitution connut une abstention record de 75 % : Napoléon s'était coupé du peuple sans parvenir à rallier les élites libérales. Le spectacle donné le 1er juin 1815 sur le Champ-de-Mars à l'occasion de la proclamation des résultats du plébiscite fut une lamentable comédie. La France impériale revêtit ses plus beaux atours au pied d'un empereur vieilli habillé d'un ridicule manteau de cour façon Henri III, entouré de ses trois frères vêtus de costumes en velours blanc. Lucien eut une violente algarade avec son frère à propos de cette mascarade mais dut se résoudre à en être. Ce déguisement seyait particulièrement mal à Lucien qui avait, comme le dit Thibaudeau, « la réputation d'un ami de la liberté, d'un républicain qui avait déserté la Cour impériale et la France pour ne pas être complice de son frère ».

Pendant la dernière bataille qui commence le 14 juin 1815 à Charleroi pour s'achever le 18 juin à Waterloo, Lucien reste à Paris et siège sans discontinuer à la Chambre des pairs. Il intervient énergiquement le 19 juin, lendemain de la défaite, pour demander des mesures contre les fausses nouvelles de presse. Le Parlement, travaillé par La Fayette, et en sous-main par Fouché, évoque déjà la destitution. Lucien met une dernière fois ses talents de parlementaire au service de son frère. Abandonné par les Talleyrand, les Fouché, les Marmont qu'il avait pourtant couverts de bienfaits, Napoléon voit ce frère, qu'il avait injustement traité à de multiples reprises, rester à ses côtés.

Le 21 juin à l'aube, Napoléon descend d'une chaise de poste pour franchir le perron de l'Élysée, exténué par la défaite et trois nuits sans sommeil. Après s'être jeté dans un bain, il convoque le conseil de gouvernement présidé par Joseph. Lucien lui dit qu'il a eu tort de rentrer à Paris et qu'il aurait dû rester au milieu de son armée plutôt que de se livrer aux Chambres où il ne compte que des adversaires. Il préconise donc avec Davout et

Carnot le coup de force contre les Chambres, la levée en masse et les pleins pouvoirs à l'Empereur. Napoléon le désigne à la tête de la délégation chargée de parlementer en son nom avec les Chambres. Lucien rapporte ce dialogue où il tente de réveiller l'ardeur de son frère et plaide pour un second Brumaire :

L — Où est donc votre fermeté ? Quittez ces irrésolutions. Vous savez ce qu'il en coûte de ne pas oser.

N — Je n'ai que trop osé.

L — Trop et trop peu. Osez une dernière fois.

N — Un dix-huit Brumaire !

L — Point du tout. Un décret très constitutionnel. La Constitution vous donne ce droit.

N — Ils ne respecteront pas cette Constitution et ils s'opposeront à ce décret.

L — Les voilà rebelles et mieux dissous encore.

N — La garde nationale viendra à leur secours.

L — La garde nationale n'a qu'une force de résistance. Quand il faudra agir, les boutiquiers songeront à leurs femmes et à leur magasin.

N — Un dix-huit Brumaire manqué peut amener un treize Vendémiaire.

L — Vous délibérez quand il faut agir. Ils agissent eux et ne délibèrent pas.

N — Que peuvent-ils faire ? Ce sont des parleurs.

L — L'opinion est pour eux. Ils prononceront la déchéance.

N — La déchéance !... Ils n'oseront !

L — Ils oseront tout si vous n'osez rien.

Désignant la foule massée autour de l'Élysée, Lucien poursuit : Eh bien ! Vous entendez ce peuple. Il est ainsi par toute la France ! L'abandonnerez-vous aux factions ?

— Suis-je plus qu'un homme, lui répondit Napoléon, pour ramener une chambre égarée à l'union qui seule peut nous sauver ? Ou suis-je un misérable chef de parti pour allumer une guerre civile ? Non ! Jamais ! En brumaire nous avons pu tirer l'épée pour le bien de la France. Pour le bien de la France, nous devons aujourd'hui jeter l'épée loin de nous. Essayez de ramener les chambres. Je puis tout avec elles. Sans elles, je pourrais beaucoup pour mon intérêt, mais je ne pourrais pas sauver la patrie. Allez, et je vous défends en sortant de haranguer ce peuple qui me demande des armes. Je tenterai tout pour la France ; je ne veux rien tenter pour moi.

Lucien rajoute dans *La Vérité sur les Cent-Jours* : « Telles sont les paroles qui sortirent de Napoléon. Mes yeux se remplirent de larmes, et pour la première fois de ma vie, je tombai à genoux, admirant du fond du cœur ce Père de la patrie, trahi, méconnu par des représentants égarés. » Il ajoute encore : « Il hésite, il temporise ; c'est un homme perdu : la fumée des batteries de Mont-Saint-Jean lui a porté à la tête ! »

Ultime tentative, Lucien va servir de rempart à son frère en allant aux Chambres plaider en faveur de la reconnaissance de Napoléon II. Il a l'expérience des débats tumultueux dans des assemblées dangereuses car se sentant menacées. Son discours reprend le thème de la nécessaire union nationale autour de Napoléon, de la collaboration des pouvoirs, du salut public. Mais il est trop tard, la France est occupée désormais. La présence de l'Empereur battu n'est-elle pas le dernier obstacle à des négociations de paix ? Seul contre cinq cents, Lucien fait face avec panache. Mais La Fayette soulève des tonnerres d'applaudissements lorsqu'il déclare : « Vous nous accusez de manquer à nos devoirs envers l'honneur et envers Napoléon. Avez-vous oublié ce que nous avons fait pour lui ? Avez-vous oublié que nous l'avons suivi dans les sables d'Afrique, dans les déserts de Russie, et que les ossements de nos enfants, de nos frères, attestent partout notre fidélité ? Nous avons assez fait pour lui ; maintenant notre devoir est de sauver la patrie ! »

La commission désignée par les Chambres pour négocier la paix est le théâtre d'un ultime échange entre La Lafayette et Lucien :

« Si les amis de l'Empereur avaient cru son abdication nécessaire au salut de la France, dit Lucien, ils auraient été les premiers à lui demander.

— C'est parler en vrai français », rétorque La Fayette.

« Dites à votre frère de nous envoyer son abdication, dit le Général, sinon nous lui enverrons sa déchéance.

— Et moi, je vous enverrai La Bédoyère avec un bataillon de la Garde. »

Vers midi, Napoléon tient une dernière réunion avec ses proches. À l'exception de Carnot et de Lucien, tout le monde préconise le renoncement. Mais c'est à Lucien qu'il ordonne de prendre note des termes de son abdication. Une première dictée achevée, son frère cadet lui rappelle qu'il n'avait pas même évoqué la possibilité que son fils lui succède. Lucien lui fait remarquer qu'abdiquer en faveur de son fils permettrait au moins d'écarter les Bourbons. Évoquant la captivité de son fils à Schönbrunn, l'Empereur répondit : « Les Bourbons ! Eh bien ! Ceux-là du moins ne seront pas sous la férule autrichienne ! » Napoléon, d'après Lucien, « sourit à l'importance que nous attachions à ce qu'il nommât son fils… nous [Carnot et moi] obtînmes cependant qu'il abdiquât pour son fils ; mais il le fit sans partager notre illusion, et comme une chose à peu près indifférente ». Résigné, il dicte donc à Lucien un nouveau paragraphe : « Ma vie politique est terminée, et je proclame mon fils, sous le titre de Napoléon II, empereur des Français. » Le soir même, Lucien, le conventionnel, adversaire du gouvernement héréditaire, intervint désespérément devant la Pairie pour faire reconnaître son neveu. « Prendre une telle résolution serait fermer la porte à toute négociation », lui répondit Pontécoulant. La résolution n'obtient que dix-huit voix. L'Empire ne survivra pas à son fondateur !

Dès le lendemain, Lucien quitta Paris pour Londres. Mais, en route pour Boulogne, il s'avisa que les Anglais pourraient lui en vouloir du rôle qu'il venait de tenir auprès de son frère. Il tourna les talons vers Lyon et fut arrêté en Savoie par les troupes autrichiennes qui l'envoyèrent immédiatement à Turin où il fut enfermé sur l'ordre du ministre d'Autriche en Piémont. Après son élargissement, il gagna l'Italie où il finit ses jours.

Quel fut le jugement de Napoléon sur Lucien ? Las Cases écrit le 16 août 1815 : « Lucien eut une jeunesse orageuse, qui en fit de bonne heure un révolutionnaire zélé et un clubiste ardent. Son second mariage et une fausse direction de caractère le privèrent sans doute d'une couronne, mais il ennoblit son opposition et ses différends en venant, au retour de l'île d'Elbe, se jeter dans les bras de son frère, et cela lorsqu'on était loin de regarder ses affaires comme assurées… Il eût été difficile de montrer alors des idées politiques plus saines et mieux arrêtées que celles du prince Lucien, ainsi qu'un dévouement plus absolu et mieux intentionné. » Sous la dictée de Napoléon, il rajoute : « Lucien, pour tout pays, serait l'ornement d'une assemblée politique ! »

Par testament, Napoléon laissait à son frère un bracelet formé de ses cheveux tressés et retenu par un fermoir en or, une paire de boutons de jarretière en or et un costume de cour richement brodé. Lucien conclut : « Sa conduite envers ses frères ne fut pas favorable, mais eux seuls et leurs peuples auraient le droit de s'en plaindre, et la France n'eût pu voir dans cette rare conduite que l'âme du grand consul, du citoyen dévoué, sous le brillant manteau de la dictature impériale. »

Le prince Napoléon, dit Plon-Plon

Après Lucien, un autre Bonaparte, un demi-siècle plus tard, prit la défense des idéaux de 1789. Le contexte était évidemment bien différent. Après l'abdication de Louis-Philippe en février 1848 et les journées révolutionnaires de juin, l'adoption d'une nouvelle constitution en octobre donna naissance à la IIe République qui, pour la première fois, confie au suffrage universel la désignation du président de la République. Louis-Napoléon Bonaparte membre de l'Assemblée constituante était en position médiane entre Lamartine, Ledru-Rollin et Raspail, représentant respectivement la tendance républicaine modérée, la tendance radicale et la mouvance socialiste. Il fut élu par 74,2 % des suffrages.

Mais le nouvel empereur a un cousin qui ne cesse de dénoncer le coup d'État qui, en une nuit, transforma la République en Empire. Ce contestataire, c'est Napoléon Joseph Charles Paul, qui naît en 1822 dans le lointain exil de Trieste où le gouvernement autrichien avait autorisé après la chute de l'empire l'établissement du roi Jérôme, frère cadet de Napoléon et de la reine Catherine du Wurtemberg. Il est connu dans l'Histoire sous le nom de prince Napoléon. Il est le second fils, donc le troisième enfant du roi Jérôme. Sa sœur Mathilde l'appellera par le diminutif affectueux de Plon-Plon qui lui restera. Il est aussi mon arrière-grand-père. L'indépendance de son caractère, ses opinions républicaines et anticléricales représentent ce qu'une partie de la famille Bonaparte a apporté à l'esprit des temps modernes. Après avoir partagé l'exil avec son cousin Louis-Napoléon, le futur empereur Napoléon III, ils seront en conflit parfois très vif. Ce sont les termes de cette dispute que je vais présenter, car ils opposent deux conceptions de l'héritage politique de Napoléon. L'échec de la ligne politique républicaine défendue par le prince Napoléon après la chute du Second Empire mènera à la fin du bonapartisme. Outre un caractère bien trempé, ce Bonaparte avait donc un vrai sens politique.

Il commence sa carrière à vingt-six ans, en avril 1848, quand il est élu député de la Corse à l'Assemblée constituante. Il siège au centre gauche et vote quasi systématiquement avec la majorité républicaine modérée du gouvernement provisoire présidé par Cavaignac. Les premiers désaccords entre les deux cousins naissent dès l'élection de Louis-Napoléon à la présidence de la République en décembre 1848. Le nouveau président nomme un gouvernement de notables royalistes ne comportant qu'un républicain modéré et se prononce pour la restauration de l'autorité temporaire du pape à Rome qui conduit les troupes françaises à envahir la République romaine pour soutenir le pape. Le prince Napoléon proteste vivement et vote la défiance au gouvernement : « Je crois de mon devoir de protester dans toutes les occasions contre une politique qui a transformé notre armée en soldats du pape, instrument de l'absolutisme et du jésuitisme, et en alliés des Autrichiens. Le pouvoir ne se partage pas, même avec l'ami des mauvais jours », lui rétorque son cousin qui l'envoie occuper l'ambassade à Madrid, comme autrefois Napoléon y avait envoyé son frère Lucien. Mais les reproches continuent malgré la distance. Cette fois le prince-président le réprimande pour avoir cherché à rassembler autour de lui l'aile gauche du parti bonapartiste et pour un discours critique prononcé à Bordeaux, sur le chemin de Madrid, suivi d'une visite à la prison de la ville pour annoncer aux prisonniers politiques une prochaine libération. Il resta quinze jours en poste à Madrid avant de rentrer à Paris, suscitant une nouvelle fois le courroux de son cousin.

Au cours de cette algarade, Plon-Plon aurait traité son cousin de bâtard, reprenant les doutes de l'entourage sur l'identité de son véritable père. Ces doutes sont maintenant levés, une analyse ADN récente ayant établi que son père n'était pas Louis, le frère de Napoléon. L'empereur Napoléon III n'a donc aucun lien de sang avec les Bonaparte, ce qui, au regard de la famille, est une curiosité et, à l'égard de l'Histoire, une anecdote !

Aux élections législatives de 1850, Plon-Plon est réélu dans le département de la Sarthe et siège sur les bancs de la gauche républicaine montagnarde dans un contexte de bipolarisation entre le parti de l'ordre et la gauche républicaine. Il défend la nouvelle constitution et veut un exécutif fort sur le modèle du Grand Consulat, ce sera sa ligne politique permanente. Il proteste contre la justice d'exception qui conduit à des déportations massives en Algérie et vote contre les lois du parti de l'ordre : loi Falloux qui rétablit l'école religieuse, loi sur la déportation en masse des réfugiés, loi d'épuration du suffrage universel. Au cours du débat parlementaire qui l'oppose vivement à Thiers parlant de la « vile multitude » de ceux qu'il veut exclure du suffrage universel, le prince Napoléon affirme : « C'est par respect du nom que je porte que je défends les intérêts du peuple, que je suis opposé aux royalistes, aux royalistes surtout de 1815, et que mon choix est fait entre les vainqueurs et les vaincus de Waterloo. » Il rend visite à Proudhon, embastillé à la Conciergerie pour divers délits de presse et d'association, vote contre la suspension des cours de Michelet au Collège de France. Lorsque Victor Hugo prononce à la chambre sa célèbre apostrophe : « Quoi ! Après Auguste, Augustule ! Quoi ! Parce que nous avons eu Napoléon le Grand, il faut que nous ayons Napoléon le Petit », le prince Napoléon lui jette son manteau : « Prenez garde ! Soignez-vous, moins pour vous que pour nous, car votre voix et votre personne sont trop utiles à la République ! »

Par ses lectures et ses conversations avec Lamennais, il acquiert une connaissance des problèmes sociaux à laquelle ne l'avait pas préparé son éducation. Il intervient à la tribune en faveur de profondes réformes sociales : « L'extension du service des Postes [...], la réduction de l'impôt sur le sel, la diminution des taxes sur les denrées de première nécessité [...], des subventions pour les associations ouvrières. » Plus tard, il songe à créer un journal destiné à vanter les valeurs de la répartition des richesses, un quotidien consacré aux questions fondamentales d'une société plus juste. Le titre prévu était... *L'Humanité.* C'est une sensibilité qu'il partage avec le prince-président auteur de la brochure bien connue *L'Extinction du paupérisme* et proche des saint-simoniens. Mais les deux hommes divergent dans leurs comportements. Comme le dit Michèle Battesti, « Louis-Napoléon a l'attitude des hobereaux français proches des paysans qui n'hésitent pas à s'attabler dans les bistrots et à boire du petit bleu de Suresnes alors que Plon-Plon a plutôt tendance à se comporter en fils de podestat, généreux mais distant ».

Soulignant la différence entre les deux hommes, Frédéric Masson, qui deviendra l'un des proches collaborateurs de Plon-Plon, écrit dans son avant-propos à *Joséphine de Beauharnais* : « Le prince Napoléon appartient aux Bonaparte noirs, ceux de Corse, tout en saillies impétueuses, à idées tranchantes, tandis que les Bonaparte blonds, ceux de Hollande, devaient à leur sang de Beauharnais une plus grande souplesse d'esprit et une réelle habileté dans le maniement des intrigues. »

Le prince Napoléon affiche sans ambages son hostilité au coup d'État de décembre 1851. Voici ce que rapporte François Berthet-Leleux, fidèle ami et secrétaire du prince, dans sa biographie *Le Vrai Prince Napoléon* : « On le vit au premier moment faire une apparition dans une séance au comité de résistance [présidé par Victor Hugo] qui venait de se constituer hâtivement sous le coup de l'événement. Il y prit même la parole pour dire avec franchise qu'il ne défendait pas une constitution qu'il avait toujours trouvée mauvaise, qu'elle était morte, mais que la République était vivante et que c'est à elle qu'il fallait songer. Ces observations furent assez mal accueillies et de toutes parts on demandait la rédaction et la signature d'un décret de déchéance du Prince-Président. »

Victor Hugo rapporte qu'avant de se retirer de la séance qui vota les pleins pouvoirs à l'Empereur, le prince Napoléon s'approcha « néanmoins » de lui et lui dit tout bas :

« Vous livrez une bataille perdue d'avance, et vous personnellement, vous pouvez courir de grands dangers, ayant dicté un appel aux armes ; avez-vous un lieu sûr pour coucher cette nuit ?

— Ma foi, non, je n'y ai pas songé.

— Eh bien, venez chez moi, ce sera peut-être la seule maison où l'on ne viendra pas vous chercher. Venez-y à l'heure qu'il vous plaira et c'est moi qui vous ouvrirai. Je demeure rue d'Alger n° 5.

Je le remerciai, l'offre était noble et cordiale ; j'en fus touché. Je n'en ai point usé, mais je ne l'ai pas oublié. »

D'après Berthet-Leleux, la situation, le lendemain, restait encore critique et le prince dut penser à sa propre sécurité. Il frappa à la porte de son amie, la cantatrice Rosine Stolz. Il amenait avec lui son ami Pietri, membre comme lui de l'Assemblée législative. Celui-ci était corpulent. Rosine Stolz ouvrit elle-même la porte. Aux premiers mots du prince lui demandant asile, elle répondit en riant :

« Oui, pour vous, mais votre ami Pietri est trop gros ! »

Le lendemain du coup d'État, il ne put faire mieux qu'intervenir auprès de son cousin en faveur du retour des exilés *et* pour la fin des contraintes policières auxquelles étaient soumis les proscrits. Étaient concernés notamment le plus célèbre couple français, Alfred de Musset et George Sand, et les *chefs* républicains : Victor Hugo, le père d'Émile Ollivier, Schœlcher, Raspail, Pierre Leroux, Edgar Quinet et bien d'autres.

Émile Ollivier, futur chef du gouvernement de Napoléon III, chef de l'opposition libérale, présente Plon-Plon comme « un ami sûr, fidèle et bon… admis à la confiance, on pouvait lui dire sans crainte toutes les vérités sans qu'il se fâchât. On n'était pas obligé d'être courtisan pour garder ses bonnes grâces… sous une apparence rude, personnelle, il cachait une grande délicatesse de procédé ».

Si les deux cousins ont des divergences de vues politiques, si leurs relations personnelles connaissent des hauts et des bas, une sorte d'affection fraternelle issue de leur enfance partagée les unit néanmoins. Le prince Napoléon adresse cette lettre à son cousin après la tentative d'assassinat de septembre 1852 : « Mon cher Louis, je t'écris sous l'impression de la nouvelle du crime prémédité contre ta vie. Tous mes anciens sentiments d'amitié fraternelle se sont réveillés aussi vifs que dans le passé et, plus que jamais, je sens, si la politique a pu nous éloigner, que mon dévouement à ta personne est resté le même. Reçois-en l'expression sincère. Amis dans l'adversité, la fortune, qui te pousse, a seule pu faire ce que malheur ne fera jamais et mon cœur vient à toi dans le péril que tu as couru. »

Nommé sénateur, puis conseiller d'État, il occupe le poste de colonel de la 2e légion de la Garde nationale de Paris. En 1853, il part à la campagne de Crimée avec le grade de général : « Placé sur les marches du trône, le prince doit en être un des plus fermes soutiens et figurer, par conséquent, aux premiers rangs de la hiérarchie militaire. » Il participe à la bataille de l'Alma mais, impatienté par le long siège de Sébastopol, il décide de rentrer à Paris, prétextant le choléra : « Soldats, la maladie me sépare momentanément de vous. Ma santé, épuisée par la longue et glorieuse campagne que nous faisons depuis sept mois, me force à un repos de quelques jours. Mon cœur et mon esprit restent avec vous, mes braves frères d'armes, que je suis si fier de commander. »

Ses adversaires à la Cour, et ils étaient nombreux, particulièrement autour de l'impératrice Eugénie, parlèrent de désertion. Les mêmes lui reprochaient d'être toujours mécontent de son sort, incapable d'être satisfait des avantages matériels, des honneurs et des responsabilités que lui vaut sa position dynastique, et de rassembler les opposants en se posant à bon compte en champion de la démocratie. Dans l'entourage de l'Empereur, on s'inquiétait que le « prince de la Montagne » puisse présider un éventuel conseil de régence, en charge des pleins pouvoirs, comme le prévoyait la constitution, en cas de départ de l'Empereur pour le front des troupes de Crimée. Or le retour inopiné de celui que ses adversaires avaient baptisé *craint-plomb* rendait désormais plausible cette hypothèse. La prise de Sébastopol par les zouaves de Mac Mahon, le 8 septembre 1855, et le congrès de Paris de février 1856, calmèrent les inquiétudes des conservateurs.

À son retour sur les bancs du Sénat, il fut de tous les débats sur les questions sociales. Ainsi, à propos des programmes scolaires, Sainte-Beuve loue « ce prince si remarquable par les dons de l'intelligence, si riche de connaissances qu'il acquiert de jour en jour, d'un esprit vraiment démocratique, doué d'éloquence et d'une capacité multiple et prompte, que tous ceux qui ont l'honneur de le connaître admirent et qui, pour tout dire, est digne de sa race ». Autre illustration de ses positions libérales : il n'admit pas la nomination de conseillers municipaux par le pouvoir central et préconisa une élection par suffrage universel. Il proposa d'améliorer la situation des travailleurs et des ouvriers par des sociétés qui leur procureront assistance, hygiène et secours. Il aimait à s'entretenir avec Proudhon :

« Mais enfin, monsieur, quelle société rêvez-vous donc ?
— Monseigneur, répondit Proudhon, je rêve une société où je serais guillotiné comme conservateur. »

Il se lia avec George Sand. À l'occasion du banquet de l'isthme de Suez en 1864, l'auteur de *La Mare au diable* et de *La Petite Fadette* couvre son ami de louanges : « Quel bon et beau discours vous avez improvisé ! Ceux qui l'ont entendu en sont tous revenus enthousiasmés ; ceux qui n'ont pu le lire, en sont profondément touchés, et sérieusement satisfaits. Quel grand talent, quel noble esprit, et quel brave cœur vous avez ! C'est une joie immense pour moi quand je vous vois compris et apprécié. C'est un peu d'amour-propre, parce que cela me donne raison de vous avoir apprécié toujours, mais c'est surtout une joie du cœur, parce que je vous aime, parce que je sais comme vous êtes fier et pur, dans toutes ces questions de fortune où vous pouvez hardiment juger la question de droiture et d'équité. En ce moment, vous remuez tous les bons esprits, et vous contentez jusqu'à l'ivresse toutes les bonnes consciences. » Leur profonde amitié survivra à la chute de l'empire.

De retour de Crimée, ses divergences politiques avec l'Empereur ne l'empêchent pas de reprendre la présidence de l'Exposition universelle prévue à Paris en 1855. Cette mission n'était certes pas l'équivalent d'un portefeuille ministériel, mais témoignait d'une véritable confiance, vu l'importance que l'Empereur attachait à l'événement.

Les Bonaparte sont proches des sciences. Plon-Plon se mit au travail entouré des meilleurs savants et esprits de son siècle : l'ingénieur Ferdinand de Lesseps, l'écrivain Prosper Mérimée, le peintre Jean-Auguste Ingres. Il acheva ce projet ambitieux dans les délais et pour un coût moindre que prévu. À l'emplacement de l'actuel Grand Palais, il fit élever un palais de l'Industrie qui réunit sous un même toit les plus belles réalisations techniques du milieu du XIXe siècle. Il voulut une présentation ordonnée des modes d'exploitation et de fabrication, des outillages, des machines, des inventions, des matières premières, des produits manufacturés de son époque. Il prépara personnellement un *Guide pratique et complet de l'Exposition universelle de 1855* et un rapport complet sur l'Exposition, destiné à l'Empereur, qui se présente comme une encyclopédie des arts et métiers de son époque. Le discours inaugural du 15 mai 1855 résumait ses vues : « [...] Nous avons voulu que l'Exposition ne fût pas uniquement un concours de curiosité, mais un grand enseignement pour l'agriculture, l'industrie et le commerce, ainsi que pour les arts du monde entier. Ce doit être une vaste enquête pratique, un moyen de mettre les forces industrielles en contact, les matières premières à portée du producteur, les produits à côté du consommateur. »

L'Empereur reproche à son cousin ses « sympathies pour les hommes du désordre ». Il veut dire pour les candidats républicains qui se présentent aux élections législatives de 1858 contre les candidats du gouvernement. Le prince Napoléon est le directeur officieux des journaux d'opposition *La Presse*, qui rassemble les amis de Proudhon, et *Le Siècle*, républicain modéré, anticlérical, organe officieux de Cavour, l'homme de l'unité italienne. Ces journaux reçoivent maints avertissements et avis de suspension des pouvoirs publics. Leurs journalistes se réunissent chez le prince Napoléon avec Proudhon et Girardin pour soutenir les cinq candidats républicains qui feront leur entrée au Corps législatif en 1858, créant le noyau de la renaissance du parti républicain.

Au Sénat, le prince défend des positions très fermes en faveur de l'unification italienne. Il pense que les petits États qui constituent la péninsule, comme le royaume des Deux-Siciles et Naples, les États de l'Église comme la Romagne, Parme, Modène, la Toscane et tous les petits fiefs des familles princières, tous travaillés par les bouillonnements de la Révolution – dont les ferments avaient été introduits par création de deux États italiens par Napoléon Ier –, ont besoin d'être réunis autour d'une puissance suffisamment forte. Si l'Italie, autour du roi Victor-Emmanuel de Savoie et de son ministre Cavour, devenait une grande puissance, elle pourrait contrebalancer l'Autriche : « … Je vous demande à quoi ont servi tous ces petits princes qui se disputaient les lambeaux de l'Italie ? À semer la discorde, à faire intervenir les influences autrichienne, espagnole, à ouvrir des champs de bataille pour les influences étrangères. » Il est partisan, contre l'avis des catholiques puissamment soutenus par l'impératrice Eugénie, que Rome devienne la capitale du nouvel État italien avec une partie dévolue au pape : « Jetez les yeux sur un plan de Rome. Sur la rive droite du Tibre, vous voyez la ville catholique, le Vatican, Saint-Pierre, la cité léonine. Sur la rive gauche se trouvent la ville des anciens Césars, le mont Aventin et tous les grands souvenirs de la Rome impériale. Il y aurait possibilité de garantir au pape son indépendance dans ces limites. » Ces positions ne sont évidemment pas du goût des catholiques conservateurs qui entourent l'Empereur.

Les « dîners du lundi » qui réunissaient chaque semaine aux Tuileries les membres de la famille impériale étaient souvent troublés par les discussions entre l'Impératrice et le prince Napoléon. Ils différaient d'opinions sur beaucoup de sujets. L'Impératrice soutenait les siennes avec véhémence et le prince ripostait par des arguments souvent bien fondés. L'Impératrice était prévenue contre lui par son entourage et le monde de la Cour qui, imprégnés des mêmes idées conservatrices que les siennes, critiquaient les conceptions libérales du prince et surtout ses opinions sur la question romaine. Au temps de la guerre de Crimée, on lui fit une réputation de couardise, on le disait avare, frondeur et dissolu. On signalait, en les déformant, de malencontreuses boutades, d'imprudentes réflexions exprimées dans des moments d'exaspération : « Ces calomnies sans nombre et sans mesure, lui écrivit plus tard George Sand, vous ont empêché d'avoir la situation que méritaient votre haute droiture et votre rare intelligence. » Plon-Plon ne faisait preuve d'aucune souplesse. Avec le temps, comme il savait d'où venaient les calomnies, il prit aux Tuileries un air d'ennui, une attitude froide, hautaine, distante.

Il s'éloigna de France et s'embarqua pour New York. La guerre de Sécession venait d'éclater. Les États du Sud étaient les plus forts et pouvaient attendre de l'aide des puissances industrielles comme l'Angleterre et la France, grosses consommatrices de coton. La sympathie du prince Napoléon allait évidemment aux États républicains du Nord (rappelons que les républicains de ce temps étaient antiesclavagistes). Pour ce voyage, il inaugura un bateau qu'il avait fait construire sur les chantiers du Havre, le *Jérôme-Napoléon*. À Washington, il fut invité à habiter le palais du Gouvernement, la Maison Blanche, mais préféra garder son indépendance. Il assista à une séance au Congrès, puis visita les camps de l'armée fédérale sur les rives du Potomac. En avançant dans la zone qui séparait les belligérants, il passa à Mount Vermont, l'ancien domaine de Washington où il put non seulement visiter les lieux où vécut le héros américain pour lequel il avait une grande admiration, mais évoquer des détails de sa vie avec son hôtesse et des serviteurs qui l'avait connu. Puis il visita les camps de l'armée du Sud où il releva la présomption des généraux grisés par les premières victoires, avant de descendre le cours du Mississippi et remonter entre lac Supérieur et lac Huron. Il parcourut en tout 6 000 kilomètres avant d'être reçu dans la prestigieuse université de Cambridge et de rembarquer sur son yacht. Au hasard de son carnet de voyage, cette remarque pleine de lucidité : « On me loue beaucoup de ce que j'ai fait comme président de l'Exposition universelle de 1855. Cela vient de mes politesses aux commissaires étrangers, preuve de l'utilité de ne rien négliger pour se faire des amis dans ma position. Ce que j'oublie trop souvent ! » De retour de son voyage aux États-Unis, il se vit confier par le gouvernement une mission sur le rôle de l'art français pour servir le prestige de la France. Il présida le pavillon français de l'Exposition de Londres en 1862, avant de préparer celle de Paris cinq ans plus tard.

Plon-Plon compte parmi ses intimes certains des plus beaux esprits de son temps : Arago, Ernest Renan, Jules Sandeau, Sainte-Beuve, Flaubert, Delacroix. Il connaît le théâtre par ses nombreuses conquêtes féminines dans les rangs des comédiennes. George Sand résume : « Mes camarades les lettrés, et moi comme les autres, nous sommes des marchands de paroles. Vous, vous dites pour prouver et tout porte… et c'est si net. » Les mots de présentation par Edmond About du portrait du prince, peint par Hippolyte Flandrin, prennent alors une saveur toute particulière : « Le voilà bien, ce César déclassé que la nature a jeté dans le moule des empereurs romains et que la fortune a condamné à se croiser les bras sur les marches d'un trône, fier du nom qu'il porte et des talents qu'il a révélés. »

En mars 1863, de la tribune du Sénat, fidèle au principe de liberté des peuples, il prend la défense des Polonais et dénonce le double joug russe et autrichien dont ils sont victimes. Il prend le contrepied de ceux qui acceptent les crimes de la Russie au nom d'une politique d'opportunité. Son discours indispose une nouvelle fois Napoléon III : « Les souvenirs de notre enfance me sont aussi chers qu'à toi, mais ils n'ont rien à faire avec les questions qui nous occupent aujourd'hui […]. Il n'y a pour toi que deux lignes de conduite à tenir : ou être ce que tu dois être, un appui, un soutien pour mon gouvernement, ou bien faire cause à part en laissant un libre cours à la violence de tes sentiments. Et alors, il faudra que ma conduite témoigne publiquement mon mécontentement. »

On répétait à l'Empereur les opinions de son cousin sur les hauts dignitaires qu'il ne se privait pas de critiquer, sur le clergé et les superstitions religieuses qu'il n'hésitait pas à moquer. En retour, la Cour raillait sa pingrerie. Les mêmes critiquaient d'ailleurs le luxe de son train de vie, sa maison pompéienne de Paris, son yacht, ses attelages. Sans doute était-il bien rémunéré par Napoléon III qui savait comment retenir les hommes. Mais dans ces responsabilités publiques, il offrit toujours le visage d'un serviteur zélé des finances de l'État : il n'hésita pas à rendre au Trésor l'argent qu'il n'avait pas dépensé pour l'Exposition universelle. Ceux qui le connaissaient savaient que, sous une forme rude, se cachait une certaine timidité qu'il tenait de sa mère et un fond de mélancolie qui le prédisposait au découragement. « Dans le calme, quand il se retrouvait, il était bon, généreux et dévoué, et il eût alors passé une nuit entière au chevet d'un serviteur malade », dit de lui Charles Benoist.

Les bigots le dénonçaient comme libre penseur, c'est-à-dire franc-maçon. Il l'était assurément, comme tous les Bonaparte. La maçonnerie de l'époque n'est pas systématiquement athée ou anticléricale. Plon-Plon se sentait porté par la religion dès lors qu'elle était dégagée de la politique. Il reconnaissait la morale de l'Évangile et disait son attrait pour le *Sermon sur la montagne.* Il ne cachait pas que son anticléricalisme avait pour origine l'usage de la religion à des fins politiques. Mais son irréligiosité était grossie à dessein. Des incidents comme celui du « dîner du vendredi saint » étaient soigneusement rapportés à l'Impératrice : tous les vendredis, le maigre était observé dans sa demeure du Palais-Royal. Plon-Plon consacrait donc le vendredi à des repas en ville. Un de ces dîners chez Sainte-Beuve, auquel assistaient Flaubert, Taine, Renan et quelques autres, se tint un vendredi saint. On fit gras un vendredi saint, vous n'y pensez pas ! De quoi alimenter un nouveau scandale à la Cour !

En mai 1865, le prince Napoléon présida à Ajaccio l'inauguration du monument élevé en l'honneur du premier empereur et de ses quatre frères, coulé dans le bronze des canons pris sur les champs de bataille du Premier Empire. Ce monument trône toujours place de Diamant ; il a été récemment retourné de manière à ce que les derrières de l'Empereur et de ses frères ainsi que du cheval monté par Napoléon soient orientés vers la mer et non plus vers la ville ! Il prononça un discours qui indisposa vivement l'Empereur et où il évoqua l'histoire de la dynastie impériale et l'œuvre de Napoléon Ier en donnant sa propre interprétation de l'usage des libertés sous le Premier Empire qu'il opposa implicitement à la limitation des libertés sous le gouvernement de son cousin. L'allusion est transparente : « L'organisation de la démocratie est le problème de l'avenir. C'est à la France, à la grande nation, qu'il appartient de résoudre cette nécessité de liberté parce qu'elle est toujours la nation initiatrice par son passé comme par son génie. » La leçon fut mal reçue par Napoléon III qui, d'Alger, où il est en voyage officiel, lui adressa une lettre cinglante qu'il fit publier dans *Le Moniteur* et dans *Le Journal de la Corse* : « Le programme politique que vous placez sous l'égide de l'Empereur ne peut servir qu'aux ennemis de mon gouvernement… Ce qui est clair aux yeux de tout le monde, c'est que pour empêcher l'anarchie des esprits, cette ennemie redoutable de la vraie liberté, l'Empereur avait établi dans sa famille d'abord, dans son gouvernement ensuite, cette discipline sévère qui n'admettait qu'une volonté et qu'une action. Je ne saurais désormais m'écarter de cette règle de conduite. »

Par suite à cette rebuffade, Plon-Plon démissionna de la vice-présidence du Conseil privé qu'il avait fini par intégrer et de la Commission de l'Exposition universelle. Dès lors se trouva clairement posé le débat entre bonapartisme républicain et bonapartisme impérial, qui rebondira à la chute de l'Empire.

Au mois d'avril 1869, il prenait part au Sénat à la discussion sur le sénatus-consulte destiné à modifier la Constitution de 1852, pour aller vers un empire libéral. « Tout à coup, dit Pierre de La Gorce, la froide salle s'échauffe, le prince commençait un discours qui mérite d'être retenu… Tout ce qui est dans le projet est bon mais tout ce qui est bon ne s'y trouve pas. » Puis, après avoir évoqué les réformes plus hardies qu'il souhaitait : égalité du pouvoir du Sénat et du Corps législatif, nomination des maires par les conseils municipaux, liberté de la presse et droit de réunion, il ajouta : « Ne vous laissez pas effrayer par le spectre rouge. La meilleure manière de combattre les révolutions, c'est de prendre, en temps opportun, ce qu'elles ont de bon. Nous disons au gouvernement : Marche à la tête du peuple qui t'aime, pour le bien et pour appliquer les principes de la Révolution. » Il appréciait la constitution des États-Unis parce que le chef de l'État, élu en dehors du Parlement, y disposait de pouvoirs considérables et choisissait les ministres qui étaient responsables devant lui seul. Ses idées politiques reposaient sur une combinaison entre césarisme et libéralisme, deux philosophies politiques que tout oppose.

Deux grands dossiers vont cependant rapprocher les cousins : Suez et la publication de la *Correspondance* de Napoléon Ier. Un long voyage le mène sur le chantier du projet de Lesseps qu'il connaît depuis l'Exposition de 1855. Il préside le banquet d'inauguration du chantier donné par le conseil d'administration de la Compagnie et rend hommage aux plus modestes acteurs de cette vaste conquête technique : « Ces hommes dévoués, je me plais à leur rendre un hommage éclatant. J'y ai trouvé non seulement des ingénieurs, mais des contremaîtres, mais tous ces ouvriers dévoués qui mettent tout leur cœur au service de leurs devoirs. » La publication de l'intégralité de la correspondance de Napoléon Ier est une vaste entreprise voulue par Napoléon III, entreprise à la fois familiale, scientifique et politique. Le prince Napoléon est chargé par son cousin de la mener à bien. Il va s'employer à réunir autour de lui une commission avec des personnalités comme Amédée Thierry, Sainte-Beuve, Walewski, Maury. Il veut que les trente-deux volumes de la publication soient non seulement une œuvre à la mémoire de l'Empereur mais aussi l'occasion d'exposer ses propres analyses de républicain sur l'œuvre de Napoléon.

Le 2 janvier 1870, l'Empereur constitue le ministère libéral d'Émile Ollivier. Plon-Plon, satisfait de cette évolution, paraissait plus souvent aux Tuileries. Mais la candidature d'un prince de Hohenzollern, appuyé par la Prusse de Bismarck, sur le trône espagnol, fit naître des tensions entre la France et sa voisine. Le prince Napoléon avait visité l'année précédente l'armée prussienne, il avait pu apprécier sa puissance après avoir longuement rencontré Bismark. Sachant l'insuffisante préparation de l'armée française, il plaida pour un règlement pacifique. La candidature Hohenzollern fut retirée et le prince Napoléon partit début juillet pour compléter ses observations de 1856 dans les mers arctiques, accompagné de savants et de son ami Ernest Renan.

La nouvelle de la déclaration de guerre le surprit au large des côtes de Norvège. « C'est une folie ! » s'écria-t-il. Il réagit comme Lucien aux Cent-Jours : malgré ses désaccords avec l'Empereur, il voulut être aux côtés de son cousin. De retour à Paris, il propose de prendre la tête d'une armée qui, de concert avec la flotte, débarquerait sur les côtes allemandes. À Châlons, il propose un nouveau plan d'opérations. Tous admirent son panache : « On y voyait le prince Napoléon allant et venant, haussant les épaules avec son masque césarien et sa haute taille, critiquant tout, blâmant les uns et les autres, lançant des boutades entremêlées d'exclamations de sa voix puissante et sonore. » Lorsqu'il prend la parole, « sa belle tête, régulière, impérieuse, semblant toute chargée de pensées, contrastait avec les physionomies moroses des courtisans hébétés et des militaires éperdus », dit de La Gorce.

Napoléon III lui demande de se rendre en Italie pour tenter d'obtenir le soutien d'une coalition de l'Italie et de l'Autriche. C'est à Florence qu'il apprend la défaite de Sedan et la chute du régime deux jours plus tard, le 4 septembre. Il écrit à son cousin, prisonnier à Wilhelmshöhe, en Westphalie. Il propose : « J'apprends les batailles perdues et votre captivité. Mon dévouement, mon devoir, me dictent ma conduite. Je demande à vous rejoindre aujourd'hui, surtout que toute défense de la patrie est impossible pour moi, après les événements de Paris. Quelles que soient les conditions qui seront faites, je m'y soumets d'avance pour être auprès de vous. Le malheur ne peut que resserrer les liens qui m'attachent à vous depuis mon enfance. Je prie Votre Majesté d'accéder à la demande que je lui fais et que j'adresse au roi de Prusse. » Napoléon III n'accédera pas à sa requête.

Il se retira provisoirement dans son domaine de Prangins, sur le bord du lac Léman, où il a fait construire une élégante villa. Ce domaine a appartenu à son oncle Joseph. Il appartient toujours à ma famille. La maison qu'elle y occupe était alors une dépendance. Le gouvernement de Défense nationale issu de la révolution du 4 septembre interdit à la famille impériale le sol français. Plon-Plon passa outre et posa sa candidature aux élections du conseil général de la Corse de 1871 : il fut élu dans le canton d'Ajaccio le 8 octobre de la même année. Le gouvernement menaça de dissoudre le Conseil si l'élection était validée et alla jusqu'à lui interdire le séjour dans la maison Bonaparte dont la famille demeurait propriétaire. Il céda et démissionna du conseil général. Mais il obtint l'autorisation de séjourner en Corse où il fut réélu en 1872 et porté à la présidence de l'Assemblée départementale. Jusqu'à la chute de Thiers en mai 1872, sa présence en France continentale resta cependant interdite.

Le prince impérial devint majeur : ses choix, influencés par ses proches conseillers et par sa mère, ne purent satisfaire le prince Napoléon. Pressé en 1873 de prêter appui aux républicains contre une tentative de restauration conduite par le comte de Chambord, il répondit à Portalis : « L'alliance des Napoléon et de la démocratie a été le but que j'ai poursuivi dans tous les actes de ma vie politique. J'ai toujours pensé qu'il n'était possible de rien fonder en France de grand et de stable en dehors d'elle. Le règne des Bourbons ne saurait être que le triomphe d'une politique réactionnaire, cléricale et antipopulaire. Le drapeau de la révolution abrite seul, depuis près d'un siècle, la gloire et les douleurs de la France. »

Même si les chefs du parti bonapartiste parviennent à le faire battre au conseil général de Corse en 1874, il porte haut ses idées dans sa brochure de campagne : « Ce que j'appelle de mes vœux, c'est un gouvernement démocratique, réformateur, institué par la nation, un gouvernement favorisant toutes les réformes politiques et sociales dont le peuple attend, avec raison, l'amélioration de son sort. » En 1877, il est élu dans ce département et compte parmi les trois cent soixante-trois députés hostiles à la politique réactionnaire du maréchal-président Mac Mahon. À la Chambre, il siège à la droite, mais au plus haut rang. Aux élections d'octobre de la même année, il est battu à nouveau à Ajaccio par le candidat officiel du parti bonapartiste, le baron Haussmann. La mort du prince impérial, le fils de Napoléon III, le 1er juin 1879 en Afrique australe, va transformer les équilibres dans la famille. Comme chef de la famille Bonaparte, c'est Plon-Plon qui préside ses obsèques en Angleterre.

Avec la mort de Gambetta en janvier 1883, il croit le moment opportun pour faire afficher à Paris une proclamation dans laquelle il présente ses intentions. Son manifeste porte non seulement sur un programme fort et ambitieux mais rappelle les bienfaits des Bonaparte. Il propose ses services pour mettre fin à l'incurie gouvernementale : « Le pouvoir exécutif est incapable, les Chambres sont sans direction et sans volonté, l'armée est livrée à l'outrecuidance d'hommes incompétents, la magistrature est menacée, la religion n'est pas protégée, notre commerce ruiné. Le pays ne peut se relever qu'en revenant aux principes de la souveraineté, c'est-à-dire au droit pour le peuple de nommer son chef. » Le gouvernement le fait arrêter le jour même et interner à la Conciergerie.

En juin 1886, prétextant l'imprudence de la famille d'Orléans qui déclara ses intentions de rétablir la monarchie, le cabinet présidé par Freycinet fait voter une loi qui condamne à l'exil les chefs de la famille royale et de la famille Bonaparte. Les efforts désespérés des députés hostiles à cette mesure restèrent vains, comme les protestations du prince Napoléon contre l'amalgame entre les deux familles : « Je connais l'exil, j'y suis né, j'y ai grandi. Les miens, proscrits de la Sainte-Alliance, ont porté sur les chemins de l'étranger leur invincible passion de la patrie, et vous voulez confondre, dans une proscription semblable, les Bonaparte, défenseurs des soldats de la Révolution, et les Bourbons dont la destinée est de la combattre. » Plon-Plon et son fils aîné Victor durent quitter la France.

Après avoir donné à ses amis la consigne de persévérer dans leur ligne républicaine, Plon-Plon partit de la gare de Lyon pour trouver une nouvelle fois refuge à Prangins, en Suisse, accompagné par une foule de plusieurs milliers de personnes. Il mourra dans l'exil en Suisse en 1890, brouillé avec son fils Victor, mon grand-père, qui avait rejoint le camp des impérialistes. Il fit un dernier choix discutable. En 1888, il soutint le général Boulanger, champion de la République plébiscitaire et autoritaire. Lui montrant le sabre de Marengo, il lui dit : « Je vous le donnerai, général, quand vous aurez repris l'Alsace et la Lorraine. » Cette prise de position sera la dernière de sa vie politique.

Je voudrais livrer ici mon analyse de ce que devint ce mouvement après la mort de Napoléon III, au début de la IIIe République. Un petit retour en arrière s'impose. La capitulation de Napoléon III à Sedan entraîna en quelques heures la fin de vingt années du gouvernement de Louis-Napoléon Bonaparte. Mais il resta un grand nombre de Français attachés à sa personne et à sa politique. Jusqu'à la mort du souverain déchu et exilé, en janvier 1873, le mouvement bonapartiste subit l'opprobre de la défaite, responsable du désastre, personne n'en voulait plus. D'autant que la défaite de Sedan sera suivie de la répression de la Commune de Paris : la publication en 2011 des comités secrets du Parlement entre 1870 et 1871 montre combien les députés bonapartistes se sont montrés hostiles à l'armement du peuple de Paris pour résister à l'envahisseur. Un décret du 31 janvier 1871 signé par Léon Gambetta frappe d'inéligibilité le personnel politique et administratif du Second Empire, alors qu'un vote de déchéance de l'empire intervient en mars 1871 par la quasi-unanimité des voix, à l'exception notable des élus corses. L'ancien ministre Eugène Rouher, le puissant ministre conservateur de Napoléon III, se voit confier le soin de préserver les intérêts politiques des Bonaparte en France. Dès janvier 1872, à la faveur d'élections partielles, Rouher, élu en Corse, entre à l'Assemblée et fonde le groupe parlementaire de l'Appel au Peuple. Il restera le chef incontesté du parti bonapartiste jusqu'en 1879.

Un courant de sympathie persiste dans la paysannerie et la petite bourgeoisie, dans l'administration, dans la police et l'armée : l'Empereur déchu reçoit plus de sept cent mille lettres et cartes de soutien. Napoléon III, affaibli, ne songe plus qu'à mener une vie paisible, bourgeoise, retirée de la vie politique. Dès sa captivité provisoire à Wihlhemshöhe, il avait écrit en septembre 1870, à Eugénie : « Lorsque je serai libre, je voudrais vivre avec toi et Louis dans un petit cottage, avec des bow-windows et des plantes grimpantes. » Le 9 janvier 1873, une intervention chirurgicale menée tardivement pour tenter d'extraire un calcul rénal l'emportera.

Son fils, Eugène Louis Jean Joseph Napoléon, le prince impérial, n'a pas encore dix-sept ans lorsqu'il succède à son père pour entretenir la flamme d'une restauration impériale. Il est élève à l'École militaire de Woolwich, en Angleterre. Influencé par sa mère, il maintient sa confiance à Rouher, partisan de l'empire autoritaire, conservateur et clérical. C'est lui qui conduira les bonapartistes français dans une politique d'alliance avec la droite conservatrice souvent opposée aux républicains et qui se soldera par l'échec de l'union conservatrice aux législatives de 1877. Les bonapartistes comptaient encore 36 élus au Sénat et 104 à l'Assemblée nationale au lendemain des élections de 1872.

De 1871 à 1893, ils formeront constamment le deuxième groupe d'opposants de droite à la république, après les monarchistes.

Patrick André, dans sa thèse *Les Parlementaires bonapartistes sous la troisième République,* analyse la composition sociologique du personnel politique bonapartiste de l'époque : issu pour la plupart de l'aristocratie de l'Ancien Régime ou de l'empire et de la haute et moyenne bourgeoisie parisienne et provinciale, on compte dans ses rangs beaucoup d'anciens hauts fonctionnaires du Second Empire. Préfets, diplomates, militaires, propriétaires fonciers, banquiers et industriels sont nombreux, alors que les milieux modestes, paysans, ouvriers et employés, sont presque absents. Ces hommes d'ordre et d'autorité qui défendent des positions acquises peineront à comprendre les évolutions de la société et l'émergence d'un courant républicain qu'ils avaient toujours combattues.

Les difficultés viendront de leur incapacité à s'adresser à la nouvelle classe ouvrière, mais aussi des contradictions propres au bonapartisme entre des valeurs de l'Ancien Régime et celles de la République, entre hérédité et démocratie, entre libéralisme et pensée démocratique. En l'absence d'un empereur qui couvre ces incohérences de son autorité, elles éclatent avec les ambitions soudainement lâchées. Au sein de la formation conduite par Rouher cohabitent des forces opposées, appelées, tôt ou tard, à se disloquer. Il y avait dans cette formation, selon l'historien américain John Rothney, une droite dite Coblence, pour reprendre une terminologie de 1789, qui entretient des relations étroites avec les monarchistes légitimistes. Elle est conduite par Paul de Cassagnac et bientôt par ses fils. Exilé, donc isolé, vivant au milieu d'un entourage issu de l'empire, décalé par rapport au siècle, subissant l'influence conservatrice et catholique de sa mère, le prince impérial, fils de Napoléon III, se rattache à cette première faction. Au centre du parti, une *plaine* qui revendique l'héritage de 1789 et qui rassemble les tenants d'un césarisme démocratique, est dirigée par Rouher et son Appel au Peuple. À gauche, la Montagne, proche des républicains, est représentée par le prince Napoléon. Comme le souligne justement René Rémond dans *Les Droites en France*, le drame du bonapartisme, c'est que le courant réactionnaire finit par l'emporter.

La doctrine de l'Appel au Peuple repose sur un triptyque : la souveraineté populaire issue du plébiscite comme instrument privilégié de légitimation du pouvoir ; un contrat passé entre l'Empereur et le peuple, celui-ci choisissant librement de confier le pouvoir à celui-là ; au cas où le peuple répondrait négativement au plébiscite, le souverain abandonnerait le pouvoir, à la manière du général de Gaulle en 1969. Les bonapartistes se disent *plébiscitaires*. Les Bonaparte peuvent se targuer d'avoir beaucoup utilisé les consultations populaires pour assoir leur légitimité. Les bonapartistes eurent beau jeu d'affirmer que ni la monarchie qui tire ses fondements du droit divin, ni la république, dont le chef est élu par une assemblée, n'osèrent soumettre leur légitimité directement à la sanction populaire. Mais ils omettent de préciser que le vote censitaire limitait considérablement la portée de ces consultations, d'autant que les votes étaient organisés par une administration omniprésente auprès d'une opinion publique conditionnée par l'information exclusive du gouvernement. Enfin les bonapartistes oublient que les taux de participation avaient été modestes dans la plupart des scrutins. Bien plus qu'instrument de légitimité démocratique, le plébiscite est surtout le moyen de légitimer des situations de fait accompli. En 1870, le plébiscite largement gagné précéda de quelques mois la chute du régime. Les démocraties modernes répugnent, à juste titre, à utiliser cette forme de consultation populaire qui reste l'instrument de validation privilégié des régimes populistes. Dans son dernier ouvrage sur l'histoire des populismes, Pierre Rosanvallon écrit que le régime de Napoléon III peut être considéré comme le père des populismes actuels. En effet, l'Empereur tire sa légitimité du suffrage qui l'a mis en place en 1852 et ressource sa légitimité par des consultations plébiscitaires qui créent un lien direct entre le peuple et lui, éliminant les pouvoirs intermédiaires, censurant la presse et limitant l'expression de l'opposition.

À partir de 1884, la querelle entre impérialistes et républicains reprit de plus belle, et se solda par la victoire des conservateurs qui s'allièrent aux monarchistes, l'ultime étape de la disparition du courant bonapartiste de la vie politique française. Mieux vaut l'original que la copie. Pour l'électorat monarchiste, les Bonaparte ne peuvent être perçus que comme une dynastie usurpatrice. Il était tout à fait absurde de chercher une alliance de ce côté. Le courant monarchiste survécut jusqu'à la Seconde Guerre mondiale, alors que les bonapartistes n'existaient plus dès la veille de 14-18.

Pour expliquer l'alternative, souvenons-nous de la brillante analyse de Plon-Plon : « Il y a deux politiques en présence. La première est la mienne, dictée par la glorieuse tradition de Napoléon Ier et de Napoléon III, c'est la seule que tout homme digne de s'appeler Napoléon doive suivre. Politique ferme mais ouverte, conciliante, d'apaisement, respectueuse des forces sociales si ébranlées, humaine envers les pauvres, honnête, et fidèle avant tout à notre grande Révolution. La deuxième est une politique réactionnaire, cléricale, de haines, de vengeance, d'oppression, provoquant par des vantardises ridicules un appel à la violence, dont le but et les moyens sont à rejeter absolument. » Il préconisait alors fort logiquement un rapprochement avec Gambetta sur la base des conquêtes de la Révolution. Après sa mort en 1890, le plus grand nombre de ses amis rejoignirent le parti radical dont la sociologie était à l'époque très proche du courant bonapartiste des origines. Aux élections de 1893, le groupe parlementaire de l'Appel au Peuple est réduit à 12 députés. Cassagnac père, âme du courant bonapartiste conservateur, décida de quitter le parti pour se rallier au comte de Paris. Le courant bonapartiste avait sombré.

Sa disparition fut en définitive une perte pour la France. Napoléon Ier est le fondateur de la nation. On peut objecter une forme de gouvernement monarchique et dictatorial, le prix payé pour assouvir sa volonté de puissance, il n'empêche que, par-delà les morts de ses campagnes, par-delà la forme de son gouvernement, il met en œuvre les acquis de la Révolution : le principe national prend forme sous le Consulat et se consolide sous l'Empire. Le sentiment d'appartenir à la nation, de partager une histoire commune, reste la base de l'ouverture de la France sur l'Europe et sur les défis du monde contemporain. Il a été détourné pour servir de drapeau à la plupart des conflits meurtriers du XXe siècle. Il faut revenir aux idées de 1789. Il n'a rien à voir avec une quelconque volonté d'exclusion et de domination. La nation française se veut avant tout fraternelle et inclusive, rassemblant les citoyens récemment libérés du joug de la monarchie. C'est une idée abstraite, comme tous les mythes fondateurs, remplie de réalité affective, politique et historique, qui unit tous les Français. Partager ce mythe rend plus solidaire, plus fort, plus assuré dans ses projets. Le courant bonapartiste issu de 1789 aurait pu faire bon ménage avec la gauche républicaine de Gambetta, de Clemenceau, plus tard avec le courant gaulliste, et entrer ainsi de plain-pied dans le XXe siècle.

Dans *Napoléon et ses détracteurs*, le prince Napoléon résume bien ce qui aurait pu conduire les bonapartistes à soutenir la IIIe République : « Quand on compare l'œuvre civile de Napoléon à ses institutions politiques, on voit bien qu'il se réservait le soin d'achever l'édifice dont il se bornait à jeter les fondements. Il avait compris que sur ce sol encore mouvant, on ne pouvait pas asseoir une organisation définitive et qu'il fallait laisser à la démocratie le temps de fixer ses conquêtes, avant d'arrêter la forme dans laquelle elle trouverait la garantie de ses droits. Le problème politique reste donc entier, c'est à notre génération qu'il appartient de le résoudre. Je demeure convaincu qu'il y a dans cette œuvre immense et inachevée… l'idée fondamentale, le principe essentiel du gouvernement de la démocratie française. »

Gaston Defferre, maire de Marseille et ministre de l'Intérieur de François Mitterrand, avait pour habitude de gérer personnellement son agenda. Il appelait ses interlocuteurs sans passer par sa secrétaire. Son épouse, Edmonde Charles-Roux, avait connu mon père pendant la guerre. Un matin à mon bureau, j'eus la surprise d'entendre le ministre de l'Intérieur directement sur ma ligne me proposer de rentrer à la DATAR pour suivre le dossier de la Corse.

La fameuse DATAR, Délégation interministérielle à l'aménagement du territoire et à l'attractivité régionale, créée par le général de Gaulle, dépendait alors de Michel Rocard à qui Mitterrand avait confié le commissariat au Plan et l'Aménagement du territoire pour le tenir éloigné des ministères régaliens. Ses convictions, sa simplicité, sa lucidité, son pragmatisme, son peu de goût pour les arcanes politique en faisaient un modèle à mes yeux. Avec Hubert Dubedout, maire de Grenoble, je fis le tour de France des quartiers difficiles, depuis les Minguettes à Lyon, d'où était partie la révolte, la ZUP n° 1 à Marseille, le Mirail à Toulouse, en passant par La Courneuve et Maubeuge, admirant sa patience inépuisable et son souci du détail : il conduisait les préfets dans les cages d'immeuble où ils ne s'étaient jamais rendus, frappait aux portes, discutait longuement avec les familles, s'intéressait aux gonds défectueux d'une huisserie de fenêtre, éprouvait l'absence d'isolation phonique, constatait l'état de délabrement des boîtes à lettres et la saleté des cages d'escalier. Puis il réunissait tous les participants, administrations, offices HLM, population, pour écouter et encourager les initiatives et l'esprit d'équipe dans un mélange de scoutisme et de socialisme auto-gestionnaire, caractéristique de la méthode Rocard. J'éprouvais alors le sentiment rare de participer à quelque chose d'utile qui servait, modestement, l'intérêt du pays. J'adhérais pleinement à cette méthode de gouvernement faite de respect, d'écoute, d'explication, de proximité. C'est pourquoi, lorsque mes adversaires des sociétés historiques napoléoniennes me reprocheront d'être un proche de Rocard et membre de son cabinet, je n'éprouverai aucun besoin de les démentir : ils m'honoraient grandement. Hubert Dubedout disparaîtra prématurément, victime d'une crise cardiaque dans une course de montagne en Vanoise.

Nous menions les actions de restructuration industrielle accompagnant, dans les années 1980, la fermeture des mines de charbon et de fer, des hauts-fourneaux et du textile. Je lançai le traitement à grande échelle des friches industrielles dans le Nord et en Lorraine. Sur les sites de Dèvres ou de Wattrelos, à Longwy ou à Moyeuvre-Grande, chez Usinor à Louvroil, je pus mesurer la distance qui séparait les calmes bureaux de Matignon des ouvriers, d'abord incrédules puis en colère lorsque nous proposions de démolir les bâtiments d'usines où ils avaient travaillé depuis l'enfance. Ils savaient qu'ils ne retrouveraient jamais d'emploi. Ces jeunes ouvriers qualifiés ont été les victimes du passage non anticipé entre deux révolutions industrielles.

En 1984, la France ouvrit des yeux éblouis sur le miracle de la reconversion des bassins miniers et textiles américains. Je partis en mission à Lowell, dans la banlieue de Boston, pour étudier la réindustrialisation de la ville sous l'impulsion d'un Chinois de nationalité américaine, le docteur Wang, devenu le premier fabriquant de bureautique du monde dans des bâtiments abandonnés par l'industrie textile en cours de délocalisation vers l'Asie. Son usine était située au cœur d'un parc historique où étaient exposés les témoignages du riche patrimoine industriel du passé, hauts bâtiments textiles bordés de canaux, ponts, aiguillages et voies de chemin de fer que l'on venait visiter de très loin. C'était le premier parc industriel historique, témoin du décès de l'industrie lourde et de la classe ouvrière. Le gouvernement du président démocrate Carter avait su encourager les liens entre les entreprises et l'université et mettre en place des équipes chargées des programmes de conversion, accompagnés de gigantesques efforts de formation. Il est naïf de croire au libéralisme du capitalisme américain qui est secondé par une administration publique aussi puissante et beaucoup plus imaginative que la nôtre. Voilà qui portait de nouveaux arguments à mes convictions néo-keynésiennes et sociales-démocrates. Dès mon retour, j'adressai un rapport enthousiaste à Gaston Defferre qui s'était déplacé à Chicago avec Jean-Jacques Servan-Schreiber pour s'initier personnellement à la micro-informatique. Mais, avant que ces idées aient fait leur chemin dans l'administration française, ces mêmes emplois avaient déjà essaimé en Asie. C'était avant le basculement de l'industrie électronique sur le Pacifique, et avant l'industrie du Net dans la Silicon Valley. Mais la France était déjà en retard de deux guerres : pas de micro-informatique qui, née aux États-Unis, venait de franchir le Pacifique à la rencontre d'une main-d'œuvre habile et bon marché ! Ces hommes politiques français lucides avaient tenté de répondre au défi de la désindustrialisation de notre pays, mais leur propre et tardive conversion au numérique ne suffit pas à convaincre la classe politique et l'opinion publique de ce qui arrivait : l'émergence d'un nouveau monde dans lequel les premières places seraient occupées par d'autres.

6

De retour à Ajaccio

La messe du 5 mai, jour anniversaire de la mort de Napoléon, à laquelle je participai, enfant, m'a laissé un souvenir impérissable. En ce temps, elle n'avait pas lieu à côté de l'église Saint-Louis-des-Invalides, mais autour du tombeau des Invalides face au tombeau de l'Empereur. J'étais à côté de mes parents, lavé de près, vêtu de neuf, cheveux en brosse coupés de frais. On m'avait chapitré : ne jamais mettre mes doigts dans le nez et suivre le protocole en toute circonstance. Le protocole était une autorité à laquelle tout devait se plier. J'imaginais quelque force qui ordonnait le monde des grands. Il perdit de son mystère lorsque je découvris qu'il prenait la forme d'un petit monsieur bedonnant à collier d'argent qui plaçait les uns et les autres ! La messe se disait encore face à l'autel orienté vers la grande verrière du fond. Le cardinal de Paris présidait l'office. Mes parents étaient en haut sur des prie-Dieu proches de l'autel à droite, j'étais rangé à côté, le président de la République ou son représentant leur faisait face, à gauche. Grand-messe chantée par le chœur de la Croix de Bois. L'orchestre de la garde républicaine sonnait l'entrée des personnalités, la marche consulaire, la sonnerie aux morts suivi de la minute de silence à la mémoire de tous les soldats morts pour la France, enfin éclatait *La Marseillaise*. Sous la gigantesque voûte surplombant le tombeau, les instruments résonnaient comme le tonnerre. C'était grand et impressionnant. Sur les larges marches de marbre qui descendent vers la galerie entourant le tombeau de porphyre, il y avait les descendants de la famille Bonaparte et de ses maréchaux, une brochette de ministres et de généraux en grande tenue, le grand chancelier de la Légion d'honneur, le gouverneur de Paris, des académiciens, des ambassadeurs. Injustement, le comte Léon, cheminot résistant, membre de la CGT, descendant naturel de l'Empereur, n'avait jamais été admis parmi ces familles titrées. Dans la galerie étaient rangés les militaires des trois armes, les élèves de l'École polytechnique, les jeunes filles de la maison de la Légion d'honneur. C'était une manifestation de la nation, un hymne à cette volonté de vivre ensemble au-delà de nos différences d'origine, de religion, de race, selon la célèbre définition d'Ernest Renan, un ami de mon arrière-grand-père, le prince Napoléon. Il n'est pas contestable que l'histoire du grand Français que fut Napoléon fait partie de l'idée de ce que nous avons été et qui fonde ce que nous sommes. La nation est un récit qui part d'une histoire commune partagée pour servir de base aux développements contemporains et à nos aspirations vers le futur. Sans mythe fondateur, point d'avenir. L'Histoire n'est pas la seule composante de notre socle commun qui comporte aussi une langue, une culture, des valeurs communes, la laïcité, l'idéal républicain. À dire vrai, cette messe du 5 mai était un pensum pour l'enfant que j'étais. Plus tard, je découvris son sens. Adulte, je ne me rendis plus à ce rendez-vous annuel car j'estimais qu'elle était source d'une ambiguïté regrettable dans notre République laïque. La commémoration par la République de l'homme qui a codifié la liberté religieuse ne devrait pas avoir lieu dans une église, mais dans un lieu profane. On peut ne pas croire en Dieu, ne jamais mettre les pieds dans une église, et communier à la nation !

Le débat sur la question de savoir si Napoléon a sauvé ou enterré la Révolution oppose les admirateurs aux détracteurs de Napoléon depuis longtemps. En définitive, ce qui compte c'est de savoir en quoi il y a dans son gouvernement « l'idée fondamentale, le principe essentiel du gouvernement de la démocratie française », comme dit Plon-Plon. Au lendemain de Brumaire, Bonaparte écrit : « Le simple titre de citoyen français vaut bien sans doute celui de royaliste, de clichyen, de jacobin, de feuillant, et ces mille et une dénominations qu'enfante l'esprit de faction, et qui, depuis dix ans, tendent à précipiter la nation dans un abîme. » Sa ligne politique est donc fondée sur la réconciliation des partis. À Augereau il confie : « Nous n'appartenons à aucune coterie qu'à celle de la nation entière. » La nation unit les Français. Cette vision de l'unité nationale face aux immenses défis que doit relever un pays détruit par dix ans de révolution, en proie à l'hostilité des monarchies européennes coalisées, témoigne d'une folle confiance en lui-même. Garantir à chaque Français un bonheur individuel fondé sur la liberté, la prospérité et la paix. Quoi de plus enviable après dix ans de guerre civile et de menaces aux frontières ? Hors des partis, Napoléon le demeurera pendant le Consulat en ne tendant la main ni aux Jacobins ni aux royalistes et en tentant de rallier les modérés. C'est ainsi que l'on trouva autour de la table du Conseil des ministres des hommes qui, quelques années plus tôt, n'auraient pas hésité à s'envoyer à l'échafaud. La recherche de l'unité ne fit pas dans la dentelle : elle passa par la répression des derniers soulèvements royalistes dans l'Ouest puis contre les Jacobins, après l'attentat de la rue Saint-Nicaise, en décembre 1800. À Louis XVIII il écrivit, avant de partir pour la seconde campagne d'Italie : « Vous ne devez pas souhaiter votre retour en France, il vous faudrait marcher sur 100 000 cadavres. » Sauveur de la Révolution, il le sera par l'établissement de la paix intérieure et extérieure. Après la seconde campagne d'Italie et la victoire de Marengo, il acquit la certitude que la consolidation de son pouvoir passait par l'établissement d'un pouvoir fort qu'il voulait tirer directement de la nation, sans recours aux partis, avec des corps intermédiaires essentiellement administratifs, entièrement acquis, et en utilisant les moyens de la propagande et du plébiscite. Il pourra bientôt dire : la nation, c'est moi. On sait vers quels abîmes cette conception du pouvoir bientôt l'entraînera.

Néanmoins, elle sauva le pays et permit à la nation de se construire. Car cette conception césarienne, bonapartiste, n'aura pas été qu'au service de l'ambition d'un homme : elle permit de doter la jeune nation d'une armature administrative et politique, en seulement quatre années, entre 1800 et 1804. Cadastre, contribution directes, Banque de France, hiérarchie des administrations locales, préfets et sous-préfets, réforme judiciaire, liberté du culte, reconnaissance des religions protestante et juive au travers du concordat et de ses déclinaisons, premiers pas de la laïcité, confirmation des acheteurs des biens nationaux dans leurs droits, réforme du système d'enseignement, création des lycées, Légion d'honneur et, enfin, code civil, vaste entreprise d'unification du droit conduite à son terme, véritable fondement juridique des formes nouvelles de la famille et de la propriété issues de la Révolution. L'homme de guerre qui avait conduit plus de cinquante campagnes en Europe avait une vision très lucide de ce qu'il laisserait à la postérité. Il dit à Sainte-Hélène que « le cadastre aurait pu être à lui seul comme la véritable Constitution de l'empire, c'est-à-dire la véritable garantie des propriétés et la certitude de l'indépendance de chacun ». Avec le recul, les réformes conduites par lui ont eu plus d'impact sur la nation que toutes les batailles de l'Empire. À l'issue du Consulat, non seulement les nouvelles frontières du pays, mais aussi la propriété, la famille, la paix religieuse sont rétablies sous la direction d'un État fort. Il n'est pas question de tomber dans l'anachronisme et de faire l'apologie d'une forme de gouvernement qui appartient définitivement au passé, mais il faut reconnaître les progrès remarquables de la jeune République sous la conduite du Premier consul. Progrès remarquables que la pérennité de nombre de ses institutions souligne de manière éclatante.

Il y eut ensuite l'empire qui avait une ambition affichée par la Constitution de l'an XII : confier la République à un empereur, en d'autres termes opérer la synthèse entre l'Ancien Régime et la Révolution. Le sacre symbolise cet oxymore : se référant à l'empire de Charlemagne, Napoléon est sacré empereur par le pape, mais, arrachant des mains du pape la couronne impériale, la coiffe lui-même sur son front. Ce geste signifie que le fondement de sa légitimité est dans l'union directe entre lui et la nation sans autre forme de médiation. L'Histoire se chargea de résoudre cette contradiction : la nouvelle dynastie ne résista pas à la chute de son fondateur. La décapitation de Louis XVI avait définitivement brisé le lien sacré entre le peuple et son roi. La Restauration ne fut qu'une tentative sans lendemain de retour au passé. Il y a pourtant un fait insuffisamment souligné par les historiens : les institutions consulaires, toutes issues de la Révolution, fonctionneront pendant l'empire ; beaucoup d'entre elles passeront les caps de la Restauration et du Second Empire pour retrouver leur cadre naturel dans les trois Républiques qui se succéderont de la défaite de Sedan à nos jours. Les institutions mises en place sous le Consulat ont servi de fondement à la France depuis deux siècles, indépendamment des formes de son gouvernement. Comment ne pas admirer le génie de l'homme qui saisit ce qu'il y a de plus permanent dans la nation française et qui le concrétisa dans des institutions franchissant les siècles ?

La Révolution française soulève d'immenses espoirs dans toute l'Europe. En Allemagne, en Italie, dans les Provinces-Unies, en Suisse, en Espagne, les milieux éclairés tournent leurs regards vers la France. Napoléon est admiré par nombres d'artistes et d'intellectuels de son temps : Fichte, Hegel, Goethe, Beethoven, Goya. Sa jeunesse, sa hardiesse enthousiasment et annoncent des temps nouveaux dans leurs pays. Les vieilles monarchies comme les petites principautés vont tomber. Des régimes d'égalité et de liberté, et autant de nations libres, vont émerger.

Les guerres, jamais éteintes depuis la Révolution, entre les monarchies européennes et la jeune République se poursuivent en cascade, l'une générant des frustrations qui conduisent à la suivante. Napoléon doit d'abord imposer la France postrévolutionnaire aux vieux États européens qui exècrent le porteur du ferment républicain. La paix d'Amiens de 1802 marque une forme de reconnaissance de la jeune République par l'Europe. Il aurait pu s'arrêter là, Bonaparte serait alors devenu une sorte de Washington français. Mais la guerre reprend – Bonaparte prétend que c'est à la suite des provocations anglaises dans les Caraïbes, les Anglais prétendront que le traité n'a pas été intégralement respecté – pour des motifs où se mêlent des intérêts économiques, des revendications territoriales, la détestation du système politique français et l'ambition personnelle. Avec les victoires militaires, le projet de Napoléon change : il conçoit bientôt l'Europe comme devant être soumise à son seul pouvoir. C'est donc par l'envahissement et non par la révolution qu'il introduit en Europe le système administratif et politique français largement inspiré des idéaux de la Révolution. Les départements étrangers qui s'ajoutent peu à peu aux départements français, les États satellites conquis et confiés aux membres de sa famille deviennent autant de terrains d'application des principes administratifs et politiques de la France. C'est un paradoxe que l'Empire, qui a tourné le dos aux principes politiques de la Révolution, veuille installer dans l'Europe conquise par les armes les acquis de cette Révolution. Napoléon n'aura de cesse de rappeler à ses frères qu'il les avait assis sur des trônes européens pour mettre en place un système copié sur le gouvernement français.

Deuxième paradoxe, l'idée de nation s'est peu à peu diffusée à toute l'Europe, non par l'adhésion à la France, mais par le rejet de l'occupation française. Elle est née contre la France. Les intellectuels et les artistes, qui appelaient la veille encore de leurs vœux le remplacement des vieilles monarchies par des États gouvernés selon les principes du siècle des Lumières, considèrent désormais Napoléon comme le pire des despotes. Beethoven biffe d'un trait rageur la dédicace à Napoléon de sa cinquième symphonie quand il apprend que la victoire d'Austerlitz l'a rendu maître de son pays, l'Autriche. Le libérateur des peuples s'est transformé en féroce occupant. N'y a-t-il pas un parallèle saisissant avec les promesses émancipatrices de Lénine et l'occupation par les Russes, au nom d'un principe émancipateur des pays d'Europe, au lendemain de la Seconde Guerre mondiale ?

Personne ne le comprit car, comme souvent dans l'Histoire, l'héroïsme des soldats cache les véritables motivations et les véritables conséquences des guerres. Celles-ci sont souvent ignorées de leurs initiateurs eux-mêmes, victimes de leurs propres illusions. Les guerres napoléoniennes opposaient des sujets de monarchies européennes à des citoyens de la jeune nation française. Napoléon était le chef qui partageait leur quotidien – ce qui n'était qu'en partie vrai – mais aussi celui qui garantissait les acquis de la Révolution, c'est-à-dire, pour la majorité d'entre eux, la possession d'un lopin de terre souvent pris sur les biens ayant appartenu au clergé. C'est pourquoi, non seulement on comptait peu de désertions dans les troupes napoléoniennes, malgré la résistance croissante à la conscription, mais sa popularité demeura élevée chez ses soldats, survivants de dizaines de batailles. On rapporte de terribles anecdotes pendant les jours les plus sombres de la retraite de Russie où des hommes dépourvus de tout, dans un froid polaire, exténués et estropiés, trouvaient encore la force d'acclamer leur général marchant comme eux dans le froid, appuyé sur une mauvaise canne, entouré d'une petite poignée de braves. Ils témoignaient de leur admiration et de leur fidélité à l'homme qui incarnait le principe de la nation. Ils témoignaient de leur fidélité aux principes de la Révolution qu'il incarnait malgré ses fautes et ses reniements. Les mêmes, aux premiers jours de la première campagne d'Italie, dépourvus d'uniformes et mal équipés, suivaient avec enthousiasme le frêle général de la République marchant à leur tête sur le pont d'Arcole contre les plus anciennes monarchies d'Europe. Devenu excessivement dépendant du sort des armes, l'Empire ne résistera pas aux défaites militaires, mais la nation survécut. On voit ainsi la force du principe de nation et son double visage : basé sur l'égalité des citoyens, librement choisi par eux, le principe national porte l'identification et la cohérence.

Émotion partagée, projection collective de contenus conscients et inconscients, il donne la force au groupe. Émotion réversible qui peut aussi devenir porteuse d'affirmation de puissance, de violence, d'exclusion. Le XIXe et le XXe siècle nous offrirent de tragiques exemples de la manipulation du sentiment national, transformé en nationalisme guerrier par des dirigeants cyniques et des peuples crédules. L'enchaînement des guerres qui déchirèrent l'Europe pendant deux siècles appela la consolidation du sentiment national dans tous les camps, seul motif capable de justifier tant de sacrifices. Il fallut soixante millions de cadavres pour que les nations européennes prennent enfin conscience de leur folie et organisent la paix dans une nouvelle entité politique, l'Europe. Tôt ou tard, elle devra s'affirmer comme une nouvelle nation. Nouveau cadre de référence pour ses citoyens, dans un nouveau monde où les enjeux sont désormais planétaires.

Au grand dam de mes parents, je n'ai pas fait de service militaire à une époque où il était encore obligatoire. À la rentrée 1969, je reçus convocation à me rendre au centre de recrutement d'Orléans pour passer les trois jours de test en vue de l'incorporation. Comme j'étais asthmatique, on m'envoya quelques jours à l'hôpital militaire vérifier que je n'étais pas un simulateur. La conclusion arriva bientôt : si vous voulez faire votre service, cochez la case suivante et retournez l'enveloppe au centre de recrutement ! L'armée ne voulait pas vraiment de moi. Je ne voulais pas vraiment d'elle. Mais imaginez-vous, un descendant de Napoléon, pas même se porter volontaire pour le service ! Heureusement, nous n'étions plus au temps où le seul creuset de la nation était l'armée.

« Au parfum de son maquis, de loin, les yeux fermés je reconnaîtrais la Corse », disait Napoléon. Le 15 août 1986, j'étais à Ajaccio pour la fête qui, chaque année, célèbre l'Assomption et la naissance de Napoléon ! Le matin, je retrouve mon père chez un de ses amis de longue date, un notable ajaccien, entouré de la considération générale. Dans la moiteur de l'été corse, ils prennent le petit déjeuner sous les orangers du jardin. La conversation traîne sur les costumes qu'il faudra porter aux réceptions de la journée. On parle décorations à arborer, plis de pantalons et couleur de cravates. Puis on se dirige vers la cathédrale pour la messe solennelle suivie du traditionnel défilé dans les ruelles de la vieille ville, fanfare municipale en tête, du dépôt de gerbe devant la maison natale et de la réception à l'hôtel de ville. Au déjeuner, dans un restaurant sur la route des Sanguinaires, Charles Ornano, maire, rend un hommage appuyé à mon père au nom du Comité central bonapartiste et du conseil municipal, puis, d'une voix à l'accent rocailleux, passe rapidement à des histoires grivoises. Mon père lui répond par quelques mots empruntés et se détend devant le mérou arrosé de vin blanc du cap Corse. Je suis placé à côté de José Rossi, jeune président du conseil général, qui garde quelques distances avec cette manifestation anachronique. Il y a à table le préfet et l'évêque. Au dessert, dans l'atmosphère ouatée d'un après-banquet, tout le monde entonne *L'Ajaccienne*, le refrain culte de la ville : « Réveille-toi, ville sacrée, dans ton orgueil et ton amour, la sainte famille est rentrée… » Personne n'est dupe. Le Comité central bonapartiste redoute plus que tout le retour d'un membre de la famille à Ajaccio. Le soir, c'est la traditionnelle représentation de *L'Aiglon* au théâtre en plein air du Casone. Signe du destin ? L'acteur de la Comédie-Française qui interprète le prince impérial s'effondre sur scène après la dernière réplique. Transporté à l'hôpital, il décédera le lendemain. Le maire, accompagné de mon père, ira s'incliner sur sa dépouille. J'étais déjà parti sur les chemins de randonnée, par la vallée du Niolo, vers le Monte Cinto.

Je n'avais jamais trouvé d'homme politique insulaire porteur d'un projet cohérent pour l'île avant de rencontrer les frères Siméoni, Edmond et Max, qui faisaient encore figure de terroristes. Pourtant, vingt ans après Aléria, ils condamnaient désormais clairement la violence. Ils étaient partisans d'une collectivité territoriale unique, prônaient l'enseignement de la langue corse et appelaient les insulaires à assumer leurs responsabilités. Les politiciens locaux se perdaient dans des calculs byzantins, leur petitesse contrastait avec l'idée que je me faisais des atouts innombrables de l'île : sa culture, son climat, son environnement exceptionnellement protégé, la qualité des fonctionnaires corses que j'avais connus dans les ministères parisiens. À la DATAR, mes collègues se moquaient des responsables politiques insulaires qui, dans le premier contrat de plan entre l'État et la région, avaient choisi de construire un somptueux hôtel de région dans les bâtiments du plus beau palace d'Ajaccio plutôt que de consacrer leurs ressources au développement de l'île.

Je partage depuis Mai 68 des idéaux girondins, basés sur la confiance dans les hommes et sur la conviction que notre nation ne laisse pas assez de place à ce qu'il est convenu d'appeler la société civile, celle qui rend si fort le lien social dans les pays anglo-saxons. Depuis longtemps j'ai fait mienne la fameuse exhortation de Kennedy : cessez de demander à la nation ce qu'elle peut faire pour vous, demandez-vous ce que vous pouvez faire pour elle. Cet appel à la responsabilité individuelle et à la participation des citoyens m'a fait adhérer à vingt ans aux idéaux autogestionnaires du PSU de Michel Rocard. Ce que j'avais vu en Afrique, où les programmes du PNUD avaient pour ambition de former les Africains aux technologies occidentales, ce que j'avais tiré de mon expérience en préfecture quand les céréaliers de l'Oise avaient arraché les grilles de la préfecture avec des tracteurs aux roues hautes comme des maisons, me confortait dans l'idée que, sans l'accord des citoyens, l'État seul est impuissant. À l'inverse, les nations fortes laissent place à l'expression de leurs diversités et sont irriguées par les initiatives de leur société civile. Ces opinions étaient à l'époque moins partagées qu'aujourd'hui. En 1994, ma vision de l'avenir de la Corse était donc naturellement girondine.

Je voulus revenir aux origines politiques de ma famille, la replacer dans le champ des idées du XVIIIe siècle et de l'histoire de la Corse. J'entrepris donc d'écrire un ouvrage sur les relations entre les deux principaux hommes d'État corses, Napoléon et Paoli. En Corse, Pascal Paoli représente la liberté de la nation corse. En France, il est peu connu, il n'est qu'un héros régional à côté de l'immense réputation du fils d'Ajaccio. Pascal Paoli est en réalité un politique de premier plan dont la notoriété est à l'apogée lorsqu'il fonde en Corse, en 1755, l'un des premiers États basés sur les principes du siècle des Lumières et qui sera bientôt écrasé par les troupes de Louis XV. Chez Paoli, il y a un moraliste. Les Bonaparte, jeunes, sont, eux, des Jacobins. Peu leur importe les moyens : ce qu'ils veulent, c'est les résultats. Le conflit était inévitable.

Le choc entre ces deux conceptions de la liberté est le reflet du débat national qui oppose à l'Assemblée constituante les Girondins aux Jacobins, les tenants d'un pouvoir central unique, confiants dans les vertus unificatrices de la République, à ceux qui croient à la force des assemblées locales. Liberté de la Corse ou développement des idéaux de la Révolution, voilà ce qui oppose Paoli aux Jacobins de l'île, parmi lesquels la famille Bonaparte. Paoli obtient gain de cause et chasse les Bonaparte de Corse. Napoléon n'y revient que quelques jours au retour de la campagne d'Égypte, consacrant désormais au reste du monde les talents qu'il n'avait pu mettre au service de son île. L'impossible synthèse de 1793 entre la République et la volonté d'émancipation nationale de la Corse conduit l'île à reproduire autrement ce qu'elle n'a pu dépasser. Ce conflit oppose aujourd'hui les tenants d'une Corse repliée sur elle-même à ceux qui, lassés de ne pouvoir exprimer leurs talents, la quittent pour n'y rentrer qu'à la fin de leurs jours. Alors qu'après quelques décennies, les Niçois ou les Savoyards ne forment plus qu'un avec les autres Français, ici, les différences persistent après deux siècles. Le processus de construction d'une nation commune n'est pas achevé. L'impossible synthèse se poursuit sous d'autres formes.

À la faveur des besoins de main-d'œuvre industrielle et de l'expansion coloniale, poussés par la conscription et des conditions de vie difficiles, beaucoup de Corses quittent l'île dès la fin du XIXe siècle, comme l'avaient fait avant eux les Bonaparte. On retrouve depuis deux siècles dans les barreaux, dans les universités, aux tribunes des assemblées, dans les gouvernements, à la tête des armées de la République ou des grandes entreprises un nombre exceptionnel de Corses talentueux, ramené à la petite communauté qu'ils forment dans une nation de soixante-cinq millions de citoyens. Au même moment, l'île peine à rattraper ses retards. Il y a certes l'influence du grand bras de mer qui la sépare du continent, mais qui en contrepartie protège ses meilleurs atouts : son environnement et sa culture. Tout s'y passe comme si, retenue par le poids du passé, minée par les rivalités, l'île ne parvenait pas à se définir un destin collectif.

Durement traitée sous le Premier Empire, équipée de routes, de chemins de fer, d'écoles et de fontaines par Napoléon III, la Corse a toujours inspiré de la méfiance à la République qui a préféré laisser la main à des chefs de clans. La République ferme encore les yeux sur d'évidentes situations de non-droit. Les élus demandent toujours plus d'aides publiques qu'ils reçoivent d'un État qui n'a pas d'autre projet que de maintenir l'île en paix. Mais ces subventions tuent les initiatives privées, la culture et la vie sociale beaucoup plus sûrement que le prétendu peu de goût au travail des Corses.

Réconcilier Bonaparte, le défenseur des idéaux de 1789, et Paoli, le patriote corse, signifie construire une société insulaire en paix qui tourne enfin le dos au clientélisme, qui trouve les chemins d'un développement à partir de ses atouts, pour permettre à sa jeunesse de travailler, à ses artistes de s'exprimer, à sa langue d'exister, à ses merveilleuses qualités d'hospitalité et de générosité de s'affirmer dans le partage de sa culture et de son environnement.

Mon livre écrit en 1999 appelait à cesser d'opposer Bonaparte à Paoli, comme j'appelais à cesser d'opposer les Girondins aux Jacobins, la Haute-Corse à la Corse du Sud, les villages de l'intérieur aux villages de la côte, les campagnes aux villes, les familles entre elles, pour parvenir à une synthèse rendue possible par le progrès des savoirs, la tolérance et la décentralisation. La presse salua mon essai, les nationalistes, les communistes, *Le Monde*, *Le Figaro*, *Le Point* complimentèrent mon travail. Une campagne de dédicace me permit de rentrer en relation avec de nombreux Corses qui approuvaient ma démarche dans l'île et sur le continent.

Je me suis finalement présenté aux élections municipales d'Ajaccio en 2000 en ayant pour adversaire le dernier carré bonapartiste. Ils n'étaient plus que l'ombre d'eux-mêmes : les représentants de quelques familles conservatrices de la ville. J'ai toujours refusé de me laisser enfermer par l'histoire de ma famille. Certes, ma carrière politique ne peut être comparée à beaucoup de leurs destins. Mais je me suis souvent heurté aux critiques de ceux qui considèrent mes choix comme contraires à ceux de mes ancêtres. Je leur répondais immanquablement : je n'ai pas de comptes à vous rendre, nous vivons une époque bien différente de la leur, je suis un citoyen libre de mes choix comme le sont tous mes compatriotes. Mais je note avec un certain amusement mes convergences avec Plon-Plon sur au moins trois points : l'exigence d'une politique sociale déterminée, un pouvoir exécutif robuste, un parlement fort et indépendant. Je n'appelle pas de mes vœux la république consulaire, mais je crois aux vertus du régime présidentiel. À condition qu'il s'équilibre par la décentralisation et par la confiance dans les pouvoirs intermédiaires.

En juillet 2000, José Rossi, ancien ministre de l'Industrie, chef de file du courant libéral et moderniste à la ville d'Ajaccio gouvernée par les bonapartistes depuis le Second Empire, décida de passer à l'opposition, calculant qu'il serait ainsi en meilleure position pour affronter le maire sortant Marc Marcangeli, en mars 2001. Mais le maire sortant profita de cette manœuvre pour provoquer une nouvelle élection municipale en septembre. Il m'offrit ainsi l'occasion de faire une première campagne en vue des municipales de mars. Je voulais présenter un programme crédible axé sur les thèmes de la bonne gestion et de la modernisation de cette ville mal administrée, où le pouvoir se maintenait depuis des lustres par la création d'emplois clientélistes privant la ville des ressources nécessaires à son développement.

Mon résultat le 17 septembre 2000 fut encourageant pour un coup d'essai avec 1 067 voix, soit 6,64 %. Suffisamment pour me persuader qu'il était possible de dépasser le seuil des 10 % aux élections générales de mars 2000, seuil qui me permettrait de rentrer au conseil municipal. L'autre surprise du scrutin fut que le maire bonapartiste sortant devança largement José Rossi en s'appuyant sur le réflexe clientéliste et sur l'opposition à toute évolution du statut de la Corse dont Rossi s'était fait le chantre depuis dix ans. Les conservateurs avaient battu les modernistes. Ce résultat me laissait donc peu d'espoir de prendre le contrôle de la municipalité quelques mois après, tout au plus de disposer de quelques sièges dans l'opposition.

À partir de la fin de l'année 2000, je me préparai à la consultation municipale de mars, affinant mon programme et améliorant ma communication. Je fis beaucoup de déplacements dans les quartiers pour me faire connaître et exposer mon programme. Je suis d'un naturel réservé, mais ce ne fut jamais un effort. Je découvris la richesse d'une poignée de main. Pendant cette fraction de seconde, on échange quelques mots par où passe l'essentiel. Au cours de cette campagne, je découvris la réalité de la vie dans les HLM de la ville, la misère que cachent le soleil et une nature magnifique, des familles attachantes qui me firent aimer plus encore la ville. La timidité s'y dissimule derrière une apparente froideur, un humour caustique et une sorte d'auto-dérision. Les gens sont en réalité généreux et attentionnés. On cultive le goût de l'apparence pour cacher la crainte de ne pas être reconnu. Plus que partout ailleurs, les familles sont attachées à la réussite des enfants auxquels elles sacrifient beaucoup. Pour les Ajacciens, les enfants partis sur le continent, qu'ils soient postier ou flic de base, occupent de hauts postes dans la fonction publique. Lorsqu'ils sont infirmiers on dit qu'ils sont médecins ; les clercs de notaire dirigent de grandes études notariales. C'est une ville où il fait souvent beau, où les misères ne sont pas apparentes. Elles ressortent pourtant des statistiques sur les infections par le VIH, sur la mortalité par le cancer du poumon, sur les accidents automobiles qui sont systématiquement plus de 20 % au-dessus de la moyenne nationale, sans parler des homicides qui battent tous les records nationaux. Les jeunes manquent de travail. La formation professionnelle est lacunaire. Les emplois, souvent saisonniers, sont précaires et peu qualifiés. Tous ces problèmes faisaient l'objet de propositions précises dans mon programme. Avec le recul, mon analyse était juste, mais les délais de mise en œuvre étaient très sous-évalués. Je sous-estimais lourdement le poids du clientélisme municipal. Je pensais possible d'améliorer la propreté de la ville en quelques semaines. C'était ignorer qu'il fallait non seulement changer les méthodes de direction des services publics communaux, mais surtout les mentalités.

La dernière semaine de la campagne, des camarades parisiens vinrent me soutenir. Il y avait parmi eux des anciens de 68 qui n'avaient pas perdu la main pour coller les affiches ou organiser les meetings. Le résultat du 11 mars au soir dépassa mes espérances : 1 972 voix, soit 10,60 %. La liste de Marcangeli, qui rassemblait toute la droite, arrivait première avec 37,44 %. Le social-démocrate Simon Renucci, médecin pédiatre, obtenait 22,93 % et le communiste Paul-Antoine Luciani, professeur de lettres, 11,87 %. Le changement passait donc par une alliance de nos trois listes. Je n'éprouvais aucune difficulté idéologique à les rejoindre. L'un et l'autre étaient intègres et soucieux du bien public. Le mercredi de l'entre-deux-tours, après une nuit de négociations serrées, nous pûmes annoncer l'union en échangeant trois poignées de main devant la presse. Enfin, une alternative électoralement crédible allait être proposée aux Ajacciens. Lorsque nous portâmes la liste au bureau électoral, quelques minutes avant l'heure fatidique du dépôt des listes, le préfet rôdait dans les couloirs : l'affaire était remontée jusqu'à Daniel Vaillant, ministre de l'Intérieur de Jospin, qui avait avalisé notre union.

Dès le lendemain, je sentis monter le vent qui pousse vers la victoire. Dans les ruelles du centre, dans les quartiers, devant les supermarchés, sur les marchés, on nous félicitait pour cette union. Le meeting du 16 au soir qui réunissait les trois composantes fit le plein. Nos adversaires eurent beau stigmatiser une alliance entre un médecin trotskiste, un enseignant communiste et un prince déchu, le vent avait tourné en notre faveur. Nous sûmes le résultat du scrutin avant la clôture de tous les bureaux de vote. Notre liste gagna avec 48 %, contre 42 % à Marcangeli et 9 % aux nationalistes. Craignant des incidents, nous attendîmes que la mairie se vide des supporters de la liste adverse avant de nous présenter dans le hall d'honneur. Notre arrivée au coude à coude fut un triomphe. On hissa Simon Renucci sur nos épaules tandis que la foule entonnait *L'Ajaccienne*. Une manifestation joyeuse et spontanée nous porta en triomphe dans la vieille ville tandis que l'on se réjouissait dans les quartiers populaires, aux Cannes et aux Salines. *Corse Matin* titra le lendemain : « La chute bonapartiste ».

En arrivant dans la mairie, nous nous sommes sentis comme des intrus ! Les grands changements commencent par une effraction. La première semaine, des personnes se sont présentées pour demander à être payées en liquide de pensions versées par la mairie. Je ne savais pas qu'une mairie versait des pensions, et encore moins que de l'argent liquide pouvait sortir d'une administration municipale. Je n'ai jamais réussi à éclaircir d'où nos prédécesseurs tiraient cet argent. Il fallait donc remettre de l'ordre dans cette administration pléthorique. Dès notre arrivée, on créa une intercommunalité entre dix communes de l'agglomération. Ce fut un beau succès car les communes corses sont encore plus soucieuses de leur indépendance que celles du continent ! Mais les racines du clientélisme n'avaient pas été détruites par la victoire électorale. On mit beaucoup trop de temps à prendre le contrôle des services d'une municipalité qui était aussi le premier employeur de la ville et le premier apporteur de voix aux élections. Le maire tergiversait. Deux ans après notre victoire, nous ne connaissions toujours pas le nombre exact de fonctionnaires municipaux ; on découvrit que des personnels municipaux appointés par la mairie exerçaient comme chauffeurs de taxi à Marseille ! Nous parvînmes à moderniser des services importants pour la vie quotidienne, comme le ramassage des déchets ou le traitement des eaux qui furent transférés à l'intercommunalité, à mener à bien la réhabilitation des quartiers populaires, à construire du logement social. Mais un flot de voitures continua à envahir le cœur de la ville, les ballots d'ordures sous plastique à s'amonceler sur la décharge, les zones commerciales à se développer aux portes de la ville, tuant les petits commerces du centre déjà mis à mal par l'impossibilité de circuler. Il eût fallu prendre des décisions courageuses, donc impopulaires. Au lieu de cela, l'occupation du domaine public était négociée en catimini par le maire en contrepartie du soutien électoral de quelques familles. Fort de cette méthode clientéliste qui lui permit de gagner haut la main un second mandat, le maire devient très populaire à Ajaccio, diminuant chaque jour davantage les chances de réussir le changement de la ville. Je ne me suis pas résolu à passer dans l'opposition par fidélité à moi-même et pour ne pas porter tort à la première municipalité de gauche à Ajaccio, à l'équipe que j'avais contribué à faire élire et dans laquelle je gardais beaucoup d'amis. Je sais que cette conception de la politique ne permet pas de faire carrière. Mais c'est ainsi que je voulais être. Je n'avais pas fait tout ce chemin depuis la maison de mon père pour trahir ce à quoi je croyais, même par déception. Je ne me suis donc pas présenté aux municipales suivantes à Ajaccio. J'ai été candidat à d'autres élections locales, notamment à Nemours au sud de la Seine-et-Marne où j'ai été élu. Ces expériences m'autorisent un avis sur les réformes dont notre pays a besoin.

Personne ne peut nier le malaise des démocraties occidentales. La défiance se cristallise sur les élus : le régime démocratique n'est plus considéré comme le seul possible, les régimes *illibéraux* – quand ce ne sont pas des dictatures comme en Chine ou en Russie – sont considérés comme plus à même d'assurer l'avenir à long terme. L'extrême droite est devenue la principale force d'opposition, le populisme, c'est-à-dire l'accent mis sur les préoccupations immédiates du peuple, oubliant le long terme, se traduit par le *dégagisme* qui met en selle des personnages pour le moins inquiétants.

Les élections présidentielles de 2007, de 2012 et de 2017 ont vu se constituer des majorités négatives au second tour. En réalité, les présidents ne sont réellement choisis que par leurs électeurs du premier tour qui, déduction faite des abstentionnistes, ne représentent jamais plus du tiers des électeurs, moins du quart à l'élection de 2017. La constitution de la Ve a certes procuré à la France soixante ans de stabilité politique. Mais l'ambiguïté d'un système qui cherche à conjuguer stabilité parlementaire et pouvoir présidentiel me semble toucher ses limites. Par ailleurs la gravité des enjeux, et particulièrement la crise écologique qui menace, nécessitent que nos institutions fonctionnent de manière plus efficace, c'est-à-dire mieux partagée. Il ne faut donc pas négliger l'importance des réformes institutionnelles.

Je propose de créer en France un véritable régime présidentiel et de rééquilibrer les pouvoirs en faveur de la représentation nationale et des collectivités locales : un président élu pour un mandat unique de six ans, responsable devant un Parlement aux pouvoirs de contrôle renforcés. Je propose que le Sénat devienne un lieu de représentation de la société civile et non plus une assemblée de notables de province, une réforme de la fonction publique sur la base de contrats de travail et non d'un statut à vie, le retour d'un véritable commissariat du Plan. Dans un univers aussi incertain, il faut reprendre les réflexions prospectives. L'actuel président de la République vient heureusement de le recréer.

La Ve République veut que le Premier ministre protège le président de la République, tenant lieu de véritable *fusible*. Autant dire que le président détient tous les pouvoirs sans contrôle par la représentation nationale, puisqu'il est directement élu par le *peuple*. Je propose la suppression de la fonction de Premier ministre et que le président de la République, qui est de facto chef de la majorité, soit responsable devant l'Assemblée nationale. L'article 5 de la Constitution précise que le président « assure, par son arbitrage, le fonctionnement régulier des pouvoirs publics ainsi que la continuité de l'État » alors que, selon l'article 20, le Premier ministre « détermine et conduit la politique de la nation ». En pratique, aucune décision significative, aucune réforme sérieuse ne sont conduites par le Premier ministre sans l'accord du président. Depuis l'instauration du quinquennat, le Premier ministre est moins que jamais le chef de la majorité puisque les élections législatives se font pour ou contre les orientations du président récemment élu. Il est devenu le secrétaire général et le coordinateur des tâches du gouvernement. Or un secrétaire général du gouvernement ne peut pas être le chef d'une majorité. Je suis partisan d'un vrai régime présidentiel équilibré par un Parlement fort et des collectivités locales aux compétences renforcées. Cette réforme me semble particulièrement nécessaire pour les temps où il faudra prendre des décisions difficiles, c'est-à-dire impopulaires, notamment sur la crise climatique qui se rapproche chaque jour davantage, alors que le monde procrastine à limiter les émissions de carbone.

Par le fameux article 49-3, le Premier ministre a le droit d'engager sa responsabilité sur un texte et a donc le pouvoir exorbitant de faire passer des lois sans discussion et sans vote. On vient de le voir avec la crise de la Covid. Les représentants du peuple ont bien la possibilité de voter une motion de censure, mais aucun député de la majorité ne songeant à renverser le gouvernement pour une loi avec laquelle il ne serait pas d'accord, il en résulte des passages en force répétés et préjudiciables à la démocratie. Au pire, les députés n'ont le choix qu'entre la soumission ou l'indiscipline. C'est alors la rue et non le Parlement qui fait reculer le gouvernement, ainsi qu'on l'a vu avec les Gilets jaunes. L'article 49-3 entraîne des risques de graves tensions dans la vie publique du pays et doit donc être supprimé.

Par symétrie avec la suppression du 49-3, il faut annuler le droit pour l'exécutif de dissoudre l'Assemblée, marque de la toute-puissance de l'exécutif sur le législatif, et supprimer son pendant, la motion de censure, qui donne à l'Assemblée le pouvoir de renverser le gouvernement. De cette façon, l'exécutif et le législatif seraient, en toutes circonstances, contraints d'aller jusqu'au bout de leur mandat et il leur faudrait trouver les termes d'un compromis en cas de désaccord. C'est l'essence de l'équilibre des pouvoirs. Un exécutif tirant sa légitimité de l'élection présidentielle au suffrage universel proposera des lois à un Parlement inamovible jusqu'au prochain renouvellement. Comme dans les régimes anglo-saxons, le président du groupe majoritaire sera l'interlocuteur principal du chef de l'exécutif et le président du groupe de l'opposition aura vocation à devenir le chef d'une majorité alternative. Cette solution permettrait aux députés de sortir des frontières habituelles de leurs partis. N'étant plus menacés de l'article 49-3 et de l'obligation de voter la motion de censure avec leur camp, ils évolueraient de manière plus libre sur les grands sujets de société.

Si une cohabitation entre un président chef de gouvernement, dépourvu de droit de dissolution, et un Parlement d'une majorité différente mais dépourvu du pouvoir de voter une motion de censure devait se produire, il en irait en France comme aux États-Unis lors des *midterms* perdus par le parti du Président : les deux pouvoirs seraient contraints de prendre les décisions les plus importantes en cherchant un accord entre eux. Il n'est pas prouvé que l'exercice mené par des hommes guidés par le souci de l'intérêt général soit infructueux. Je suis enfin partisan d'un mandat unique de six ans. Les présidents auraient ainsi le temps de mettre en œuvre leur programme sans se soucier de leur réélection. À mi-mandat, une élection législative viendrait soit confirmer, soit infirmer leur politique. L'actuel mandat de cinq ans conduit les présidents rééligibles à ne gouverner que pendant trois ans avant de préparer leur future élection et à conserver pendant leur mandat une majorité qui marque des signes d'impatience à l'approche des échéances.

Dans aucun pays, le Parlement n'est aussi faible qu'en France. Nulle part pourtant le peuple n'aura autant combattu pour que sa souveraineté soit reconnue face au pouvoir exécutif. Mais il est loin le temps de la Constitution de l'an I (1793) où l'Assemblée, centre unique du pouvoir émanant du suffrage universel, trouvait la force de sauver la patrie envahie ! En 1958, le Parlement a été privé de deux droits essentiels : la souveraineté en matière de loi et le contrôle de l'exécutif. L'organisation et le fonctionnement du Parlement sont minutieusement cadenassés par la Constitution pour éviter qu'il ne s'arroge des pouvoirs de nature à bloquer les initiatives et la politiquc gouvernementale. La place du Parlement a été encore diminuée par l'instauration du quinquennat en 2000 et l'inversion du calendrier électoral qui place l'élection législative au lendemain de la présidentielle conduit à une majorité *produite et nourrie* par la victoire présidentielle. Le Parlement ne détient enfin aucun moyen sérieux d'expertise : la commission des Affaires étrangères dispose de moins de dix cadres ; la commission des Finances n'a aucun moyen d'étude et de collecte de statistiques propres. Autant dire que les informations ont pour seule source l'administration que la commission est censée contrôler.

En raison de la faiblesse d'un Parlement qui n'est pas même complètement libre de fixer son ordre du jour, malgré la réforme constitutionnelle de 2008, le gouvernement impose l'examen d'un plus grand nombre de lois que partout en Europe et l'adoption de lois pléthoriques, de circonstance, souvent non suivies d'effet, dont les parlementaires n'ont pas les moyens d'accompagner l'exécution. Trop de temps est consacré à la discussion des textes et pas assez à leur mise en œuvre et à leur évaluation. Une plus grande confiance dans la société civile, dans les grandes associations et les syndicats permettrait de passer plus de conventions et de faire moins de lois ! L'exécutif dispose de la légendaire capacité de la direction du budget du ministère des Finances à retarder l'application d'un texte qui ne lui convient pas en faisant traîner jusqu'au prochain changement de législature.

Il est indispensable d'assurer une meilleure représentation des forces politiques par une dose de proportionnelle. Il est indiscutablement antidémocratique que le Rassemblement national soit si peu représenté à l'Assemblée. Cette dose de proportionnelle devrait être au minimum du tiers des députés. De même qu'il est injuste de ne pas tenir compte du vote blanc qui est décompté comme un vote nul alors qu'il exprime une préférence politique précise : un désaveu des candidats, du mode de scrutin ou des opinions soumises au suffrage. Enfin, le rétablissement du vote par correspondance permettrait sans aucun doute d'augmenter la participation aux consultations.

La vénérable institution du Sénat tirait sa légitimité de l'idée qu'une chambre haute tempérait les initiatives d'une chambre des députés trop influencée par l'élection au suffrage universel direct. C'était du temps où les Pairs se méfiaient du suffrage universel. Les motifs de critiquer la Chambre haute sont bien connus : surreprésentation d'une France rurale et conservatrice, peu de valeur ajoutée en termes législatifs, mandat ramené à six ans qui diminue la spécificité des sénateurs par rapport aux députés. Avec la Ve République, le Sénat s'est trouvé une nouvelle raison d'être, celle de représenter les collectivités locales lorsqu'elles étaient encore sous la tutelle de l'État. Depuis les lois de décentralisation, ces dernières ont pris leur autonomie et se sont dotées d'exécutifs importants. Le Sénat représente donc essentiellement les intérêts d'une France rurale qui a perdu beaucoup de son poids démographique. Le maire de Paris comme celui de quelques autres grandes villes, les présidents de régions, ont désormais davantage de poids que beaucoup de secrétaires d'État. Enfin, nous ne sommes plus au temps où l'élection avait le monopole de la représentation. Les syndicats, les innombrables associations, les citoyens désormais informés en temps direct, sont les maillons de la démocratie vivante, celle qui s'exerce au quotidien dans les communes, dans les entreprises, dans les lieux de vie, et qui doit trouver une expression politique au plus haut niveau de la représentation nationale.

Il faut donc transformer le Sénat dans l'esprit que souhaitait le général de Gaulle (discours de Bayeux et projet de loi constitutionnelle de 1969) avec le soutien de Pierre Mendès France. Car dans le même temps, la France ne donne pas à ses forces vives la représentation qu'elles méritent : syndicats, communautés de pensée, entreprises, innombrables associations, médias… siégeant dans un Conseil économique et social exilé dans le 16e arrondissement de Paris, inconnu des Français et peu écouté dans ses délibérations, participent de plain-pied à l'expression d'une démocratie moderne. Elles ont pris une importance nouvelle avec les réseaux sociaux. La France qui innove, qui lutte, qui espère, doit être au cœur du pouvoir et non à sa périphérie. Les innombrables associations qui maillent le territoire de notre pays portent le monde à venir dans les domaines les plus divers, notamment sur des sujets vitaux comme les nouveaux modes de consommation, de production d'énergie, de démocratie locale.

Je propose donc que le Sénat devienne le haut lieu de représentation de la société civile française ainsi que de médiation de la République en regroupant les fonctions de l'actuel Conseil économique et social, des multiples comités d'éthique et du médiateur de la République. Sa mission serait l'anticipation, l'écoute, l'évaluation des mutations de la société française. Les sénateurs seraient élus par un collège électoral regroupant les syndicats et les associations constituées. Afin d'éviter de multiplier les scrutins, leur élection pourrait être concomitante à celle du président, tous les six ans.

Le centralisme reste un mal français de plus en plus mal vécu à l'ère des nouveaux modes de communication et d'information. Un principe simple : les autorités locales élues doivent devenir responsables de tout ce qui concerne la vie quotidienne des citoyens, l'État étant responsable des fonctions régaliennes :

police, justice, défense nationale, relations internationales, des équipements nationaux et des transferts économiques et sociaux faisant appel à la solidarité nationale (fiscalité, régimes généraux). Malgré les transferts importants survenus depuis les lois Defferre, de nombreuses compétences restent encore exercées soit par des bureaux parisiens, soit par les préfets : la culture, l'éducation, la recherche, l'emploi...

Les DOM-TOM et la Corse montrent que ces transferts sont techniquement réalisables et ne diminuent en rien la qualité du service public. Les transferts doivent intervenir après une juste évaluation des charges. Ce qui n'a pas toujours été le cas. Le plus souvent, en raison de l'impécuniosité de l'État, les collectivités locales doivent engager des budgets très supérieurs aux dépenses de l'État pour remettre à niveau les lycées, les routes, les trains express régionaux. Comme tous les personnels exerçant les fonctions transférées ne sont pas reversés aux collectivités locales en raison des rigidités des statuts de la fonction publique, il en résulte de fréquentes duplications des effectifs. La gestion nationale des corps de la fonction publique constitue l'un des principaux obstacles à la décentralisation. Les deux fonctions publiques doivent être fondues, en commençant par les corps de gestion qui doivent recevoir une formation commune.

Pour renforcer les collectivités locales, je propose d'appliquer dans les communes (au-dessus de 10 000 habitants) et les départements le principe de séparation des pouvoirs, en dissociant les responsabilités exécutives de la présidence des assemblées. Un maire, un président de conseil général ou un président de région, à la tête de collectivités dotées désormais de pouvoirs considérables, est actuellement, en même temps, président de l'assemblée locale et chef de l'exécutif. Ces tâches sont extrêmement lourdes pour un seul élu et le mettent souvent en conflit d'intérêts. Je propose donc la création d'une fonction de président de conseil municipal, distincte de celle de maire. Ce système fonctionne très bien dans les grandes villes allemandes.

Enfin, il n'y aura pas d'autonomie sans pouvoir d'adaptation des lois. Pourquoi devrions-nous avoir une loi unique sur l'école, sur les permis de chasse, sur les langues locales, sur la fiscalité locale ? Depuis le regroupement des régions, les exécutifs régionaux sont en charge de budgets comparables à celui de l'État. Les régions investissent davantage que lui. Pour souligner l'importance de leurs responsabilités, je propose que les vice-présidents de région prennent le titre de ministre du secteur qui leur est confié et que le président de l'exécutif devienne le Premier ministre de sa région. Titre courant en Europe, à moins qu'on lui préfère celui, américain, de gouverneur. Le gouvernement de la France, monopolisé par des élites sorties des grands corps de la fonction publique, doit être rééquilibré par une plus grande reconnaissance des élus locaux ou régionaux.

7

L'Empereur de Las Vegas

Le mythe de Napoléon anime et agite les imaginaires collectifs parce que la culture populaire s'en est emparée. Qu'on l'aime ou pas, tout le monde le connaît et a une certaine idée de lui. C'est une des particularités de l'histoire napoléonienne de dépasser le strict cadre de l'Histoire pour s'adresser à l'imaginaire collectif. C'est un mythe, un archétype au sens que Karl Gustav Jung donne à ce terme. Sa notoriété a crû ces dernières années avec la globalisation des cultures : autrefois héros français, il s'est hissé au niveau d'un héros planétaire. J'ai pu constater en Chine ou en Inde que, dans le moindre hôtel, lorsque je donne mon passeport, le réceptionniste me demande : « Ah, vous êtes parent avec Napoléon ? » Rien d'étonnant, il est le deuxième personnage de l'Histoire le plus consulté sur le moteur de recherche Google, après le Christ et avant le prophète Mahomet et William Shakespeare ! Au siège de la région de Tianjin, au nord de la Chine, dans un palais Art nouveau datant de l'époque où cette ville était une concession française, une mauvaise copie du tableau du sacre occupe un mur de la salle d'honneur. La vice-présidente chargée de la culture et du tourisme avec laquelle j'ai rendez-vous ne connaît rien de la scène ; elle sait seulement qu'elle a un rapport avec Napoléon.

Le mythe napoléonien a plusieurs origines : la propagande napoléonienne, l'image que Napoléon a voulu forger de lui-même pour la postérité, les nombreux témoignages de ceux qui ont participé à l'épopée, les écrits des auteurs romantiques français, au premier rang desquels le grand Victor Hugo. La dimension mythique de la carrière de Napoléon a été traitée par les plus grands historiens : Jean Tulard dans *Le Mythe de Napoléon*, Nathalie Petiteau dans *Napoléon, de la mythologie à l'histoire*. De nombreux colloques ont été consacrés au sujet, comme à l'université de Corte, en septembre 2013 : *Iconosphère de la figure mythique de Napoléon*. Le mythe constitué dès le vivant de l'Empereur ne cesse de se renouveler en France et à l'étranger, chaque époque interrogeant l'Histoire à la lumière de ses propres préoccupations. C'est évidemment *Le Mémorial de Sainte-Hélène* qui va fixer à jamais la légende. Las Cases consigne tout ce que fait et dit Napoléon qui lui dicte ses souvenirs entre juin 1815 et novembre 1816, lorsque le mémorialiste est contraint de quitter l'île. Le livre paraît en 1823 et le succès est immédiat ; les éditions vont se succéder ; ce fut le plus grand succès de librairie du XIXe siècle. Il dessine à tout jamais le portrait d'un Prométhée sur son rocher, champion des idéaux de 1789. Par la magie des mots, le tyran devient défenseur des idées libérales. Ce propos a frappé les romantiques, Victor Hugo d'abord, puis Musset, Balzac, Pouchkine, Tolstoï, Stendhal, Sainte-Beuve, Goethe, Lamartine, Chateaubriand. Ces grands écrivains ont façonné le mythe du héros parti de rien pour devenir l'homme le plus puissant de son époque, avant de succomber à Waterloo et de se racheter à Sainte-Hélène. Certains étaient des anti-Napoléon, mais tous ont mis leur plume au service de la légende. Dans *Guerre et Paix*, Napoléon est un adversaire redoutable, mais jamais méprisable. Ces auteurs préparent à leur manière le retour des cendres du héros par une journée glaciale de décembre 1840 que relate magnifiquement Victor Hugo dans *Choses vues*.

Avec un zeste d'humour, Jacques-Olivier Boudon, professeur d'histoire contemporaine à la Sorbonne, a dressé dans son opuscule, *Les Habits neufs de Napoléon*, la longue liste des produits de consommation qui utilisent aujourd'hui l'image de

Napoléon. Il recense d'abord ceux qui portent son nom : on y trouve des alcools et spiritueux, des foies gras, des camemberts, du roquefort. La vélocité de ses armées sert à vanter les qualités d'automobiles comme la Clio de Renault ou la C4 de Citroën. Les qualités d'une moto Suzuki sont mises en valeur par le tableau mondialement connu de David, *Bonaparte franchissant le col du Grand-Saint-Bernard*. L'agence d'intérim Ecco, les chemises Pierre Clarence détournent à leur profit d'autres peintures connues. Il sert à placer des produits financiers et des assurances, un compte d'épargne de la Poste, une marque de GPS, des ordinateurs, de la lessive, une marque de dessous masculins, des préservatifs, des réfrigérateurs. La défaite de Waterloo est exploitée par la ligne Eurostar. La boisson énergisante Red Bull « donne des ailes », celles du vol de l'aigle rentrant de l'île d'Elbe. La liste est longue des marques qui utilisent le personnage reconnaissable à son bicorne, à sa redingote et à sa main dans le gilet. Son image est un puissant support de communication dans le monde moderne. J'ai pu commander à Las Vegas une bière à son nom dans un *lounge* qui lui est entièrement dédié. Il y passe dix fois plus de visiteurs qu'au tombeau des Invalides !

Jean Tulard, incontournable historien de Napoléon, et son élève, David Chanterane, recensent les 700 œuvres cinématographiques et émissions de télévision qui utilisent la figure mythique de l'Empereur. Depuis l'inoubliable *Napoléon* d'Abel Gance, le *Waterloo* de Sergueï Bondartchouk, le *Madame Sans-Gêne* de Richebé, *L'Adieu Bonaparte* de Youssef Chahine, le *Monsieur N* d'Antoine de Caunes, à la série *Napoléon* diffusée en 2002 sur France 2. Les plus grands acteurs se sont essayés au rôle : Albert Dieudonné, Charles Vanel, Jean-Louis Barrault, Daniel Gélin, Pierre Mondy, Rod Steiger, Patrice Chéreau, Philippe Torreton avant Christian Clavier dans la série de France 2. Ces œuvres ont un impact sur le grand public que les écrits des historiens ne peuvent pas égaler. Pourtant, l'histoire napoléonienne a été particulièrement gâtée. Le professeur Jean Tulard a compté qu'il était paru autant de livres sur Napoléon que de jours qui nous séparent de sa mort, soit plus de 70 000. Il en est publié un par jour dans le monde et c'est probablement, après le Christ, le personnage historique sur lequel on continue à écrire le plus.

Jusqu'à présent, l'université jouait un rôle essentiel dans la diffusion du savoir historique. Le meilleur de l'histoire napoléonienne était délivré à la Sorbonne par les titulaires de la chaire d'histoire moderne incluant la Révolution et l'Empire. Les cours des professeurs Jean Tulard, Marcel Dunan, son prédécesseur, et Jacques-Olivier Boudon, son successeur, ont formé des cohortes d'étudiants qui relaient leurs savoirs par leurs propres travaux de recherche avant de les diffuser dans le système scolaire. Les motifs d'apprendre l'Histoire ont profondément changé. Avant, on le faisait par l'enseignement. Aujourd'hui, on consomme de l'Histoire par plaisir. L'Histoire est pourvoyeuse d'images dont raffolent les médias : le son et l'image sont devenus les supports principaux de l'accès à la culture historique. Impossible de suivre une série télévisée sans référence à l'Histoire. Les applications dédiées sont devenues courantes pour la visite des musées et des lieux historiques ; elles sont nourries d'images de synthèse qui reconstituent et mettent en vie les lieux historiques. La plupart des jeux électroniques sont contextualisés dans un moment d'Histoire. Le tourisme historique se développe sur tous les continents. Les grands musées publics et privés sont devenus en Europe, en Asie et en Amérique du Nord des motifs essentiels de tourisme de masse. En Europe, plus de trois millions de touristes visitent chaque année les musées spécifiquement consacrés à Napoléon. Ces changements de support et de motivation posent des problèmes redoutables à l'historien peu formé par son cursus universitaire à être mis au contact direct du grand public. Beaucoup réagissent en stigmatisant une nation qui oublierait son histoire, alors que nous sommes face à un changement de pratiques culturelles.

Des grandes reconstitutions de batailles ont échelonné les bicentenaires de la carrière militaire de Napoléon entre 1996 et

2015. Elles ont rassemblé plusieurs millions de spectateurs entre Austerlitz, Iéna, Borodino, Leipzig ou Waterloo. J'ai été invité à la plupart, du Portugal à la Russie. Ces rassemblements, qui se reproduisent chaque année dans certaines villes, sont d'abord des spectacles populaires amenant de paisibles familles. Je dois avouer que je suis personnellement peu amateur de ces manifestations : j'y vois sang, souffrance, fureur et bruit. Elles ne permettent pas même de bien comprendre la bataille tant les groupes sont entremêlés et la canonnade assourdissante. À Iéna comme à Leipzig, j'ai plus volontiers participé à des moments de recueillement et de prière à la mémoire des victimes et pour la paix, tandis qu'à Moscou, Berlin, Pultusk, les universités organisaient des colloques d'explication et d'interprétation de ces batailles. Lorsque la parole introductive m'était donnée, je cherchais une interprétation plus large du sens de ces conflits en les replaçant dans le processus de la lente évolution de l'Europe vers la paix.

En 2004, j'ai rassemblé les villes européennes traversées par l'histoire napoléonienne dans une Fédération européenne des cités napoléoniennes. J'étais alors élu à Ajaccio et nous nous sommes retrouvés avec des villes italiennes et françaises pour tenter une expérience originale : mettre ensemble en valeur nos patrimoines napoléoniens. Au-delà de nos opinions diverses sur l'homme et sur ses actions, nous, élus de ces villes, avions conscience de l'importance du patrimoine matériel et moral qu'il nous avait légué, mais constations la désuétude dans la manière dont il était mis en valeur. Nous savions combien son œuvre avait marqué nos cités, pas seulement leur passé, leur forme urbaine, leur fortune, bonne ou mauvaise, mais aussi leur présent. Aussi voulions-nous mettre en valeur ce patrimoine afin qu'il continue à créer du sens et de la richesse pour nos contemporains. Une véritable culture populaire, c'est permettre à chacun de s'approprier ce patrimoine, c'est le sortir des musées, qui sont souvent fréquentés par les élites, pour le mettre à la portée de tous. C'est par une bonne connaissance et une juste appréciation des apports de l'Histoire que nos concitoyens peuvent mieux aborder les défis des temps modernes. La Fédération a été créée pour croiser des regards différents sur cette page commune. Ces différences nous enrichissent. Pour nos villes, Napoléon aura été tantôt un bâtisseur, tantôt un législateur, un administrateur, un conquérant, ou un ennemi défait. Parfois, tout cela successivement. Il en résulte des appréciations très contrastées qui illustrent la richesse et la complexité de l'œuvre et façonnent un objet de culture contemporaine passionnant. Napoléon est non seulement le personnage historique le plus connu dans le monde, mais aussi le plus discuté.

Le progrès des sociétés n'est pas linéaire, nous ne disons pas que tout ce qu'a fait Napoléon est conforme à nos valeurs mais nous affirmons qu'il a ouvert des pages nouvelles de l'Histoire, mettant fin à l'Ancien Régime et à ses privilèges pour inaugurer l'ère de la liberté et de l'égalité. C'est ainsi que nous le comprenons aujourd'hui : né sous l'Ancien Régime, grandi sous la Révolution, cet homme aura su jeter les bases – ces fameuses masses de granite – des temps nouveaux, de la République. Même si les formes et les modes d'action de son gouvernement tiennent encore aux temps anciens, même s'il recourt systématiquement à la guerre pour résoudre les conflits, ses réformes sont clairement orientées vers les temps modernes.

Il a su moderniser la France et beaucoup de pays d'Europe mieux qu'aucun autre avant lui, diffusant sur les pas de ses armées le code civil, le concordat, le cadastre, l'abolition des privilèges, la fin des principautés, traçant partout de nouvelles frontières au sens propre et figuré. Ce sont quelques arguments que j'ai présentés aux villes pour les inciter à me rejoindre. Nous n'avons pas vocation à suivre les traces des grandes campagnes ou à poser des balises commémoratives sur les champs de bataille. Nous voulons faire du développement local, montrer que l'Histoire produit des richesses, des emplois : amener des touristes, développer des applications dédiées, organiser des expositions sur des thèmes communs, favoriser l'échange entre les jeunes. Nous avons bientôt regroupé une soixantaine de villes dans treize pays européens : Allemagne, Belarus, Belgique, Croatie, Espagne, Fédération de Russie, Grèce, France, Italie, Pologne, Portugal, République tchèque, Royaume-Uni. Parmi les étapes les plus connues de l'épopée : Ajaccio, Autun, Rueil-Malmaison, Alessandria, Austerlitz, Iéna, Borodino, la Bérézina, Waterloo...

J'ai voulu placer cette initiative sous le signe de la construction européenne. D'abord en raison de la place que l'Europe a occupée dans l'œuvre de Napoléon, même si l'idée qu'il avait de l'Europe était bien éloignée de la nôtre. Mais aussi parce que la Révolution, le Consulat et l'Empire ont été des temps de gestation de l'idée européenne, avec le partage contraint d'institutions qui ont marqué les nations d'Europe, comme le code civil ou le concordat. Enfin, parce que la nation européenne en devenir doit être fondée sur une histoire partagée. La base de toute nation est le partage d'un récit historique. La lecture croisée de pages particulièrement importantes et contrastées de notre histoire est une contribution majeure à la culture commune des nations européennes qui fonde la construction politique de l'Europe. Nous avons choisi de créer des routes entre nos villes. Les routes étaient vitales pour la survie de l'Empire, comme elles l'étaient du temps de Rome : elles permettaient de maintenir son unité, elles étaient indispensables pour acheminer les troupes, les ordres, les marchandises. Les grandes voies partaient en étoile de Paris et reliaient la capitale de l'Empire à Amsterdam par Bruxelles, à Hambourg, à Rome par le Simplon, à Milan par le Mont-Cenis, à Bayonne puis l'Espagne. Pour réaliser ce grand projet, le corps des Ponts et Chaussées fut réorganisé en 1804 et placé sous l'autorité d'un conseiller d'État. C'est ce qui nous a décidé à rejoindre en 2015 le programme des itinéraires culturels du Conseil de l'Europe qui regroupe une quarantaine d'itinéraires bâtis autour de pages importantes de l'histoire du continent. À l'image du plus emblématique, le chemin de Saint-Jacques de Compostelle, nous avons créé une *Destination Napoléon.*

8

Des Bonaparte amis des muses

Le mythe de Napoléon est en partie porté par les Beaux-Arts et leur a offert quelques-uns de leurs plus beaux sujets. Les peintures de l'époque napoléonienne répondent souvent à des commandes officielles. Chacun connaît David par la peinture du sacre ou du passage du Grand-Saint-Bernard, Gros par le *Bonaparte au pont d'Arcole* ou la bataille d'Eylau. Avec David et son école, les Gros, Gérard, Ingres, Girodet, c'est le triomphe du néo-classicisme. Appiani, fameux pour ses portraits, sera le peintre préféré de Napoléon. Avec Prudhon, Géricault et Delacroix, le romantisme est déjà là. Vernet peint les chevaux, tandis que Valenciennes s'intéresse aux paysages.

Napoléon lui-même, à la différence des souverains qui l'ont précédé, a beaucoup écrit, prenant modèle sur les hommes du XVIIIe pour qui l'écriture est le moyen principal de se faire comprendre, d'échanger et de convaincre. Dès l'enfance, il échange une correspondance suivie avec sa famille restée en Corse et avec ses frères avant de rédiger ses écrits de jeunesse : *Lettre de Théodore à Walpole*, où il fait part de son attirance pour l'Angleterre, *La Nouvelle Corse*, histoire de Corse destinée à Pascal Paoli, *Lettre à Mattéo Buttafoco*, ouvrage visant à combattre un adversaire de Paoli, *Le Souper de Beaucaire*, de 1793, où il apparaît sous les traits d'un Jacobin intransigeant. Puis il y aura les fameuses lettres à

Joséphine, où il sera un amoureux tour à tour poétique, sensuel, trahi et jaloux. La totalité de sa correspondance de chef d'État tient en 15 tomes et rassemble 40 000 écrits ou dictées. À Sainte-Hélène, il dicte à Las Cases le fameux *Mémorial*, à Gourgaud, des *Mémoires pour servir la France*, et rédige ses propres *Mémoires, Manuscrit venu de Sainte-Hélène.* Son œuvre d'écrivain est donc considérable.

Sous le Consulat et l'Empire, la littérature est présente avec Mme de Staël, Benjamin Constant, Chateaubriand qui sont plutôt des opposants. « J'ai pour moi la petite littérature et contre moi la grande », disait plaisamment Napoléon. Amateur de *bel canto*, il fut mieux servi par les musiciens : Cherubini, Paisiello, Gluck, Méhul, Le Sueur composèrent à sa gloire, tandis que les grands opéras de Mozart, les symphonies de Beethoven, qui dédia la 5e à l'Empereur, avant de se rétracter, Haydn, s'imposaient dans les salles parisiennes. Percier, Fontaine, Brongniart transformèrent la ville de Paris tandis que Biennais, prenant modèle sur l'Antiquité, s'imposait par l'orfèvrerie, Farina par le parfum, Isabey par ses miniatures.

Chez mon grand-père, Victor, puis chez mon père, cette culture a été conservée par l'entretien d'œuvres d'art et de tableaux reçus en héritage. Victor achète des objets ayant appartenu à Napoléon qu'il ajoute à la collection reçue de son père, enrichie des biens hérités de l'impératrice Eugénie, morte en 1920 sans héritier depuis le décès du prince impérial. J'ai moi-même fait connaissance de Napoléon par les musées remplis de trésors qu'ont été les domiciles de mes parents à Paris et en Suisse. C'est au travers de cette culture que mes premières interrogations sont apparues. Je découvrais ces trésors en sentant que vivre dans ces luxueuses bonbonnières ne me suffirait pas. Je me suis très tôt interrogé : pourquoi le destin m'avait-il fait naître dans cet univers ? Jeune, j'ai envisagé d'aller vivre ailleurs, hors de l'univers de Napoléon, de changer de nom. Mais la fuite n'est pas une réponse adaptée aux circonstances d'une naissance.

Ce n'est pas tout à fait par hasard que la naissance vous assigne une place. J'ai choisi d'en faire quelque chose de positif pour les autres et pour moi-même. Ma situation n'était pas des plus confortables, mais ne pas voir qu'il en était de bien pires était insulter la misère du monde. Beaucoup de gens auraient souhaité échanger leur position contre la mienne.

Quel contenu donner à la mémoire de ces temps dans le monde contemporain ? Que peut-elle apporter à nos concitoyens ? Peut-on donner à chacun la possibilité d'accéder à des objets historiques lorsque ceux-ci sont précautionneusement conservés dans des musées ou chez des particuliers ? Peut-on cultiver la mémoire d'une période de l'Histoire par la seule présence d'objets ayant décoré des palais ? Poser ces questions avait pour mes parents un côté iconoclaste. Elles me valurent beaucoup d'incompréhension. Ils s'étaient préparés à transmettre leur héritage en l'état où ils l'avaient trouvé, sans questions dérangeantes. Je n'étais pas disposé à le recevoir sans droit d'inventaire. J'explique plus haut ce que j'ai essayé d'en faire, comment j'en suis venu à créer une fédération de villes européennes d'histoire napoléonienne et un itinéraire culturel européen labélisé par la Conseil de l'Europe pour mettre à la portée de tous ce que j'avais reçu. Avant de poursuivre, je dirai quelques mots du contenu matériel de l'héritage familial.

Mes parents détiennent d'importantes collections d'objets historiques reçues de mon grand-père Victor. Ils se faisaient un point d'honneur de ne pas les disperser. Mais en décembre 1979, j'appris par la presse que le ministre de la Culture du gouvernement Raymond Barre, Jean-Philippe Lecat, avait présenté un accord d'ensemble concernant l'avenir des collections de mon père. Elles étaient considérables, l'impératrice Eugénie ayant hérité des biens de Jérôme Bonaparte, de Louis Bonaparte et même de certains objets de Lucien. Dans ma famille, on cherchait à regrouper les biens les plus importants dans les mains de celui désigné, à tort ou à raison, comme le *chef de famille.* À la mort de sa mère, mon père avait logé cette collection unique dans une Fondation Prince Napoléon, avec sa sœur Marie-Clotilde, dans le but de gérer le patrimoine dont ils avaient hérité de leur père, Victor. Depuis 1949, cette fondation organisait chaque année une exposition sur un thème napoléonien. On trouva successivement Napoléon et Paris (1955), Napoléon à Austerlitz et Iéna (1956), Napoléon, la légende et le roi de Rome (1957), Napoléon de 1806 à 1808 (1958), Napoléon Ier, l'héritage (1960). À partir de 1965, mon père passa un accord avec la direction des Musées nationaux pour que certaines œuvres soient présentées de manière permanente dans les musées de Malmaison et de Compiègne. Une grande partie de la vie de mon père était occupée par la gestion de sa collection d'art, comme elle l'avait été chez mon grand-père Victor. Mais comme ni l'un ni l'autre ne gagnaient leur vie, le capital s'amenuisait et il fallut un jour régler les successions et dégager des liquidités pour vivre.

En 1971, les tractations débutèrent en vue d'un accord global par lequel mon père consentait à la France des dons d'objets historiques prestigieux et cédait une autre partie en règlement de la succession de son père, charge pour l'État d'aménager un musée afin de recevoir l'essentiel de cette collection. Fontainebleau fut choisi. Ainsi Malmaison demeura le musée du Consulat, de Joséphine et de ses enfants, Fontainebleau devint le musée de l'Empereur et de sa famille, Bois-Préau, toujours en travaux, se consacrant à l'évocation de Sainte-Hélène, du retour des cendres et de la légende napoléonienne, Compiègne restant le musée du Second Empire. Une grande partie des lettres échangées entre les membres de la famille, rassemblées par l'impératrice Eugénie, a été remise par mon père aux Archives nationales en 1979. Mon père considérait que ces choses n'intéressaient pas ses enfants. J'appris ces accords par hasard et je dois à un ami, alors chargé de mission au cabinet du ministre de la Culture, d'avoir obtenu le texte de la conférence de presse qui présentait le devenir du patrimoine familial. Je pus admirer au Grand Palais, lors de la rétrospective annuelle des dations à l'État français, les toiles par lesquelles j'avais appris, enfant, à reconnaître les membres de ma famille, comme le fameux *Bonaparte au Grand-Saint-Bernard* ou le *Napoléon dans son cabinet de travail* de David, le *Napoléon Ier en costume de sacre* de Gérard et plusieurs autres toiles de cette importance. Comme tout un chacun, je fis la queue au guichet pour acheter le billet me donnant droit de revoir les collections familiales.

En juin 1986, je fus invité par le ministre de la Culture, Philippe de Villiers, à l'inauguration du musée de Fontainebleau qui reçut les collections de mon père vendues à l'État ou cédées en dation en 1979. Je n'avais appris la dation que par indiscrétion mais il me semblait naturel d'être présent le jour de l'inauguration du lieu destiné à les recevoir. J'approuvais l'idée selon laquelle la famille n'était que dépositaire d'objets majeurs appartenant à la nation, car liés de près à la création d'institutions prestigieuses comme la Légion d'honneur, à la vie de l'Empereur pendant ses campagnes ou dans ses palais. Ma mère affirma que l'accord avec l'État, qui inclut une vente et des dations avec bénéfice de l'usufruit jusqu'à disparition du dernier des époux, avait été conclu parce que ses enfants ne s'intéressaient pas au patrimoine familial. Cette affirmation gratuite cachait une vérité plus prosaïque : ces ventes assuraient un capital important jusqu'à la fin des jours de mes parents.

Mon père n'a jamais jugé utile de préciser sa lecture de l'œuvre de Napoléon et de sa famille. Comme s'il était chargé de conserver un monument de l'Histoire figé pour l'éternité. Histoire glorieuse à laquelle nous devions adhérer sans autre motif que d'être nés dans la famille de l'Empereur. La tradition, qu'il vivait intensément, n'était pas inscrite dans les gènes de ses enfants ; elle passait par une forme de transmission qu'il a totalement omise. D'autres membres de la famille qui, comme Lucien ou mon arrière-grand-père, Plon-Plon, avaient pris leurs distances avec les deux empereurs n'étaient jamais évoqués : mon père se considérait comme le garant d'une stricte orthodoxie historique.

Lucien

J'ai déjà évoqué la carrière de Lucien, ses opinions républicaines qui éveillèrent le courroux de son frère. Je voudrais présenter ici un aspect particulier de son personnage qui illustre de manière éclatante les relations privilégiées que les Bonaparte ont entretenues avec les arts, proximité très répandue dans la famille et à laquelle les historiens n'ont pas prêté assez d'attention. J'aurais pu en effet évoquer la carrière littéraire de Napoléon, la collection de primitifs rassemblée par le cardinal Fesch ou la personnalité attachante de Mathilde, fille de Jérôme, artiste et amie des artistes sous le Second Empire. Mais Lucien est celui qui présente, à mes yeux, la plus grande diversité de talents.

Lucien était d'abord un tribun passionné, un orateur superbe quoique brouillon : il manifesta très jeune des talents oratoires, puis lors de moments clés de la carrière de son frère. Dans ses *Mémoires*, il rappelle avec émotion le premier discours qu'il a prononcé devant la Société des amis de la Constitution affiliée aux jacobins, en mai 1791, lors du passage de Pascal Paoli à Ajaccio, au retour de son premier exil londonien. Il se souvient du jour où il rencontra pour la première fois le héros tant attendu : « Je courus avec une foule de mes compatriotes au-devant de Paoli. Il avait déjà accueilli mes deux aînés comme les fils d'un homme qui lui fut cher [Charles Bonaparte], qui avait possédé toute sa confiance... ses caresses m'enivrèrent. » Il est impatient et note qu'il comptait les instants qui le séparaient du moment où il devrait prendre la parole car c'était lui, à tout juste dix-sept ans, qui était chargé de prononcer le discours d'accueil. Le moment arriva enfin ; les forces et les défauts de son art oratoire étaient déjà patents. Paoli était assis en face de la tribune. « Je domptai un moment de trouble et débitai mes fragments de Needham et de Bodin avec assurance et chaleur ; je me rappelle seulement qu'ils roulaient sur la préférence que les peuples doivent donner au gouvernement républicain. » Déjà pointe la satisfaction de lui-même : « Bien choisis pour le chef de notre ancienne république, et adroitement cousus, ces fragments de deux graves publicistes devaient étonner et faire merveille, dans la bouche surtout d'un orateur de dix-sept ans ; aussi leur effet surpassa mon attente. Paoli en m'embrassant m'appela son petit Tacite. » Il est intarissable : « Les membres de notre club, qui prenaient leur part de mon triomphe, annoncèrent alors que j'avais une autre harangue prête sur la mort du curé de Guagno. » Il en rajoute et frise l'invraisemblance : « Le lendemain, nouvelle réunion, l'histoire peut enfin être racontée : pour cette fois mon succès fut sans mélange. Notre héros fut ému aux cris de haine des Génois qui sortaient de mon sujet et retentissaient dans mon débit passionné. La haine des Génois, cette passion patriotique de toute sa vie, remua les fibres de son âme ; et lorsque dans ma péroraison, le curé martyr prononçait, de sa voix expirante et prophétique, le nom de Paoli vengeur de la liberté, on vit des larmes rouler sur les joues vénérables du père de la patrie. Je jouis délicieusement de ces larmes. Paoli me dit alors qu'il me voulait près de lui et que je ne le quitterais plus. Héroïque vieillard ! Que je fus heureux de te suivre dans ta simple résidence de Rostino ! Je ne pensais pas alors que mon séjour auprès de toi serait si court et que la tempête politique allait nous séparer à jamais ! » Napoléon eut ce juste commentaire : « J'ai lu ta proclamation. Il y a trop de mots et pas assez d'idées. Tu cours après le pathos ! » J'ai évoqué plus haut un autre discours plein de pathos, prononcé devant le club jacobin de Toulon, qui sera utilisé quelques années plus tard, en 1793, par le même Paoli pour chasser les Bonaparte de Corse.

Lorsque Lucien revint auprès de son frère à son retour de l'île d'Elbe, l'Empereur l'accueillit en l'embrassant, le décora du grand cordon de la Légion d'honneur, le nomma prince français et lui attribua le Palais-Royal comme résidence ! Dans un contexte de crise politique aiguë, sa première intervention publique fut pour l'Institut, dont il était membre depuis 1803. Il prononça le 18 mai 1815 une ode de plus d'une centaine de vers à la gloire d'Homère ! Le sujet en lui-même n'avait rien de surprenant, l'histoire grecque a nourri les hommes de la Révolution et de l'Empire. Mais le moment ne s'y prêtait pas vraiment. Il était attaché à son titre de membre de l'Institut, classe de langue et de littérature française, qui flattait ses ambitions littéraires, au point que l'habit d'académicien fut le seul des costumes officiels qu'il conservera à l'étranger. Sentant qu'il ne parviendrait pas à convaincre son frère de changer de mode de gouvernement, c'est par la culture qu'il délivra son message. Ses vers, un peu froids, sont truffés de références à la situation politique de 1815 et le récit est probablement inspiré par le tableau *Homère*, achevé par François Gérard en 1814.

Avec cette même passion pour l'éloquence, il aime à se produire avec sa sœur Élisa dans *Le Cid*, *Mithridate*, *Alzire* et des comédies de Molière, au château du Plessis-Chamant près de Senlis dont il fait l'acquisition en 1799. Le grand comédien Talma vient en personne l'applaudir. C'est auprès de lui que des écrivains et des intellectuels viennent chercher conseil et refuge en ces temps incertains. Chateaubriand sera de ceux-là. Pour déclamer son amour à Madame Récamier, il n'hésite pas à composer une lettre de Roméo à Juliette, puisant une nouvelle foi dans Shakespeare, Goethe et Rousseau. Exilé dans sa propriété de Bologne, après la chute de l'Empire il reprit la représentation théâtrale dans une tragédie médiévale, *Le Neveu de Clovis*.

Lucien est aussi auteur de romans et de poèmes. Il commence, à vingt-quatre ans, par un roman épique. En 1799, il publie *La Tribu indienne, ou Édouard et Stellina*. À cette époque, il ferraille contre Barras après avoir été désigné à la vice-présidence du Conseil des Cinq-Cents mais il prend le temps de déployer emphase et sentiments à la manière de Jean-Jacques Rousseau ou de Bernardin de Saint-Pierre. Ce Bonaparte qui débute sa carrière politique veut prouver qu'il a aussi des talents littéraires. Il puise son inspiration aux mêmes sources que son frère aîné, Napoléon, qui au même âge avait écrit des romans dans l'air du temps : *Le Masque Prophète, Clisson et Eugénie, Le Dialogue sur l'amour.* Chez Lucien, Édouard, un jeune héritier, s'embarque de Londres pour Ceylan ; abandonné sur une île déserte, il tombe amoureux d'une belle Indienne qui le cache dans une grotte et l'aime à son tour. Pour l'époque, les scènes d'amour sont torrides. Stellina est enceinte, Édouard est poursuivi par les hommes de la tribu et les amants doivent fuir à Ceylan. Suit un récit passablement embrouillé d'où il ressort qu'Édouard se lasse de Stellina et la vend contre de l'or – « seul un Anglais peut calculer sa fortune sur les larmes de sa maîtresse » – avant d'être assassiné par un membre de la tribu promis de tout temps à Stellina qui meurt à son tour en donnant naissance à leur enfant. La conclusion est du pur Rousseau : « Heureux les pays sauvages inconnus aux nations policées de l'Europe, et qui ne possèdent rien qui puisse attirer les avides spéculateurs ! »

Son troisième ouvrage, *Charlemagne,* le rapproche de thèmes utilisés par Novalis et Chateaubriand, très en vogue. Il date de 1815, année de la chute de l'Empire. Lucien est reparti à Rome en abandonnant le terrain politique pour laisser place à sa deuxième passion : l'écriture et l'érudition. Son propos est de ressusciter les faits et gestes des chevaliers antiques et de célébrer la poésie et le monde chrétien. Il lui fallut dix ans pour achever sa tâche : « Cet ouvrage, dit-il, a été commencé il y a dix ans, sur les monts Tusculum, près de Rome, où je m'étais retiré en quittant les affaires publiques ; il a été continué à Malte, et fini en Angleterre dans la captivité. » Lucien met en scène un empereur au service de Dieu, l'inverse en quelque sorte de son frère. C'est une vaste fresque, écrite en vers, des aventures de Charlemagne, de ses épouses et de ses chevaliers, au VIIIe siècle, dans leur combat contre les Lombards, redoutables guerriers implantés en Italie du Nord. Même s'il ne l'avoue pas, il trouve sa source d'inspiration dans le *Génie du christianisme* et dans *Les Martyrs* de Chateaubriand, paru en 1809, ainsi que dans le poème que Le Tasse consacrait à la première croisade en 1581 : *La Jérusalem délivrée.* L'Occident chrétien y est présenté sous des couleurs joyeuses, à l'instar de Chateaubriand qui, dans la préface des *Martyrs*, écrit : « J'ai avancé que la religion chrétienne me paraissait plus favorable que le paganisme au développement des caractères, et au jeu des passions dans l'épopée ; j'ai dit encore que le merveilleux de cette religion pouvait peut-être lutter contre le merveilleux emprunté de la mythologie. » De Sainte-Hélène, où il prit connaissance de l'œuvre, Napoléon jugera sévèrement : « Que de travail, que d'esprit, que de temps perdu. Son ouvrage serait-il un poème de réaction ? Il sent du reste tout à fait le sol sur lequel il fut composé ; ce ne sont que des prières, des prêtres, la domination temporelle des papes... Comment a-t-il pu consacrer vingt mille vers à des absurdités qui ne sont plus de ce siècle, à des préjugés qu'il ne peut avoir, à des opinions qui ne sauraient être les siennes ? C'est prostituer son talent », lit-on dans le *Mémorial.*

C'est en homme de culture et en écrivain lettré que Lucien veut désormais être représenté. Le portrait qu'il commanda à Fabre en 1808 le montre dans la campagne romaine, près de Tusculum, tenant dans sa main droite un ouvrage relié ouvert. Napoléon ne s'y trompe pas, Lucien s'est rapproché de la réaction. Car l'ouvrage est celui du poète maudit, victime de son génie et de l'incompréhension de ses contemporains, Le Tasse, ce poète épique de la Renaissance italienne à la mode en ce début de période romantique qui intéressera Stendhal et Chateaubriand, après Jean-Jacques Rousseau et Goethe. Son thème est l'éloge des chevaliers du Moyen Âge défenseurs de l'Église. Comme à la fin du XVIe siècle lorsque ces chevaliers antiques avaient défendu le christianisme menacé par la Réforme, il fallait pour ces auteurs en réaction avec le siècle des Lumières de nouveaux défenseurs de la religion pour chasser la raison, synonyme d'impiété et de corruption. Cette conversion surprend évidemment chez l'ancien jacobin désormais passé dans le camp de l'Église.

En 1819, exilé en Italie, il publie une seconde épopée : *La Cirnéide, ou la Corse délivrée des Sarrasins.* Au long des douze chants du poème, Lucien traite de la guerre qui opposa au VIIIe siècle les insulaires soutenus par les Romains et les Francs, aux Sarrasins. L'île de son enfance est présentée sous ses plus beaux atours : « Nulle terre, dit le frère d'Ajax, ne me parut si belle / de cette île nouvelle / il nous faut, compagnons, visiter tous les bords. » Le poème se poursuit par la description des bois, des montagnes et des cours d'eau, la douceur du climat et le génie des habitants qui ont su embellir leur île. Il évoque par le détail les lieux qu'il a connus dans sa jeunesse, Pascal Paoli, l'attachement profond à la famille, parsemé de références aux poèmes d'Homère et de Virgile. Dans le dixième chant, il évoque ainsi la gloire de son frère :

Il restera toujours plus grand que ses revers
Des triomphes mondains un jour détruit la trace :
Le ciel garde à ta race
Après tant de grandeur les maux les plus pesants
Sur ce roc escarpé, vois, dans la mer profonde
Celui qui releva tant de rois suppliants
Il est seul, dans les fers, aux limites du monde

Enfin, Lucien fait œuvre de mémorialiste. En 1832, il publie *La Vérité sur les Cent-Jours* où il prend position sur un point controversé de l'histoire napoléonienne en affirmant que Fouché n'avait pas trahi Napoléon pendant les Cent-Jours.

Dans son introduction, il livre un jugement d'ensemble sur l'œuvre de Napoléon qui ressemble à celui que livrera quelques décennies plus tard mon aïeul, le prince Napoléon. Analyse que je partage largement : « J'espère qu'elles [mes observations] ne seront pas inutiles aux historiens de cette époque, et qu'elles jetteront quelques nouveaux rayons de lumière sur le caractère, encore en partie mal apprécié, de ce grand chef de la République française, qui, en montant sur le trône impérial, ne cessera pas un moment d'être tout entier à la patrie. Non, jamais le pouvoir ne fut confié à un plus grand citoyen. Jamais cœur plus haut et plus patriotique ne battit dans une poitrine française. J'eus souvent une opinion contraire à celle de Napoléon, et j'eus toujours le courage de mon opinion ; mais le temps, qui met tout à sa place, me démontre tous les jours davantage, que, pour bien juger un colosse, il faut le voir à distance ; et que les hautes questions politiques, examinées dans l'effervescence de la jeunesse, ou dans le calme de l'âge mûr, peuvent changer d'aspect. » Lui-même, l'âge venant, est devenu libéral avec des idées conservatrices défendant la *prairie* en vogue sous la Restauration.

Consul de France à Civitavecchia, Stendhal évoque dans ses *Promenades* les fréquentes visites qu'il rendit à Canino à partir de 1830. Deux œuvres majeures, *Le Rouge et le Noir* en 1831 et *La Chartreuse de Parme* en 1839, sont inspirées par les lieux et par les rencontres qu'il y fit. Pierre-Napoléon, le tumultueux fils de Lucien, futur *carbonaro*, qu'il a rencontré à Canino, lui inspira la figure de Fabrice del Dongo, jeune aristocrate sensible et rebelle, admirateur de Napoléon, qui va combattre avec ceux qui partagent ses idéaux.

Au travers des collections de Lucien, on peut suivre l'ascension du provincial corse brusquement mis au contact d'une société parisienne brillante, raffinée et mondaine. C'est la société du Directoire à laquelle il accède par la réussite de son frère, où les rescapés de la Révolution cherchent à oublier les violences présentes dans l'esprit de tous et à rattraper le temps perdu. À vingt-quatre ans, le jeune homme maladroit devient rapidement maître des codes de cette société qui a pour nerfs principaux le pouvoir et l'argent. Son enrichissement commence au commissariat aux armées du Nord avant Brumaire, se poursuit au Conseil des Cinq-Cents où il faillit être en proie à la justice pour une affaire de piraterie, puis au ministère de l'Intérieur, chargé des approvisionnements, et prend une nouvelle dimension à Madrid, en 1801, puis au Sénat. À cette époque, il n'y avait pas encore de commission pour la transparence de la vie politique ! Après Brumaire, il loue une demeure à Paris, dans l'actuelle rue du Faubourg-Saint-Honoré, et achète une belle maison de campagne au Plessis-Chamant, près de Senlis. Puis il acquiert deux toiles de Bonnemaison, une valeur montante mais sûre, présentée au Salon de 1798. Suit *Marie Madeleine dans le désert* de Greuze et *Bélisaire demandant l'aumône* de David. Son domicile parisien est meublé par les grandes signatures de l'époque : Jacob et Biennais. Ministre de l'Intérieur, peu au fait du commerce de l'art, il a l'intelligence de s'entourer de conseillers qui l'accompagneront en Espagne. À Madrid, son appétit prend de l'ampleur : il charge ses collaborateurs d'écumer les marchands de toiles, s'empare dans des conditions obscures de nouvelles œuvres à Malaga qui seront rapatriées en France par un corsaire. Il trafique avec Godoy, favori du roi, coquin notoire, qui avait accumulé une des premières fortunes d'Espagne. Il fait ainsi entrer dans ses collections des tableaux vénitiens de Lorenzo Lotto, des œuvres de Murillo, Ribera et Jordens. En récompense de sa médiation dans le conflit qui l'opposait à l'Espagne, il reçoit des bijoux de la cour du Portugal. Quelques mois après, en cadeau d'adieu, le roi Charles IV d'Espagne lui offre vingt magnifiques tableaux, des Vélasquez, Murillo, Ribera, accompagnés de sachets de diamants avec lesquels il achète l'hôtel de Brienne et ses décors, son mobilier, quarante-deux tableaux en partie enchâssés dans les boiseries du salon. Les visiteurs remarquent la présence de deux Murillo, d'un Titien et de quatre peintures attribuées à Raphaël. Il fait alors procéder à des achats aux Pays-Bas qui justifieront la construction d'une aile supplémentaire à l'hôtel de Brienne consacrée aux peintres néerlandais. Le catalogue de sa collection, rédigé en 1804 par Canova, comporte un quart de peintres de l'école du Nord.

Puis, après avoir vendu à Amsterdam les diamants espagnols et les bijoux portugais, liquidé l'hôtel de Brienne, il acquiert à Rome le magnifique palais Lancellotti qu'il décore d'une collection de tableaux de quatre-vingt-quatorze pièces. En 1806, le dramaturge allemand Kotzebue, qui fréquente son salon à Rome, écrit : « Lucien ne veut pas porter sa collection au-delà de trois cents tableaux, mais il ne veut que des chefs-d'œuvre ; ainsi, elle deviendra unique, non seulement à Rome, mais peut-être en Europe. » Les visiteurs du palais Lancellotti peuvent admirer des toiles de premier plan comme *La Dame à l'éventail* de Vélasquez, *Le Triomphe de Silène* de Rubens, *L'Annonciation* de Le Sueur, *La Mort des enfants de Bethel* de La Hyre, *Le Portrait de famille* de Lorenzo Lotto, *Le Massacre des Innocents* de Poussin et une célèbre statue de Minerve, actuellement au Vatican. En Italie, des primitifs florentins viennent augmenter sa collection : Fra Angelico, Hans Memling, Filippino Lippi, Lorenzo di Credi, Domenico Ghirlandaio. Pour les mettre en valeur, il achète le palais Nuñez-Torlonia, via Condotti, avec le souci d'ouvrir ses portes aux visiteurs et de diffuser son contenu par des gravures de reproduction et des catalogues.

Il s'intéresse également à la sculpture qu'il considère comme un moyen de décoration de la maison et des jardins. Dans le catalogue de 1808, on trouve *Ganymède*, un relief attribué à Michel-Ange, un buste de son épouse Alexandrine et le buste de Pie VII réalisés par le grand sculpteur de l'époque, Canova. Ces acquisitions marquent l'apogée de sa collection car, privé de ses revenus de sénateur quand il quitte Paris, il commence à vendre sur le marché londonien où il vécut quatre ans en semi-liberté. De retour en Italie après 1815, il fait exécuter par Ingres un célèbre portrait de famille. En 1815, l'ambassadeur de Louis XVIII à Rome écrit à son ministre que Lucien cherchait à vendre ses collections pour la somme considérable de 175 000 piastres. Il vend, pour éteindre la dette qu'il a contractée auprès de son banquier Torlonia, non seulement quatre fermes en Italie, mais une partie de sa collection d'art qui comporte des chefs-d'œuvre. Au Vatican, il cède une statue d'Athéna achetée en 1804 à Marie-Louise de Bourbon, reine d'Étrurie, un Poussin (*Le Massacre des Innocents*), un Carrache (*Le Christ et la Cananéenne*) et un Raphaël (*La Vierge aux candélabres*). À partir de là, ventes publiques et privées se succèdent qui témoignent de ses nouveaux centres d'intérêt pour les antiquités étrusques et l'astronomie. En 1840, quelques jours avant sa mort, se tient à Paris une dernière vente : tableaux, statues en marbre, pendules, candélabres, portraits peints sur émail, vases étrusques, antiquités de Canino. Dans le catalogue, on trouve des instruments d'astronomie, témoignage d'une nouvelle passion : en 1822, dans sa villa aux portes de Bologne, il monte une lunette d'astronomie et entreprend de composer un grand atlas stellaire qui ne sera jamais achevé.

En 1804, pour fournir une explication plausible au départ de son jeune frère, Napoléon le recommandait au pape en précisant qu'il voulait désormais se consacrer à l'étude de l'Antiquité et de l'archéologie. Il ne croyait pas si bien dire car Lucien se prit de passion pour l'archéologie. À peine arrivé, il acquit le palais Lancellotti à Rome et, à proximité, une villa dans les Colli Albani. Il acheta cette villa, persuadé qu'elle s'érigeait à l'emplacement de la villa de Cicéron à Tusculum. Mais la villa du grand maître de l'art oratoire ne se trouvait pas là, comme devaient l'établir des recherches postérieures. Il entreprit des fouilles qui permirent néanmoins de dégager des statues de marbre romaines dont il décora son palais romain.

Rêve de physiocrate, Lucien acheta bientôt une propriété de deux mille hectares ayant appartenu aux Farnèse à Canino, dans un coin reculé des États pontificaux, au nord de Rome, près de Civitavecchia. Il voulait moderniser l'agriculture et donner un essor nouveau à cette région pauvre. Il entreprit une première campagne de fouilles qui aboutit à la mise à jour d'un complexe thermal qu'il répara et mit en service. Après un séjour forcé en Angleterre lorsque les Français envahirent les États du pape, il revint à Canino quand il fut élevé au rang de prince romain par le pape. C'est le hasard d'une découverte qui ouvrit à Lucien de nouvelles perspectives. D'après Stendhal, alors consul de France à Civitavecchia, un fermier de son domaine de Canino, labourant son champ avec un attelage de bœufs, s'enfonça dans le sol et découvrit un tombeau rempli de vases étrusques. Lucien étant occupé à Bologne par son catalogue des planètes, c'est son épouse Alexandrine qui ordonna les premières fouilles. À son retour, il eut la surprise de découvrir que les travaux avaient déjà commencé. Ces fouilles devinrent l'objet d'une nouvelle passion. Elles s'inscrivaient dans la volonté de Rome de réhabiliter son image de pays ruiné par les guerres napoléoniennes. Les époux Bonaparte, puis Alexandrine seule, menèrent les fouilles de la nécropole de 1828 à 1852. Des centaines de tombeaux furent ouverts qui mirent en valeur l'ancienne prospérité de la ville étrusque, basée sur l'artisanat du métal et sur un commerce très actif avec les pays lointains.

Un programme systématique de fouilles est mis en place par Lucien, un des premiers du genre. On constate des similitudes d'intérêt entre les deux frères quand on se souvient de l'aréopage de scientifiques que Bonaparte avait amené pour étudier l'Antiquité lors de la campagne d'Égypte. Les fouilles en Italie ont lieu en hiver, en raison des conditions climatiques mais aussi pour laisser place aux travaux des champs le reste de l'année. Une centaine d'ouvriers agricoles travaillent sur le chantier selon un plan précis qui recense chaque parcelle. L'approche est très moderne. Lucien supervise personnellement les travaux. Les parcelles sont explorées systématiquement, les tombes ouvertes les unes après les autres. Certaines sont vides, jamais occupées ou pillées. D'autres, intactes, sont vidées avec soin, et les pièces comblées de terre. Les objets découverts sont répertoriés sur place avec indication de la tombe d'origine, ils sont nettoyés et, si besoin, restaurés selon des techniques approuvées par les archéologues modernes. En particulier, quand des ajouts sont nécessaires, ils doivent rester identifiables. Puis ils sont exposés dans une ferme médiévale, l'un des premiers musées archéologiques connus. Parmi les premiers visiteurs, Stendhal, consul à Civitavecchia. Lucien présente enfin un catalogue. Cette brochure fournit des informations sur l'organisation du musée et classe les pièces selon leur genre sans négliger d'exploser le contexte des découvertes.

En 1830, il publie *Museum étrusque,* catalogue de 253 vases peints qui avaient une grande valeur sur le marché. Il est illustré de lithographies de Valadier, chargé par Lucien de mettre en avant ces objets par l'image, accompagnées d'indications sur le secteur de fouilles, d'un plan du terrain, d'une reproduction des épitaphes. Lucien estime les œuvres en se basant sur leur origine, leur datation et leur importance historique. Ce faisant, il n'hésite pas à prendre parti dans les querelles entre érudits bien qu'il ne soit pas archéologue.

Certains de ces objets figurèrent dans l'exposition que le musée Fesch d'Ajaccio consacra à Lucien en 2010. On pouvait y admirer une coupe à figure noire en provenance du département des antiquités grecques, étrusques et romaines du Louvre, découverte en 1828 et faisant partie, en raison de sa beauté, des vases immédiatement publiés par Lucien. Elle était l'œuvre d'un potier parfaitement documenté, Nicostène, vivant à Athènes au VIe siècle avant notre ère et qui travaillait exclusivement pour le marché étrusque. Un autre vase remarquable, également en provenance du Louvre, dit *Kalpis attique à figures rouges,* représentait un épisode de la mythologie grecque : l'enlèvement de la déesse Thétis par Pelée, roi de Thessalie. Il avait été publié pour la première fois dans le Musée étrusque avec une description très précise des peintures et des gravures du pied indiquant les marques des commerçants et le prix du vase. Ces deux vases furent peints à Athènes par un même artiste fameux du début du Ve siècle avant notre ère.

Lucien, toujours à court, considère ces fouilles comme le moyen de se refaire. Il mentionne dans un courrier à son frère Louis la raison de ces travaux : « Malheureusement toutes ces découvertes ne font que coûter de l'argent, sans en rendre encore, ce qui m'oblige à ne fouiller qu'avec peu d'hommes. » Collectionneur averti, Lucien est aussi, on l'a vu, marchand d'art. Stendhal, qui le rapporte à Adolphe Thiers, président du Conseil à la mort de Lucien, évalue à 1 200 000 francs le produit tiré de la vente de ses antiquités étrusques. Le roi de Bavière est le principal acheteur de ses découvertes. Stendhal, qui fréquente le domaine, mentionne dans ses chroniques le passage du roi : après avoir acheté des vases de Canino pour plusieurs centaines de milliers de francs, il vient en personne visiter les six tombes ouvertes et ordonne à un peintre venu de Rome de faire le relevé des peintures intérieures dont les couleurs brillantes s'altèrent rapidement au contact de l'air. « Un tombeau étrusque, écrit Stendhal, est une petite chambre de douze à quinze pieds de long, sur huit ou dix de large, haute de huit pieds et revêtue ordinairement de peintures à fresque, fort bien conservées et fort brillantes au moment où on ouvre les tombeaux. » C'est Alexandrine qui mène les négociations. Un nouvel ensemble d'objets vendus « consiste en cent grands vases ; en cinquante coupes grandes et moyennes ; en cent bronzes trépieds, candélabres, etc. Parmi les bronzes il y a deux casques ornés de leur diadème en feuilles d'oliviers et de lierre en or, quarante de ces vases sont écrits ; dix ou douze portent les noms d'auteur et un certain nombre portent les marques de la restauration antique. J'ai reçu des offres assez avantageuses pour une partie de ces objets », dit-elle. En 1839, à la veille de la mort de Lucien, Alexandrine, comme une professionnelle avertie, négocie un dernier lot avec le roi de Bavière.

Pour diversifier ses acheteurs, Lucien s'adresse à son frère Joseph installé à Philadelphie et lui propose un lot d'antiquités destiné à alimenter les collections d'un Muséum national américain à créer. Mais la réponse de Joseph douche ses espoirs : « On y est occupé ici que d'objets matériels ou travailler pour vivre, les beaux-arts sont à naître… Je voulais échanger mes tableaux contre les terres de l'État. La tentative fut jugée superflue auprès du Congrès, composé en majorité de députés des États de l'intérieur adonnés à l'agriculture. »

9

Un Fouché américain

Les Bonaparte aiment l'Amérique parce que c'est la patrie des hommes de la liberté. Si cette tentation pour l'Amérique n'avait touché qu'un seul membre de la famille, c'eût été un comportement original, mais lorsque beaucoup ont éprouvé le même attrait, on peut parler d'un trait caractéristique de l'esprit des Bonaparte

Les révolutionnaires de 1789 et avant eux les grands auteurs, Voltaire, Bernardin de Saint-Pierre, Jean-Jacques Rousseau, avaient tourné leur regard vers ce pays nouveau qui vivait sous un régime où la liberté et l'égalité figuraient noir sur blanc dans la Constitution et qui prétendait gouverner les hommes avec les principes des Lumières. Le pays n'avait alors que vingt ans : la déclaration d'indépendance date de 1776. La Constitution américaine de 1787 est quasi contemporaine des premiers pas de la Révolution en France. Les Corses prétendent que leur propre constitution, celle de 1755 qui avait été louée par Jean-Jacques Rousseau, avait inspiré la constitution américaine. Il est vraisemblable que les constituants américains en aient eu connaissance parmi les constitutions qu'ils avaient examinées avant d'arrêter leur propre projet. En 1787 Napoléon, qui n'a que dix-huit ans, décrit dans ses écrits de jeunesse la passion naïve qu'il nourrit pour le Nouveau Monde.

Washington avait vaincu la puissance coloniale avec l'aide d'un grand Français, Lafayette, « le héros des deux mondes », qui avait combattu à ses côtés pour la liberté et qui fut parmi les premiers à mettre en cause la monarchie absolue en France. Pourtant, il était parti soutenir les Treize colonies avec l'accord implicite de Louis XVI et c'est à Paris, en 1783, que le traité de paix reconnaissant l'indépendance des États-Unis avait été signé. Bien que la monarchie française soutînt les États-Unis contre l'Angleterre, le roi fut incapable d'en tirer le moindre bénéfice politique. Par un étrange retour de l'Histoire, c'est ce même Lafayette qui mettra un point final à la carrière de Napoléon en 1815.

Washington gouvernait le pays sous une constitution républicaine, la première dans un pays de cette taille. La jeune nation bénéficiait d'un immense capital de sympathie auprès des hommes des Lumières. Les frères Bonaparte avaient, avec leur père, partagé cette admiration et il n'est pas étonnant que, contraints à l'exil, ils soient partis dans deux directions : l'Italie, terre de leur culture d'origine, et les États-Unis, patrie de leurs sympathies politiques. Cet attrait est caractéristique des Bonaparte : aurait-on imaginé un roi de France se réfugier chez Washington ?

Jefferson, qui avait été ambassadeur à Paris de 1784 à 1789, s'était enthousiasmé pour l'élan de liberté qui naissait sous ses yeux. Homme fin et cultivé, il prônait l'instauration d'une véritable république dans son pays et entretenait une correspondance suivie avec Volney et Cabanis. Lorsqu'il accéda à la magistrature suprême en 1801, son pays venait de signer un traité d'amitié avec la France, à Mortefontaine, dans la propriété du propre frère de Napoléon, Joseph. Ce traité mettait fin à une période de tension après la capture de bateaux américains par des corsaires français. En décembre 1799, à l'annonce de la mort de Washington, le Consulat, en place depuis peu, avait ordonné un deuil national de six jours. Le général Premier consul proclama dans son ordre du jour à l'armée : « Washington est mort !

Ce grand homme s'est battu contre la tyrannie ; il a consolidé la liberté de sa patrie. Sa mémoire sera toujours chère au peuple français, comme à tous les hommes libres des deux mondes, et spécialement aux soldats français, qui, comme lui et les soldats américains, se battent pour l'égalité et la liberté ! »

Au lendemain de Waterloo, les Bonaparte doivent choisir le lieu de leur exil. Le 25 juin 1815, Lucien tient pour acquis que Napoléon va partir pour les États-Unis, et écrit à sa sœur Pauline : « Tu auras su le nouveau malheur de l'Empereur, qui vient d'abdiquer en faveur de son fils. Il va partir pour les États-Unis d'Amérique où nous irons le rejoindre tous. Je tâcherai de rejoindre ma famille à Rome afin de la conduire en Amérique. Si ta santé le permet, nous nous y reverrons. » Il tire sa certitude du conseil tenu le jour même à l'Élysée avec Napoléon, Joseph et Jérôme où les quatre frères conviennent de se retrouver aux États-Unis. Le fidèle Carnot conseille également le départ en Amérique : pressé de voir Napoléon quitter le territoire, Fouché qui avait pris la tête du gouvernement provisoire a tout arrangé. À Rochefort, deux frégates – la *Saale* et la *Méduse* – sont prêtes à appareiller pour l'Amérique. Le général Becker, commandant la garde nationale, est désigné pour accompagner et surveiller l'Empereur. Avant de quitter Paris, Napoléon veut passer un dernier moment dans les lieux qui évoquent les jours heureux de la Malmaison. Le 29, en fin d'après-midi, il se recueille, seul, dans la chambre de Joséphine. Mais il ne peut rester davantage car les Prussiens approchent. À 5 heures de l'après-midi, il s'arrache enfin à ses souvenirs, prend pour la dernière fois congé de Madame Mère et se jette dans la calèche jaune, sans armoiries, que le fidèle mamelouk Ali a préparée discrètement. Il voyage incognito ; dans la voiture ont pris place le général Becker, le maréchal Bertrand et Savary : il est leur secrétaire. Mais pour quelle destination finale ? Il ne le sait pas lui-même. Il hésite encore entre l'Angleterre et l'Amérique. Le 3 juillet, il est à la préfecture maritime à Rochefort, toujours incertain : il ne veut pas faire couler davantage de sang. Le 9 juillet, il monte à bord de l'une des frégates préparées par Fouché, la *Saale*. Du 5 au 8 juillet Joseph, qui a trouvé un brick pour les États-Unis, presse son frère de le rejoindre. « Voyons les augures », dit Napoléon. Un armateur lui propose de le cacher dans une cargaison d'eau-de-vie à destination de l'Amérique ! Il décide finalement d'embarquer le 15 juillet 1815 sur le *Bellerophon*, que les Anglais ont envoyé pour le capturer, « dans la vue, dit Las Cases, d'y trouver des facilités de continuer la route vers les États-Unis ». Plutôt que de fuir avec Joseph, il décide finalement de se placer librement sous la protection des lois anglaises car, dira Gourgaud, « s'il ne faisait pas le sacrifice en entier, on lui reprochera d'avoir abdiqué par peur ». Mais le 30 juillet, arrivé à Plymouth, il peut constater qu'il n'est pas l'hôte des Anglais, mais leur prisonnier et que le Conseil des ministres anglais a déjà choisi le lieu de sa détention : Sainte-Hélène, île perdue au large de l'Afrique du Sud. Le captif de Longwood resta partagé entre les regrets ne n'être pas parti avec son frère pour une paisible vie de retraité en Amérique, et la satisfaction morale de n'avoir pas fui.

En mai 1816, il évoque avec ses compagnons d'exil le sort de son frère Joseph installé dans l'État de New York : « L'Amérique, confiait-il à Las Cases, était notre véritable asile sous tous les rapports. C'est un immense continent, d'une liberté toute particulière. Si vous avez de la mélancolie, vous pouvez monter en voiture, courir mille lieux et jouir constamment du plaisir d'un simple voyageur : vous y êtes l'égal de tout le monde, vous vous perdez à votre goût dans la foule, avec votre langage, votre religion. » Plusieurs projets de fuite sont échafaudés par des aventuriers plus ou moins bien intentionnés. Le maire de La Nouvelle-Orléans, Nicolas Girod, avait même préparé une maison pour le recevoir. Cette maison existe encore, elle a été transformée en bar gay. Aucun de ces plans n'aboutit, en raison de la surveillance des Anglais et parce que Napoléon ne voulait pas laisser l'image d'un fuyard. En juin 1816, le mémorialiste rapporte : « S'abandonnant à son imagination, il disait qu'il n'y avait plus pour lui de séjour que l'Angleterre et l'Amérique. Celui de son inclinaison serait l'Amérique, parce qu'il serait vraiment libre et qu'il n'aspirait plus qu'à l'indépendance et au repos ; et il faisait alors son roman. Il se voyait près de son frère Joseph, entouré d'une petite France. » En 1818, il avoue à Las Cases : « Mon tort est d'être venu chez les Anglais et d'être à Sainte-Hélène car, si j'étais en Amérique, tout serait bien. Ici, tout est très mal. C'est une grande faute. » En 1821, quelques jours avant sa mort, le général Bertrand témoigne dans les *Cahiers de Sainte-Hélène* qu'il organise mentalement sa vie avec Joseph : « En arrivant à New York, j'enverrais un courrier à mon frère. On ferait venir le consul anglais à bord, on le prierait de ne rien dire. Peu d'heures après, Joseph arriverait et nous pourrions alors débarquer. On prendrait le personnel de Joseph. Il paraît que sa maison est située sur une rivière, à Trenton, à dix lieues de Philadelphie et vingt de New York. J'aurais bientôt autour de moi beaucoup de familles françaises… »

Finalement, en 1815, l'aîné des Bonaparte, ex-roi de Naples et d'Espagne, embarque pour le Nouveau Monde avec quatre comparses mais sans son frère, Napoléon lui ayant fait savoir au dernier moment qu'il ne pouvait l'accompagner car « ce serait une fuite ». Le 24 juillet 1815, à Royan, un brick de deux cents tonneaux, le *Commerce,* met le cap sur l'Amérique. Vingt-six jours plus tard, New York est en vue. Il vécut une trentaine d'années près de Philadelphie, jusqu'à peu de temps avant sa mort, en juillet 1844, à Florence, où il avait rejoint la tribu Bonaparte.

Jérôme

Vingt ans auparavant, c'est un tout autre motif qui avait conduit Jérôme, le cadet des frères Bonaparte, mon ancêtre en ligne directe, à passer deux ans aux États-Unis, encore jeune homme : une escapade vers la liberté, le temps de vivre une histoire d'amour avec une belle jeune femme de Baltimore de qui naîtra une souche américaine de la famille Bonaparte. Après le coup d'État de Brumaire, le Premier consul fait venir auprès de lui Jérôme, son frère cadet de quinze ans. Il lui fait partager sa vie de jeune chef d'État, entre le palais du Luxembourg, sa résidence de la Malmaison et les Tuileries, siège du gouvernement. Jérôme, qui a seize ans, passe une bonne partie de l'année 1800 à la Malmaison, avec Joséphine. Mais Napoléon constate bientôt que l'ambiance de Cour ne vaut rien à ce jeune frère dissipé qui dépense sans compter. Il l'envoie à Brest en novembre 1800 avec les instructions suivantes à l'amiral Ganteaume : « Je vous envoie, Citoyen Général, le citoyen Jérôme Bonaparte, pour faire son apprentissage dans la marine. Vous savez qu'il a besoin d'être tenu sévèrement et de réparer le temps perdu. Exigez qu'il remplisse avec exactitude toutes les fonctions de l'État qu'il embrasse. » Jérôme est embarqué sur le navire amiral *L'Indivisible* à la tête d'une flotte qui échoue à ravitailler l'armée bloquée en Égypte. Rentré à Paris, il part de Rochefort à la fin de l'année 1801 pour rejoindre la flotte de Villaret-Joyeuse qui transporte les troupes commandées par le général Leclerc, beau-frère de Napoléon, mari de sa sœur Pauline, chargées de rétablir l'autorité de la France sur Saint-Domingue. Pendant que la flotte est occupée à reprendre l'île en février 1802, Villaret, croyant faire plaisir au Premier consul, renvoie Jérôme en France pour rendre compte des premiers résultats de l'expédition.

Napoléon le renvoie au plus vite dans les îles, pour l'enlever à la vie de plaisirs qui le happe sitôt de retour à Paris. Au moment de son nouveau départ, lors de fêtes données à Nantes en son honneur, voici comment le décrit un témoin, Guillaume Lasalle : « Il était chétif, petit et maigre… il était très familier et très hardi avec les dames. Il semblait plus propre à mener une vie de salon avec des femmes coquettes et avec des jeunes gens gais qu'à aller combattre les fureurs de l'océan et les chances des combats maritimes. » Le rappel à l'ordre signé Napoléon ne tarde pas : « Nommé enseigne de vaisseau, il me tarde de vous savoir sur votre corvette, en pleine mer, étudiant un métier qui doit être le chemin de votre gloire. Mourez jeune, j'en serai consolé ; mais non pas si vous viviez soixante ans sans gloire, sans utilité pour la patrie, sans avoir laissé de traces de votre existence. C'est n'avoir jamais existé ! » Dans les Caraïbes, l'amiral nomme Jérôme, qui venait d'avoir dix-huit ans, commandant du brick *L'Épervier*, et le charge d'une mission d'exploration dans les Antilles. À Sainte-Lucie, il attrape la fièvre jaune, puis il se dirige vers la Guadeloupe, revient à la Martinique, passe par la Dominique avant de se livrer à une provocation qui faillit mal tourner contre un bâtiment de la marine anglaise. Au moment de la rupture de la paix d'Amiens où le moindre incident pouvait dégénérer en reprise des hostilités, cette initiative lui valut un blâme de l'amiral. Sans l'accord de Villaret, il quitta alors son commandement de l'*Épervier* qui sera arraisonné par les Anglais lors de son retour en France. Certaines que Jérôme se trouvait toujours sur le navire, les gazettes anglaises annoncèrent immédiatement la capture du frère du Premier consul. Mais ce dernier, impassible, répondit : « Si les Anglais espèrent qu'un événement de cette nature influencera ma politique, ils se trompent ; verrais-je toute ma famille à la bouche d'un canon que je ne modifierais pas la proposition la plus indifférente ! »

Jérôme avait en réalité quitté son navire pour prendre place sur un bateau-pilote en direction de Norfolk, à la poursuite d'un rêve, certains diraient d'un caprice, d'enfant : visiter le Nouveau Monde. Il lui importait peu d'avoir abandonné le commandement de son bateau. Washington, en juillet 1803, Philadelphie, puis Baltimore : il découvre le Nouveau Monde qui le fascine. Jérôme est ébloui par la liberté qui règne dans ce pays. Une nation qui a la superficie d'un continent où tout est à faire, voilà qui l'emballe. Il est officiellement à la recherche d'un bateau qui le ramènerait sans encombre en France. Le malheureux chargé d'affaires français, un certain Pichon, est inquiet de la tournure des événements. Non seulement le frère du Premier consul se conduit en maître de la légation française, non seulement il lui emprunte de l'argent pour satisfaire un train de vie dispendieux, mais aucun bateau ne lui convient pour son retour, ni le *Clothier*, en partance immédiate, ni les frégates américaines vers la Méditerranée, ni une frégate française échappée au blocus anglais.

Jérôme n'est plus du tout pressé de quitter Baltimore depuis qu'il a croisé, au cours d'une soirée chez Samuel Chase, la belle Elizabeth Patterson, dite Betsy, fille d'un riche armateur de la ville. La famille Patterson, de confession presbytérienne, est arrivée dans le Nouveau Monde avec le grand-père d'Elizabeth. Commis chez un négociant, il fonde bientôt sa propre affaire et réalise une fortune considérable pendant la guerre d'Indépendance en commerçant avec la France. Thomas Jefferson dit de lui en 1803 : « M. Patterson est le président de la banque de Baltimore. C'est l'homme le plus riche du Maryland et peut-être des États-Unis. C'est un homme de grande vertu et de grande respectabilité… La position de cette famille est donc des premières dans la société des États-Unis. De telles conditions déterminent le rang dans un pays où il n'y a point de titres héréditaires. »

Après quelques mois, Jérôme décide d'épouser la jeune Américaine. Il envoie l'ambassadeur d'Espagne demander sa main et entreprend des démarches en vue d'une dispense de bans. On fixe la date des noces au 3 novembre. Le chargé d'affaires français tente de le raisonner, lui fait valoir que, mineur – il vient d'avoir dix-neuf ans –, il ne peut se marier sans l'autorisation de ses parents. Par prudence, il adresse plusieurs mises en garde écrites à Jérôme et au père d'Elizabeth pour leur préciser les termes de la loi française. Enfin il informe son ministre Talleyrand qui en réfère au Premier consul. M. Patterson, un moment hésitant, cède à sa fille qui lui déclare préférer « être la femme de Jérôme une heure que la femme d'un autre pour toute la vie ! » Mais il prend la précaution de faire signer un contrat de mariage prévoyant qu'en cas de divorce, le tiers des biens de Jérôme reviendrait à l'époux ! Le 24 décembre 1804, son excellence John Caroll, évêque catholique de Baltimore, bénit l'union des deux jeunes gens dans sa cathédrale. En ce moment, à Paris, Napoléon vient tout juste d'apprendre que son frère a quitté la Martinique.

Une lettre datée du 25 décembre d'un certain Lecamus informe Pichon des dernières initiatives de Jérôme : « Monsieur, j'ai l'honneur de vous annoncer, de la part de M. Jérôme Bonaparte, que son mariage avec Mlle Patterson a été célébré hier soir. » Très vite, il en arrive à l'essentiel : « Il me charge aussi de vous mander qu'il attend avec impatience l'envoi de 4 000 dollars que vous devez lui faire. Ses engagements deviennent pressants et sa maison éprouvera bientôt des besoins. Il vous prie de vouloir bien lui faire passer cette somme le plus tôt possible. » M. Pichon, à juste titre inquiet des conséquences que cette affaire pourrait avoir sur sa carrière, écrit à Talleyrand : « Je désire que le Premier consul et vous, citoyen ministre, soyez convaincus que j'ai fait tout ce qui m'a été possible pour éviter ce mariage… »

La presse britannique s'empresse de diffuser l'information : à tout juste dix-neuf ans, le benjamin des Bonaparte, le frère du Premier consul, vient de prendre épouse aux États-Unis sans l'accord des autorités françaises. Alors que toute l'Europe craint le moindre souffle provenant des Tuileries, le propre frère de Napoléon lui tient tête, au vu et au su de tous. Le *Journal des Débats* s'empare de l'affaire et publie le 18 février 1804 : « On lit dans quelques papiers anglais que Jérôme Bonaparte, frère du Premier consul, a épousé à Baltimore Mlle Elizabeth Patterson, fille aînée de M. William Patterson, riche négociant de cette ville, et que le mariage a été célébré par M. l'Évêque de… On a débité depuis un an tant de fausses nouvelles sur le compte de Jérôme Bonaparte qu'il est permis de révoquer celle-ci en doute. »

La colère de Napoléon se porte d'abord sur le malheureux Pichon qui sera immédiatement rappelé à Paris. Devenu Consul à vie, Napoléon ne peut accepter que l'un de ses frères, auquel il a assigné une place à la veille d'accéder au pouvoir héréditaire, contrecarre ses projets et puisse compromettre son avenir par un mariage médiocre avec une étrangère. Dans une lettre à Decrès, ministre de la Marine et des Colonies, il ne mâche pas ses mots : « Seul instrument de ma destinée, je ne dois rien à mes frères ; dans ce que j'ai fait pour la gloire, ils ont trouvé de quoi faire pour eux-mêmes récolte abondante ; mais pour cela il ne faut pas qu'ils abandonnent le champ où il y a à cueillir ; il ne faut pas qu'ils me laissent isolé et privé d'aide et de soins que j'ai le droit d'attendre d'eux... Jérôme, tout jeune encore... n'est connu que par l'oubli de ses devoirs. » Il enjoint à tous les navires battant pavillon français de refuser l'embarquement à la jeune Elizabeth Patterson ; il défend « à tous capitaines de navires [...] qu'elle ne puisse aucunement entrer en France et [...] que si elle arrive, elle ne puisse débarquer, mais soit immédiatement renvoyée aux États-Unis ». Il fait savoir à Decrès qu'il ne recevra son frère que s'il laisse son épouse en Amérique. Alors seulement il oubliera « son erreur d'un moment et sa faute de jeunesse ».

Dans un courrier à Talleyrand du 27 mars 1804, Jérôme se fait petit : « J'ai reçu, Monsieur, votre lettre [...]. Je vous remercie des nouvelles agréables que vous voulez bien me donner de ma famille. Il y avait bien longtemps que je n'en avais et je craignais que les fâcheuses circonstances de la guerre ne m'en privassent encore pour quelque temps. Les ordres que le Premier consul vous a chargé de me transmettre, s'accordent parfaitement avec ma manière de voir et, avant de les connaître, j'étais disposé à les suivre. La conduite que j'ai tenue jusqu'ici et qu'il a approuvée, doit être le garant des moyens prudents que j'emploierai pour repasser en France. Je connais trop les chances qui sont contre moi pour rien donner au hasard [...]. »

Il cherche l'appui de sa mère le 29 mars 1804 : « Mes lettres par lesquelles je vous annonçais mon mariage vous sont sans doute parvenues, ma bonne maman ; c'est une nouvelle qui a dû vous étonner ; lorsque vous connaîtrez ma femme, j'espère que vous approuverez mon choix. Dans ces époques essentielles de la vie de l'homme, vous voyez, ma chère maman, que l'on y est conduit comme par une destinée que l'on ne peut ni éviter ni prévoir [...]. »

Étant lui-même en conflit avec Napoléon qui lui reproche de n'avoir pas fait un mariage digne de son rang, Lucien lui apporte son soutien : « Ainsi Jérôme n'est pas le seul. Mais comme, en nous mariant, nous avons en vue notre bonheur et non celui d'un autre, c'est une manière sur laquelle personne n'a le droit d'être ou de n'être pas mécontent. Notre présente volonté commune est que Jérôme reste où il se trouve maintenant et prenne les mesures nécessaires pour devenir aussitôt que possible citoyen paisible des États-Unis. » Et il poursuit : « Jérôme doit faire tout cela. Le très grand honneur de devenir citoyen des États Unis en vaut bien la peine. Sa situation est bien préférable à la nôtre ; nous sommes encore sur une mer orageuse et il est tranquillement mouillé dans un havre abrité et incomparable. »

Jérôme est inquiet. Il peut lire la confirmation de la disgrâce qui le touche, dans un texte reproduit le 12 octobre 1804 par toute la presse française et visiblement inspiré par le futur empereur : « Les gazettes américaines parlent souvent de l'épouse de M. Jérôme Bonaparte : il est possible que M. Jérôme Bonaparte, jeune homme qui n'a pas vingt ans, ait une maîtresse, mais il n'est pas probable qu'il ait une femme, puisque les lois de France sont telles qu'un jeune homme, mineur de vingt et même de vingt-cinq ans, ne peut se marier sans le consentement de ses parents et sans avoir rempli en France les formalités prescrites. Or, M. Jérôme Bonaparte est né en décembre 1784, et il y a déjà plus d'une année que les gazettes américaines le donnent pour marié. » Plus grave encore, un décret du Conseil d'État daté du 2 mars 1805 « fait défense à tous officiers de l'état civil de l'Empire de recevoir sur leurs registres la transcription de l'acte de célébration d'un prétendu mariage que M. Jérôme Bonaparte aurait contracté à l'étranger ».

Jérôme décide donc de rentrer en France avec son épouse. Après le mauvais temps qui les oblige à rester un hiver de plus à Baltimore, ils prennent place sur un brick qui les mène à Lisbonne, en avril 1805. Comme Betsy ne peut obtenir de laissez-passer pour la France, le couple se sépare : Jérôme va plaider sa cause auprès de son frère empereur, occupé à recevoir la couronne de fer à Turin, tandis qu'Elizabeth l'attend à Amsterdam. La position de Jérôme devient encore plus inconfortable quand un fils prénommé Jérôme-Napoléon naît le 7 juillet à Camberwell, en Grande-Bretagne, où la mère a trouvé refuge dans l'attente du retour de son mari. Un courrier du 29 juillet montre l'inconscience du père : « Je te quittai à Lisbonne, tu sais avec quel regret [...]. Sans doute que dans ce moment je suis père. J'espère que c'est un garçon. [...] Moi seul, Elisa, lorsque j'aurai le bonheur de te serrer encore dans mes bras, puis te raconter ce qui s'est passé ! Mais il faut attendre du temps ce que nous ne pouvons pas faire de force. Mon frère est aussi bon et aussi généreux qu'il est grand, et si des raisons politiques le forcent en ce moment à tenir cette conduite, un temps viendra où cela changera. »

Car Jérôme n'est pas de taille à affronter l'Empereur. Napoléon refuse de le recevoir à Alexandria, près de Turin, tant qu'il n'aura pas reconnu sa faute. Pendant dix jours, Jérôme hésite. Finalement, il prend la plume pour rédiger une lettre de soumission. Avant de consentir à le recevoir, le 6 mai, Napoléon lui répond : « Mon frère, votre lettre de ce matin m'apprend votre arrivée à Alexandrie. Il n'y a point de faute qu'un véritable repentir n'efface à mes yeux. Votre union avec mademoiselle Patterson est nulle aux yeux de la religion comme aux yeux de la loi. Écrivez à mademoiselle Patterson de s'en retourner en Amérique. Je lui accorderai une pension de 60 000 francs sa vie durant, à condition que dans aucun cas elle ne porte mon nom, droit qu'elle n'a pas, dans la non-existence de cette union... Votre mariage ainsi annulé dans votre propre volonté, je vous rendrai mon amitié et je reprendrai les sentiments que j'ai eus pour vous depuis votre enfance. » Après cette manifestation d'autorité, Napoléon, en route pour la couronne d'Italie qu'il coiffe le 26 mai à Milan, ne s'attarde pas et quitte Alexandria sitôt après, à 13 heures. Il expose une nouvelle fois sa manière de voir dans un courrier à Cambacérès daté du 13 mai 1805 : « Marié à l'étranger, son contrat n'étant inscrit sur aucun registre, mineur, sans publication de bans, il n'y a pas plus de mariage qu'entre deux amants qui se marient dans un jardin, sur l'autel de l'amour (en face de la) lune et (des) étoiles. Ils se disent mariés, mais l'amour fini, ils s'aperçoivent qu'ils ne le sont pas ! » Le pape, saisi d'une demande d'annulation de l'union par le cardinal Fesch, refuse : « Il est hors de notre pouvoir de prononcer le jugement de nullité. »

En récompense de sa soumission, Jérôme reçoit un traitement de 150 000 francs et le commandement d'un groupe de navires chargés de délivrer des marins génois italiens et français faits prisonniers à Alger. De grandes cérémonies sont données à son retour en Italie. L'Empereur tient à faire savoir que Jérôme est désormais réintégré dans la famille. En décembre, il est envoyé à l'escadre de Brest, où, à vingt et un ans, il est promu capitaine de vaisseau. Il est servi par la chance quand, serré en baie de Lorient par quatre bâtiments britanniques, il trouve à son bord un jeune Breton qui parvient à glisser le bateau entre des récifs à fleur d'eau, pour échapper à ses poursuivants. De retour à Paris, il touche de nouveaux dividendes de sa soumission : Napoléon confirme dans une lettre adressée à l'aîné, Joseph, le 12 septembre : « Jérôme est débarqué, je l'ai reconnu prince ; je lui ai donné le grand cordon de la Légion d'honneur » qui est assorti d'une rente d'un million de francs. Il est réintroduit dans l'ordre de la succession de Napoléon par le sénatus-consulte du 24 septembre ainsi rédigé : « À défaut d'héritier naturel et légitime ou d'héritier adoptif de Sa Majesté l'Empereur Napoléon ; à défaut de Leurs Majestés Joseph Napoléon, Roi de Naples, et Louis Napoléon, Roi de Hollande, ainsi que de leur descendance mâle, naturelle et légitime ; la dignité impériale est dévolue et définie au Prince Jérôme Napoléon et à ses descendants naturels et légitimes, par ordre de primogéniture et de mâle en mâle, à l'exclusion perpétuelle des femmes et de leur descendance. » Il est promu vice-amiral.

Jérôme n'osa jamais avouer à sa femme son parjure. Lassée d'attendre un retour à ses côtés toujours différé, Betsy rentre en Amérique et l'enfant est baptisé à Baltimore le 9 mai 1809 sans son père. Jérôme laisse à croire qu'il attend la fin de la guerre pour rejoindre son épouse : « Ma Chère et bien aimée femme, la vie n'est rien sans toi et mon fils... Nous serons, mon Elisa, séparés encore quelque temps, mais à la fin, nos malheurs finiront... Sois tranquille, ton mari ne t'abandonnera pas », écrit-il en octobre 1806. Il poursuit des échanges avec Elizabeth Patterson en prenant garde que ces lettres ne tombent pas entre les mains de son frère car il reste épris de Betsy même lorsque son frère le contraint à épouser une princesse de sang, Catherine de Wurtemberg, en août 1807. Il montrera également un constant souci de l'éducation et du bien-être de son fils : « Ne t'inquiète de rien, conserve-toi en bonne santé, occupe-toi de notre cher Napoléon ; écris-moi bien souvent et sois persuadée que ton mari sait ce qu'il fait mieux que personne au monde ! » De Cassel, roi de Westphalie, il la presse en 1808 de lui envoyer son fils. Ni le père, ni la fille Patterson n'acceptèrent. Il propose enfin à Elizabeth de le rejoindre à Cassel. Elle lui répond : « La Westphalie n'est pas un royaume assez grand pour contenir deux reines ! »

Jeune homme, il franchit l'Atlantique en 1819 pour être éduqué dans une pension à Genève. En Italie, il fit connaissance de son père, alors exilé, et rencontra la plupart des membres de la famille Bonaparte. Il fut même question d'un mariage avec une fille du roi Joseph. Madame Mère approuva le projet. Puis il regagna les États-Unis pour des études à Harvard. Il vécut ensuite entre la France et les États-Unis. L'empereur Napoléon III l'accueillit avec bienveillance et lui proposa le titre de comte de Sartène qu'il refusa pour garder le nom de Bonaparte.

Son fils, Jérôme-Napoléon Bonaparte II, naquit à Baltimore le 5 novembre 1830. Après West Point, il servit successivement dans l'armée américaine puis dans l'armée française où il combattit en Crimée avant de rentrer s'occuper de ses affaires aux États-Unis. Son propre fils, Charles Bonaparte, né en 1851, fut magistrat après être passé par Harvard. Il fut nommé attorney général en 1906 sous la présidence de Theodore Roosevelt et resta célèbre pour avoir fondé le FBI. Réputé pour sa rigueur de mœurs, il n'eut pas d'enfant. Avec le décès d'un dernier cousin en 1945, s'éteignit la lignée américaine des Bonaparte.

Dans les années 1968, l'Amérique connut un regain de sympathie dans la jeunesse européenne. Le rejet de l'impérialisme américain, de la guerre du Vietnam et des valeurs matérialistes unissaient les jeunes Américains et Européens. Face à l'establishment américain, une contre-culture théorisée par Herbert Marcuse émergeait, critique d'une société vouée à la consommation, illustrée par une pléthore d'artistes alors inconnus, qui deviendront des icônes de la culture moderne, comme Pete Seeger, David Crosby, Bob Dylan et Joan Baez et leur musique folk rock, les premiers groupes de musique pop dans les grands festivals à ciel ouvert comme à Woodstock, Peter Fonda ivre de liberté sur sa Harley Davidson dans *Easy Rider,* la révolution cubaine et Mao Tsé-toung en Chine… C'était cette Amérique paradoxale, vivante, pleine de rêves et de la promesse d'un monde meilleur, que je voulais découvrir.

En 1969, sitôt mon bac en poche, je partis pour Le Havre où j'avais obtenu un embarquement sur le cargo *Suffren* en partance pour Southampton, les Grands Lacs, New York, les Antilles et retour. J'espérais débarquer au Canada à la première escale. C'était un navire moderne où l'on surveillait déjà les machines depuis la passerelle, sans qu'il y soit besoin d'équipage dans les machines. Les soutes étaient remplies de marchandises en vrac, alors que sur le pont il y avait plusieurs étages de containers. Après m'être acclimaté au roulis et au bruit incessant des machines, on me fit nettoyer le pont et participer aux exercices de secours en mer. Les officiers qui m'avaient à la bonne m'apprenaient à faire le point et la différence entre une loxodromie et une orthodromie. J'étais impressionné par l'immense masse du bateau et la grandeur des ponts d'où l'on voyait la mer de si haut. Après le port de Southampton, c'est l'Atlantique Nord. Je regardais les reflets gris de la mer pendant des heures en rêvant. J'étais habitué à la Méditerranée et je voyais pour la première fois les couleurs de l'Atlantique dominées par les tons de gris.

Souvent il fait mauvais car nous prenons très au nord. En hiver, il n'est pas rare d'apercevoir des icebergs. Par gros temps, on surveille l'arrimage des cales. Quand les marchandises se détachent, il y a danger car leurs mouvements oscillants amplifiés par la houle détruisent de proche en proche toute la cale : les parois des compartiments cèdent et les ballots peuvent terminer leur course en ouvrant des brèches dans la coque. En pareille circonstance, des volontaires sont désignés, équipés de casques, pour descendre dans les cales hautes comme des cathédrales et tenter de rattraper les colis. Étant le plus jeune à bord, je suis toujours désigné pour cette tâche et je n'en mène pas large quand sur un nouveau coup de roulis les marchandises volent par-dessus ma tête. Par une mer démontée, nous portons secours à un bateau suédois perforé par un camion dont la cabine pend lamentablement au travers de la coque déchirée. Pendant une autre traversée, le chargement de machines-outils enfermées dans les containers du pont se détache et bat jusqu'à déformer la paroi des containers sur le pont. J'attends avec impatience l'arrivée à New York. La mer se fait calme quand nous passons sous le pont de Verrazano. Nous sommes à quai sur les entrepôts maintenant détruits à la hauteur de la 30e Rue Ouest. Mes premières impressions de New York sont un mélange d'émerveillement et de déception. J'avais hâte de franchir le rail sur lesquels se déplacent des grues gigantesques qui s'affairent entre les soutes béantes du navire et les quais. Puis il fallut traverser les docks perpendiculaires aux quais de Manhattan dont les vastes travées étaient remplies des marchandises les plus invraisemblables jusqu'aux charpentes hautes comme quatre étages. Des norias de *fenwicks* assez puissants pour soulever des remorques de camion circulaient en tous sens, émettant une épaisse fumée bleue pendant que des camions à vaste plate-forme recevaient les marchandises au sortir des entrepôts. Ce qui me surprend d'abord, c'est la saleté des chaussées défoncées parcourues par des voitures qui franchissent les trous et les bouches de ventilation avec des gros amortisseurs mous. Chaque ville a son odeur, ici, ce qui saisit, c'est une senteur suave de désinfectant. Bientôt, je me retrouve entre une rangée vertigineuse d'immeubles, formant une véritable gorge de pierre. Du plus haut gratte-ciel du monde, l'Empire State, je découvre une vue incroyable sur la ville, mais que le style de l'immeuble est vieillot ! À Greenwich Village, avec ses alignements de cottages anglais, je retrouve la contreculture : disques des groupes encore inconnus en Europe, The Who, Led Zeppelin, affiches des héros révolutionnaires, cartes postales provocantes, tendres et drôles, vêtements à fleurs, vastes robes pour les filles, jeans élimés pour les garçons. Tout cela contraste avec l'ambiance du bord, avec ces marins bretons carrés, préoccupés de leur solde et de rentrer au pays avec de bonnes primes. Sur la télévision du bord nous voyons les images du premier homme sur la Lune. Le lendemain, la presse publie un sondage indiquant que selon la majorité des Américains pauvres, c'était un montage de la télévision !

Plusieurs équipes de dockers sont à bord pour décharger les cales. Ils sont équipés de crocs d'acier avec lesquels ils alpaguent la marchandise. Ces redoutables instruments servent à ouvrir les cartons pour préparer leurs larcins, quand ils ne piochent pas dans les colis éventrés par la tempête qui traînent au fond des cales et qui seront de toute façon remboursés par les assurances. Ils cachent les marchandises dans les multiples recoins du bateau et les sortent au moment où la police, parfois de mèche, aura tourné le dos. C'est alors un ballet de camions qui se garent au pied du bateau pour le compte de la mafia. Les douanes envahissent un jour le bord et n'ont aucun mal à trouver les marchandises illégales cachées par les dockers. Elles nous consignent à bord, fouillent nos cabines, passent nos effets au peigne fin et verbalisent le commandant pour complicité d'introduction de marchandises illégales sur le territoire américain ! Je découvre New York avec une bordée de marins pressés d'introduire le plus jeune dans des lieux mal famés. Leur point de chute favori se trouve dans le quartier allemand. C'est une boîte bruyante et enfumée avec des filles que je n'ose pas toucher. Le retour est une aventure : aucun taxi n'accepte de nous reconduire dans les docks considérés comme trop dangereux. Jamais la course ne sera moins chère que lorsque la police réquisitionne un taxi pour nous ramener à bord. Quand l'équipage rentre à pied, nous prenons garde de marcher au milieu de la chaussée et d'éviter les rues sombres. New York était encore une ville sale et dangereuse. La vie quotidienne avec l'équipage m'a fait mûrir. Je décide de commencer des études en France à mon retour.

Pendant l'été 1970, je repartis aux États-Unis, stagiaire aux usines Ford à Detroit, dans la Michigan. La première nuit avait été réservée par l'usine dans un hôtel proche et j'eus à peine assez de dollars pour la régler. Aussi je me mis en quête d'un logement plus modeste dans la ville universitaire d'Ann Arbor, à soixante kilomètres au sud. En contrepartie d'un petit salaire, l'usine me confia une voiture qui me donnait l'air d'un jeune plein aux as. Je découvris une société où les relations sociales paraissaient informelles : à l'usine, il était extrêmement facile de rencontrer les cadres supérieurs. À mon grand embarras gastrique, les conversations professionnelles pouvaient se poursuivre dans les lieux d'aisances ! Je découvris aussi l'extrême pragmatisme des rapports humains : si on voulait savoir combien vous gagniez d'argent c'était juste pour se faire une idée d'où vous en étiez de votre parcours vers la réussite. Cette réussite matérielle est l'unité de mesure universellement admise là-bas. Il n'y avait aucune place pour les idées générales, les constructions abstraites dans lesquelles je baignais en France. Chez Ford, je fis un passage dans les services de marketing, de vente et de production. Je découvris le formalisme des *reports* qui sont la marque des sociétés où le contrat est à la base des rapports sociaux. Dans le système américain, où priment la responsabilité individuelle et l'initiative privée, les manuels de procédure qui détaillaient les comportements à tenir devant chaque situation occupaient une place considérable. Personne ne les consultait sauf en cas de litige. J'ai été formé à vendre les voitures avec les concessionnaires. Les usines, avec leurs alignements de presses bruyantes, semblaient ne pas avoir changé depuis le voyage au bout de l'enfer de Céline. Mes camarades français apprirent avec étonnement qu'ici les ouvriers gagnaient davantage que les cols blancs des bureaux. En contrepartie, ils devaient s'adapter en permanence au rythme de la chaîne. Le puissant syndicat AFL-CIO défendait les intérêts de ses mandants dans un bureau au milieu de l'usine où l'on négociait chaque modification dans l'organisation et les rythmes de travail. Tous les deux ans, une grève massive obligeait le cartel des constructeurs automobiles à revoir les salaires. À entreprises puissantes, syndicats forts.

Dès la sortie du bureau, je prenais la route d'Ann Arbor où m'attendait un univers plus familier, celui du campus d'une grande université américaine, mélange de douceur de vivre, de maisons corporatives bruyantes, de fast-food et de cinémathèques ouvertes à toutes les cultures. Cette année-là, le festival de films était consacré à Godard, tout le monde échangeait les répliques d'*À bout de souffle* et de *Pierrot le Fou*. C'était, un an après Woodstock, la pleine époque des grands festivals de rock. À deux pas de Ann Arbor, des centaines de milliers de personnes se rassemblèrent deux jours sous la pluie et dans la boue, dans un coin perdu de la campagne du Michigan. De retour à Paris, je fus convoqué par le gérant de l'immeuble pour régler mon loyer. Une secrétaire me fit repasser le lendemain puis le surlendemain car la caisse n'était pas ouverte aux heures où je me présentais. Du pur Balzac ! Ce retour en France me donna l'impression d'un pays frileux, conservateur et vieux.

J'ai aussi connu l'Amérique des classes moyennes, celle des grandes zones pavillonnaires aux portes des villes, l'Amérique chrétienne, attachée aux valeurs traditionnelles, celle qui a voté Trump. Elle baigne dans une bonne foi désarmante. C'est l'Amérique profonde qui garde au fond du cœur l'idéal des pionniers marchant vers l'Ouest, vers une terre meilleure, gagner leur vie à la sueur de leur front, comme il est enseigné dans la Bible.

J'ai été reçu dans les grandes universités de Columbia à New York au MIT à Boston, de Caltech à Los Angeles à Tallahassee en Floride. Nulle part au monde je n'ai trouvé autant de culture : des universités incroyablement mieux pourvues, des bibliothèques tellement mieux fournies qu'en France, des prix Nobel de toutes disciplines, plus nombreux. Jusqu'à ces dernières années, les États-Unis avaient le taux de scolarité et le niveau moyen d'éducation les plus élevés du monde, c'est d'ailleurs ce qui a permis à la troisième révolution industrielle, née dans la Silicon Valley, basée sur le savoir, l'information et la communication de surgir de Californie. Jusqu'à ces dernières années, l'Amérique disposait d'une force inégalée d'attraction et de persuasion pour le reste du monde : le fameux *soft power* théorisé par Joseph Ny, professeur à Harvard.

Avec l'ère Trump, les choses ont changé. Je reste abasourdi que cette grande nation ait choisi de confier son avenir à un démagogue, versatile et sans culture, incapable même de comprendre les exigences qui pèsent sur les épaules du président de la première puissance du monde, qui a tant d'influence sur les technologies, la culture, les finances, les rapports internationaux et l'avenir de la planète. L'isolationnisme n'est certes pas une politique nouvelle aux États-Unis. Mais Trump a choisi d'activer des mécanismes identitaires pour rassembler sa base électorale, ce qu'aucun président n'avait osé faire avant lui. Il incarne une offre politique disruptive autour du concept de blanchitude qui ne s'oppose pas à la négritude mais au multiculturalisme et à la discrimination positive. Ce concept est destiné à activer chez l'électeur blanc un réflexe de protection identitaire. Le mouvement des droits civiques, de l'égalité des droits et de la libéralisation de la société qui commence vers 1968 aux USA a permis aux minorités noire, hispanique, musulmane de se faire une place dans la société américaine et de contester le monopole du pouvoir des Blancs. Leur place est d'ailleurs justifiée par la démographie : en 1950, les Blancs représentaient 90 % de la population ; ils ne seront plus que 50 % en 2045. En brandissant le drapeau de la défense de l'Amérique blanche, Trump donne le signal d'un retour en arrière comme avec le slogan *Make America Great Again* ! La remise en cause des droits de l'Homme restera une tentation en Amérique comme en Europe dans les prochaines années, tant est forte la réaction des classes moyennes aux bouleversements en cours, ainsi que l'a magistralement démontré Yascha Mounk dans son traité *Les Peuples contre la démocratie*. De grands hommes de l'Histoire comme Washington ou Bonaparte ont su tracer des chemins nouveaux qui ont permis de transformer ces légitimes craintes du changement en espoir. Encore faut-il exposer clairement le projet nouveau et faire preuve de courage et d'intelligence politique pour le mettre en œuvre.

Les États-Unis restent pour un temps encore la première puissance économique de la planète, mais ils ont cessé d'être la nation indispensable que théorisait, en 1998, la secrétaire d'État Madeleine Albright. L'attraction de son *soft power* a considérablement diminué, alors que la Chine déploie sa puissance d'attraction. Les élections de novembre 2020 ont heureusement refermé la parenthèse Trump. Cependant, la fin du traitement privilégié consenti par les USA à l'Europe au lendemain de la Seconde Guerre mondiale ne date pas de la présidence Trump, mais de la présidence Obama, dix ans auparavant. C'est lui qui le premier a clairement désigné l'espace pacifique comme la nouvelle priorité de la politique américaine. Il serait illusoire que les Européens attendent avec la présidence Biden des modifications substantielles dans leurs rapports avec Washington. Ils doivent désormais développer leur propre souveraineté, y compris leurs capacités de défense, fiers de leur histoire commune et de leur modèle humaniste. La tentation du retrait unilatéral des États-Unis, le blocage systématique des institutions internationales par la Russie et l'instrumentalisation des institutions communautaires par la Chine vont obliger l'Europe à se hisser au niveau des grandes puissances : les États-Unis, la Russie et la Chine.

Le score obtenu par Biden en novembre 2020 est loin d'être un triomphe. Le populisme restera bien présent aux États-Unis, comme dans toutes nos démocraties. Il importe que nos responsables tracent des voies nouvelles qui rassurent les peuples quant à leur avenir. Ils doivent regarder avec réalisme les défis de nos temps, proposer de nouveaux modèles de développement qui assurent la justice sociale, le respect de l'environnement, créent des emplois dans de nouveaux secteurs, sans cacher aux citoyens qu'ils doivent faire des efforts individuels pour vivre et consommer autrement. Les peuples sont mûrs pour des changements. Il faut que leurs dirigeants parlent clair.

10
Sur le divan

Marie Bonaparte m'a laissé deux souvenirs d'enfance. À l'âge de six ans, un mardi gras, on nous farda en noir à l'exception des yeux entourés de vermillon, on nous fit revêtir des collants noirs, on nous mit des pagnes de raphia autour de la taille. Je fus grimé le premier, puis ce fut le tour de mes sœurs Catherine et Laure. Lorsque nous nous vîmes, nous fûmes terrorisés et fondîmes en larmes. Nous étions invités dans la grande maison que notre tante Marie Bonaparte, arrière-petite-fille de Lucien, possédait sur les hauteurs de Saint-Cloud. Elle donnait un goûter pour les enfants de ses nombreux cousins. Il y eut beaucoup de mouvement, de déguisement, de bruit, de bonbons. Je garde de la psychanalyste, fameuse amie et disciple de Sigmund Freud, le souvenir d'un visage ridé plein de malice, d'une mince silhouette aux cheveux blancs, celle d'une femme de plus de quatre-vingts ans. Mon père en parlait avec affection, évoquait leurs échanges, mais ma mère affirmait que c'était une excentrique et qu'elle était encore plus folle que ses patients. Comme Marie était l'épouse d'un prince de Grèce, elle ne pouvait pourtant pas refuser son invitation.

Un autre souvenir aurait pu apporter un nouvel argument à l'opinion de ma mère. Il eut pour cadre quelques années plus tard le Lys de mer, la maison Art déco que Marie Bonaparte avait fait construire dans les années 1930 sur la plage de Pampelonne près de Saint-Tropez, à l'époque très sauvage. Elle avait fait disposer de part et d'autre de la plage des cages avec des perroquets à qui elle enseignait des rudiments de vocabulaire en les nourrissant de graines. Je la vois encore quitter le divan où elle était allongée, abandonnant son grand chapeau qui la protégeait du soleil, pour entrer dans l'eau calme du soir avec beaucoup de dignité, puis se sécher dans une serviette apportée par un domestique, en bavardant avec ses oiseaux. Elle était expansive, avait toujours des anecdotes, parlait et riait beaucoup. Pendant ce temps, ses perroquets gris se battaient dans leur grande cage posée à même le sable.

Après la naissance de notre première fille, mon épouse et moi passâmes la fin de l'année 1980 à Ceylan : merveilleuse île bouddhiste, alors en paix. Sitôt arrivés, je l'entraîne selon mon habitude sur les routes les plus éloignées que nous parcourons en bus et en taxi, sans reprendre notre souffle. Un matin, près de Kandy, la cité qui doit sa réputation à la relique d'une dent de Bouddha, après une visite épuisante, je suis brusquement envahi par un sentiment de malaise proche de celui que j'avais connu adolescent dans la maison de mes parents au bord de la Méditerranée. Je pensai à un peu de fatigue, à un empoisonnement peut-être. Je suis fébrile et anxieux, incapable de fermer l'œil sans me réveiller en sueur. Le soir, je me force à descendre en ville, nous nous attablons sous des néons, l'angoisse monte, je ne peux avaler le moindre aliment. La salle de restaurant commence à tourner, les gens me paraissent hostiles. Que m'arrive-t-il, alors que je suis toujours actif et prêt à toutes les aventures ? La nuit est peuplée de cauchemars qui me laissent épuisé. Le lendemain, au temple de la dent de Kandy, le roulement des grands tambours de cérémonie frappés en cadence par les moines en robe safran déclenche une nouvelle crise. Je suis envahi par l'angoisse puis par l'angoisse de l'angoisse, au point d'être forcé de rentrer en France plus tôt que prévu. Les examens médicaux ne révélèrent rien de particulier.

J'éprouvai ces premiers symptômes après la naissance de ma fille aînée, Caroline, en octobre 1980, et ils étaient à l'évidence liés à cette naissance. Lorsque je l'avais vue sortir du ventre de sa mère, toute fripée, ma surprise se mêla à beaucoup d'émotion. L'enfant portait les traits de la vieillesse ; pendant cette fraction de seconde, je lui vis les traits de mon père. Aujourd'hui, c'est une belle jeune femme, mère de mes trois petits-enfants, dans la splendeur de ses quarante ans, et nous rions de ma surprise. Mes larmes se mirent à couler lorsque la sage-femme la posa dans mes bras après la première pesée. L'idée me vint de fredonner une chanson de bienvenue et j'eus la surprise de voir sa tête chercher à percevoir d'où venaient les sons. Je prendrai vraiment conscience de sa présence lorsque je me présenterai au comptoir d'une pharmacie pour acheter les premières couches et me trouverai incapable de préciser le poids du bébé ! Notre maison, à la limite du 5e et du 13e arrondissement de Paris, était désormais presque achevée pour la recevoir. Pendant les mois qui précédèrent son arrivée, j'avais travaillé avec fébrilité, comme pour préparer une échéance menaçante. L'enfant était là désormais et l'anxiété ne me quittait plus. Je suis pris de claustrophobie : l'autoroute va se refermer sur mon véhicule, les tunnels vont me happer. Au cinéma, je cherche la sortie, paniqué à l'idée de ne pouvoir la trouver. Le goût de la nature m'avait quitté, comme le plaisir des matins frais et la délicieuse la sensation de se lever plein d'optimisme et de projets. J'étais fatigué et irritable, vidé de toute force, incapable du moindre projet. Fardeau pour moi-même et pour les miens.

Il me revient alors en mémoire l'été de mes quinze ans où j'avais déjà été pris de sensations comparables lorsque le soir tombait, dans la maison de mes parents au bord de la Méditerranée. Je n'y prêtai d'abord pas attention. Mais les sensations firent place à des malaises plus précis, aux mêmes angoisses et attentes anxieuses de nouvelles angoisses. Je n'en parlai à personne car les malaises psychologiques étaient considérés dans ma famille comme synonymes de folie. Pourtant, les causes réelles d'inquiétude ne manquaient pas en ce début d'adolescence. J'étais en conflit avec ma mère à qui j'avais cessé d'adresser la parole depuis un an. Mon père ne souhaitait surtout pas prendre position dans le conflit, de crainte que ne s'effondre l'accord plus ou moins implicite qui le laissait libre de mener une vie parallèle en dehors de son foyer. Je sentais autour de moi une hostilité à tout ce qui n'était pas dans la norme. Les comportements des courtisans qui faisaient l'entourage de mes parents m'étaient devenus insupportables. Je détestais leur ton badin, leurs sourires de façade, leur français châtié. Je ne voulais pas être de ces réunions mondaines où les gens bien élevés entretiennent la fiction d'un monde sans réalité. Je ne pouvais plus accepter leurs jugements, condamnant ceux qui vivent avec d'autres mœurs, avec d'autres religions, avec d'autres opinions politiques. Tout me laissa pressentir que le chemin vers ma propre vérité serait ardu et qu'ils deviendraient des adversaires résolus. Mes inquiétudes vespérales furent confirmées quand vint l'injonction triviale : si tu ne rentres pas dans le rang, tu perdras les avantages que nous t'apportons. Il fallut donc choisir. Ce fut l'étape suivante, elle me sauva et me construisit. Bientôt, ces maisons luxueuses où nous vivions me semblèrent hostiles. J'éprouvais le sentiment d'être retenu prisonnier dans cette belle propriété en bord de mer, au bout du cap Camarat, dans ce lieu minéral, sans âme, entouré de pierres et de maquis, ne laissant aucun autre choix que de toujours regarder la mer. Je voulais des grands arbres, des ruelles anciennes, des maisons à grand toit, des printemps palpitants, des automnes dorés et tristes.

Ces souffrances refoulées, ravivées par la naissance de ma première fille, Caroline, me menèrent à gravir chaque semaine pendant sept ans les marches inégales d'un vieil escalier qui monte au dernier étage d'un immeuble du Paris moyenâgeux, rue Saint-Louis-en-l'Île. Après le porche et quatre étages, j'attends mon tour sur le palier dans un silence troublé par les seuls bruits domestiques. Dans un coin du palier, un évier avec un robinet de cuivre témoigne de l'époque où il n'y avait qu'un point d'eau par étage. C'est un endroit de Paris où on se croirait en province, deux persiennes donnent sur une courette plantée d'un érable, laissant entrer une lumière douce et constante propice à la cure analytique. Quand mon hôte m'y invite, je rentre en baissant la tête pour passer sous un seuil bas qui ouvre sur une petite pièce pavée de tomettes rouge. Des murs un peu penchés supportent des poutres anciennes. Quelques gravures représentent l'inextricable imbrication du masculin et du féminin ; un Bouddha précieux dans la position de l'enseignement est posé sur une commode basse, entre une bibliothèque et deux fauteuils. Un divan à couverture indienne donne sur le ciel, souvent gris. En été, les fenêtres ouvertes laissent entrer le bruit lointain de la ville, le roucoulement des pigeons et le vol des martinets.

Mon thérapeute est un homme grand, un peu voûté, plein de douceur et d'une distinction non affectée, élégant dans des vêtements aux étoffes souples et chatoyantes, mains longues et fines, beau visage aux pommettes saillantes éclairé par des yeux clairs qui vous regardent sous des sourcils fournis avec une intensité inhabituelle, remplie de douceur et d'interrogation bienveillante. Dès qu'il s'est assis, ses yeux bleus me regardent avec bonté. Immanquablement, après un temps de silence, il écarte les bras : « Alors, quoi de nouveau depuis notre dernière séance ? » Tout ce que j'ai lu sur la psychanalyse et qui occupe plusieurs rayons de ma bibliothèque ne m'est plus d'aucune utilité. Il faut passer à la pratique. Le verbe de mon analyste est imagé, ses propos tirés de l'expérience personnelle, d'émotions ressenties. À mes rêves, il n'hésite pas à proposer des interprétations que je peux librement discuter, avant de m'allonger sur le divan. Je suis ici pour vivre ce qui n'a pas été vécu, pour construire ce qui n'a pas été construit, pour revivre le passé en me projetant dans l'espace de ce cabinet de travail. La démarche analytique ressemble aux décalcomanies de mon enfance qu'on applique par une légère pression. Quand on retire le support des mots, il reste le contenu projeté, ces petites parcelles de la vérité intime qui, mises bout à bout, permettent, peu à peu, à la mosaïque de la personnalité de se réparer, à l'espace intérieur de se révéler. Olivier Marc appartient à l'école de Karl Gustav Jung, d'Anna Freud, de Donald Winnicott et de Melanie Klein. Jung a fait entrer dans le champ analytique les comportements familiaux, les cultures et l'Histoire. Anna Freud, Donald Winnicott et Melanie Klein regardent l'espace intérieur du petit enfant qui reste au fond de nous, devenu adulte.

Michel Foucault, dans *Le Souci de soi*, cite cette lettre de Sénèque à Lucilius qui illustre ce que je suis venu chercher : « Apprends la joie, je veux que tu n'aies jamais manqué d'allégresse, je veux qu'elle foisonne en ton logis. Elle foisonnera à condition d'être en dedans de toi-même, elle ne cessera jamais. Quand tu auras trouvé où on la prend, tourne ton regard vers le bien véritable, sois heureux de ton propre fond. Mais ce fond, qu'est-il ? Toi-même et la meilleure partie de toi. » Muni de cette recommandation, j'ai entrepris la plus passionnante des aventures, un long parcours plein d'ombres, de précipices vertigineux et d'ornières profondes, mais aussi d'émerveillement d'enfant, de fraîcheur d'oasis délicieux, de lumières vives embuées par les larmes des émotions retrouvées. Tout a commencé par l'acceptation de l'angoisse et de la dépression. Ce n'étaient pas des ressentis honteux. Jusqu'alors, j'étais insouciant, tout allait de soi, je puisais en moi, sans les mesurer, toutes les ressources pour avancer dans la vie. Les conflits familiaux, mes ruptures amoureuses, les changements de métier, de latitude ou de fuseau horaire, les conditions matérielles parfois difficiles, je les avais acceptés avec légèreté, sans qu'ils me touchent vraiment. Mais pour la première fois, mes ressources étaient taries. J'avais beaucoup lu sur la psychologie, la psychiatrie et la psychanalyse, mais je n'étais pas personnellement impliqué, tirant une lâche satisfaction du bien-portant qui regarde la maladie avec les yeux de celui qui a été jusqu'alors épargné. En même temps que mes forces pour la première fois m'abandonnaient, j'étais pris d'un sentiment de honte. Je dus d'abord admettre que la dépression n'était ni interdite, ni honteuse, même chez un lointain descendant de Napoléon. C'est une maladie comme les autres, dont on guérit. J'appris qu'elle pouvait même être d'un grand bienfait pour revenir à l'essentiel et créer un moi solide.

Les femmes dominées par leur côté masculin sont beaucoup plus terrifiantes que les hommes armés. N'est-ce pas la déesse Athéna, à la féminité virile, protectrice de la cité, aux colères redoutables, qui est sortie toute armée de la tête de Jupiter ? Ma mère n'est ni une déesse, ni une extraterrestre. Elle est plus Napoléon que Napoléon. Voilà tout. Ses attitudes ont des causes que je découvris. Par l'analyse, je retrouve des explications à ses comportements en regardant sa propre histoire familiale. L'adoption par la famille Fredet des usages des classes privilégiées auxquels elle s'est alliée a contraint ma grand-mère à enseigner à sa fille comment contrôler ses émotions, comme elle l'a fait elle-même pour entrer dans sa propre belle-famille. La crainte de ne pas être à la hauteur a renforcé l'impératif d'être conforme au modèle attendu. Sans doute ma mère a-t-elle été empêchée de vivre ses sentiments maternels par l'entourage intellectuel et moral de mon père qui attachait une importance considérable à la reproduction de la dynastie, beaucoup plus qu'à la transmission de la vie. Reviendra à ma mémoire l'interrogation du général de Gaulle : *Est-il marié, a-t-il des enfants ?* Comme si mes parents avaient été réduits à des fonctions reproductrices. Ma mère a certainement été inspirée par la crainte de ne pouvoir offrir à son enfant le bon côté d'elle-même, une enveloppe rassurante, et reproduit le comportement qu'elle a appris de sa propre mère, offrant un bel exemple de transmission de névrose familiale. Le bébé est en fusion avec tout ce qui a été rejeté dans l'ombre, avec ce qui reste d'immature dans les attitudes de la mère. Il est attiré par ce qui émane d'inaccompli dans sa mère. Ce comportement se transmet de génération en génération, comme un patrimoine inconscient. Élaboré, rendu conscient, il m'a donné de la force, a cessé d'être menaçant, m'a permis d'aimer mes enfants.

Nous sommes nés, ma sœur jumelle et moi, sous un sommeil artificiel. Notre mère éprouva de l'aversion à nous nourrir au sein, partit pour quatre mois dès notre naissance, nous confia à Néné qui se substitua à son absence, se mit en rage de n'être pas reconnue à son retour, s'exaspéra de nos pleurs, nous confia à de nouvelles gouvernantes – il y en aura parfois deux pour assurer une permanence –, puis nous envoya de pension en pension. Peut-on avoir des enfants par procuration, les confier à des salariés sans s'impliquer, sans rien partager, ou presque, de leur éducation ? Autres temps, autres mœurs, certes. Peut-on substituer à l'amour maternel le devoir accompli de la reproduction dynastique ? Un soir, lasse de devoir distribuer tant de baisers à ses quatre enfants, notre mère se demanda combien de fois elle devait nous embrasser. Elle trancha : « À la cour d'Angleterre, la reine n'embrasse qu'une fois ses enfants sur la joue. » Nous n'échangerons désormais plus qu'un seul baiser avant d'aller nous coucher. Plus tard, elle nous chassera de chez elle, nous émancipera ou nous mettra sous tutelle, lorsque nous ne serons pas conformes à ses désirs. Plus tard encore, à la mort de son mari, elle se substituera à lui pour diriger la famille, accaparera ses biens, et voudra choisir celui qu'elle jugera digne de succéder à son époux. Elle n'hésitera pas à le chercher parmi ses petits-enfants, balayant le droit, les usages familiaux, tout sentiment maternel, bafouant les sentiments qui unissent un père à son fils. Et elle nous en a voulu de ne pas lui avoir porté des sentiments d'amour reconnaissant. Mais si elle n'avait pas été ainsi, nous aurions éprouvé pour elle les mêmes sentiments d'amour que nous avons eus pour Néné et que nous avons aujourd'hui pour nos propres enfants. L'ingratitude est parfois une forme de survie.

Cette mère, dure et belle comme la pierre d'un diamant noir, voulait tout contrôler, alternant la séduction et la force. Personnalité bipolaire et suractive qui lutte en permanence contre la dépression qui la menace, elle est capable de déborder d'impudeur sur elle-même, de livrer des détails sur son corps et sur ses humeurs. Elle est alors semblable à ces enfants trop investis en eux-mêmes pour comprendre la gêne qu'ils suscitent parfois chez d'autres. Elle force ainsi l'espace privé de ses enfants déstabilisés par cette soudaine irruption d'intimité dans le comportement froid et volontaire qu'elle affiche habituellement.

Enfant, je n'ai cessé d'éprouver le sentiment équivoque de n'être pas assez admiré par cette femme désirable, accessible avant qu'elle ne se dérobe. Elle en jouait afin de mettre en concurrence ses enfants – particulièrement ses deux fils – pour l'obtention de ses faveurs, refusant de tisser avec eux des liens vrais qu'elle n'était pas en état de leur donner. Elle en jouera plus tard pour tenter de m'opposer à mon fils. Ses jeux de pouvoir et de séduction occuperont une place de choix dans mes années d'analyse.

Autrefois, je craignais les regards chargés de reproches, réels ou imaginaires, de mes copains d'école. Pour leur ressembler, je voulais user jusqu'à la trame les vêtements que mes parents achetaient dans les meilleures maisons, comme chez Old England. Je vivais en incohérence manifeste entre l'école et ce qui m'était inculqué à la maison. Dans un des derniers rêves de mon analyse, je chassais ma mère de la table des anciens combattants qu'elle présidait. Tout le monde, mon père en premier, m'en félicitait ! C'est elle qui m'interdisait de créer une relation positive avec ce nom de Napoléon, par ses extravagantes exigences, par son souci permanent du protocole, des apparences, de ce que les autres allaient penser.

L'analyse me permit de construire une image beaucoup plus précise de mes parents, de les transcender, de les reconstruire, de leur pardonner. À partir de là, j'ai cessé de les considérer sous des traits malveillants. L'agressivité refoulée s'étant épuisée dans les projections sur le thérapeute, tour à tour père et mère, je n'éprouverai bientôt plus que des sentiments bienveillants à leur égard. Avec une forte et lucide conscience, dépourvue de toute culpabilité, de ce qui nous séparait. Lorsque ma mère disparaîtra, je pourrai la remercier du chemin qu'elle m'a permis de parcourir, reconnaître ce qu'elle m'a laissé de positif, un idéal de vie exigeant. En attendant, sa force et sa détermination m'auront d'abord été utiles pour me libérer d'elle-même. Le chemin de l'analyse n'a rien d'un parcours tranquille. Elle m'arma ainsi pour affronter d'autres épreuves de la vie, pour accepter les réalités, pour m'adapter aux circonstances, pour prendre du recul, pour donner un sens aux obstacles, pour rester, le plus souvent, optimiste, peu exigeant pour les choses matérielles, heureux de vivre. Son idéal était impossible à atteindre quand il prenait la forme particulièrement menaçante de rivaliser avec Napoléon. Mais il sera utile pour faire de moi un marin capable de naviguer sur la mer profonde et sombre de mon inconscient !

En cours d'analyse, je retournai une fois aux Pierres Bleues pour confronter mes intuitions à la réalité de sa personnalité et des lieux. Je me souviens des sentiments que j'éprouvais, ici, enfant, lorsque je m'enfermais dans ma chambre en trépignant de rage après de violentes disputes. L'amour déçu se transformait en projection haineuse. Mais ce qui restait de ressentiment mêlé d'indifférence pour ces situations devenues lointaines se transformera en fin d'analyse en compassion pour une mère incapable d'être mère et en sollicitude pour sa souffrance et son angoisse. Il restera de la pitié et de la compassion. Comme Dolto, je pourrai dire : « J'ai cessé de souffrir par ma mère lorsque j'ai commencé à souffrir pour elle. » Mon attitude à son égard avait changé. J'étais prêt à pardonner. Ma haine s'était transformée en compassion pour la position inconfortable qu'elle occupait aux côtés de mon père. Les plaisirs simples de la vie ne leur étaient pas étrangers mais ils pouvaient rarement les vivre. Je compris que l'éducation qu'ils nous avaient donnée les avait privés du bonheur simple d'aimer leurs enfants.

Quand ma mère sentit de meilleures dispositions de ma part, elle fit appel à moi pour régler des affaires familiales où ma connaissance du maire de Marseille l'aida. En quelques jours, j'étais devenu son enfant chéri, elle avait oublié ses ressentiments, oublié mon divorce, oublié des années de silence. Elle me réveillait en pleine nuit ou au milieu d'un déménagement pour me parler des tracas que lui créait cette affaire. « Allô mon chéri, je ne te dérange pas ? » Elle était redevenue mère tyrannique, enfant capricieuse. Lorsque je lui proposai des solutions qui ne lui convinrent pas, elle disparut brusquement de ma vie, je n'eus plus aucune nouvelle d'elle pendant des années. Cette mère marquée par la présence d'un père fort et d'un mari faible cherchait un appui auprès de moi mais n'acceptait pas que sa toute-puissance fût remise en cause. Nouvelle Électre, aurait-elle été jusqu'à encourager symboliquement le fils à éliminer le père ? Elle le fit plus tard, sans scrupule, en m'opposant à mon fils Jean-Christophe. L'analyse m'apprit à comprendre sa souffrance, mais aussi à ne donner aucune prise aux voies nouvelles que ma compassion lui ouvrait pour satisfaire son besoin de puissance. Je me limitai à voir les choses sans leur donner prise.

Je découvris aussi un père moins impérial, plus humain, plus attaché à sa famille. Il aurait pu être accessible à la démarche que j'entreprenais. Je m'efforçais de ne pas surinvestir ce père faible ou absent, souvent en retrait sur ses propres aspirations. À l'issue de mon analyse, je retrouvai le désir de recréer une relation agréable avec lui, comme la relation complice que nous avions eue quelquefois dans mon enfance, quand nous jouions au ballon dans le bois de Boulogne. Il n'était pas davantage que sa femme en état de supporter une relation vraie et suivie avec son fils. Il apparut surtout en fin d'analyse. J'eus alors plusieurs rêves œdipiens où il s'interposait entre moi et elle, m'expliquant que l'amour d'elle était quelque chose de sale. J'eus aussi des rêves symétriques où la mère encourageait le fils à écarter son père, transformé en déchet. Dans plusieurs rêves, il prit un avocat contre ses enfants, c'est-à-dire pour lutter contre ses propres sentiments à leur égard. Cette interprétation sera tristement confirmée par le futur. Dans un rêve prémonitoire de 1984, il était en colère et m'expliquait que je n'aurai pas grand-chose à attendre de lui sur le plan matériel après sa disparition.

J'interrompis la psychanalyse sur un rêve où il s'enroulait dans une couverture de survie avant d'être peu à peu recouvert par les éboulis tombant de la montagne. Il me sembla que ce rêve annonçait sa prochaine disparition comme il approchait des quatre-vingts ans. Je cherchai à le rencontrer pour une véritable conversation avec lui. Il se déroba. J'avais fait ma part du chemin. Il était temps d'interrompre mon analyse.

L'analyse me permit aussi de retrouver Néné, mère de remplacement, qui avait su créer les objets bons et solides qui m'avaient permis de grandir affectivement. Elle m'avait appris le bonheur d'être tenu dans des bras aimants, le sentiment de satiété qui rend optimiste et ouvre à toutes les formes d'amour que l'on donne et que l'on reçoit. En cours d'analyse, je l'invitai un soir à Paris. Je voulais retrouver une fois encore son beau visage. Aussi loin que me remontent mes souvenirs, elle aura été à mes côtés, compagne fidèle, protectrice des pulsions agressives de ma mère. Elle vivait beaucoup au présent, se réjouissait d'un rien. Elle avait le sentiment d'une vie bien remplie consacrée aux enfants dont elle s'était occupée et n'éprouvait aucune crainte de la mort. Elle connut une fin de vie heureuse, m'offrant jusqu'au bout le modèle d'une vie digne et simple.

J'ai eu la chance d'être entouré d'autres adultes qui m'ont appris à aimer, comme mon grand-père. En 1985, je l'ai revu quelques instants en tête à tête lors de la fête donnée pour les soixante ans de son mariage chez son autre fille en Loir-et-Cher. Il y avait beaucoup de monde. Nous nous sommes pris dans les bras, ses yeux débordaient d'affection. Il utilisa le diminutif par lequel il m'appelait, enfant : « Fiston, je suis content que tu sois là ! » Un regard suffit pour échanger nos sentiments.

La politique m'apparut sous un autre jour. Le sentiment démocratique est du côté féminin, il relève du désir de développer toutes les facultés de l'être aimé. Je suis sensible au charme du pouvoir que j'associe volontiers au féminin des êtres, à leur désir de plaire, plus qu'à leur autorité. Je n'aime pas les voix autoritaires, leur ton de reproche, le « tu n'es pas à la hauteur du chemin que je te montre ». Comme menacés par le vide intérieur, ces politiques ont toujours besoin de bouger, de serrer des mains, d'être adulés par les foules. J'admire les ministres des démocraties du Nord qui vivent dans leurs appartements privés et prennent les transports en commun pour se rendre à leur bureau. Je travaillai sur ma déception après l'arrivée de la gauche au pouvoir : après l'amour, c'est le désespoir, dit Sartre dans ses *Cahiers de la drôle de guerre*. Un 21 juin, à l'une des premières fêtes de la musique, mes pas m'avaient conduit au pied du Palais-Royal. Levant les yeux, je vis Jack Lang partager le champagne avec quelques artistes sélectionnés sur le balcon du ministère de la Culture qui donne sur les jardins. Je ne supportais pas cette arrogance Ancien Régime, cette distance mise avec le peuple qui dansait à ses pieds. La déception politique, à la mesure de tant d'espoirs entretenus pendant des années, avait une place dans la dépression que je venais de traverser.

Dans la vie quotidienne je suis devenu plus calme, plus tolérant, moins énervé par des broutilles, moins attaché au matériel. Je vis plus dans le présent, moins dans les ruminations du passé et dans les anticipations de l'avenir. Je suis devenu plus attentif aux autres, prenant le temps de vivre les situations agréables, évitant les tensions inutiles, les émotions négatives.

Ma mère a maintenant quatre-vingt-quinze ans passés. Je lui suis gré de m'avoir donné la vie et d'avoir créé une partie des causes de ce que je suis. Rien du passé ne pourra être changé. Je n'ai pas de ressentiment à son égard. Je lui souhaite de terminer sa vie dans la paix.

Après Caroline, j'ai élevé trois autres enfants. Je pus créer avec chacun d'eux des relations sans le poids des apparences que j'avais connu chez moi. Avec Jean-Christophe et Sophie, j'ai revécu deux fois les émotions de la venue au monde. Ce furent parmi les plus belles de ma vie. Il y a quelque chose de divin à partager ce moment unique où l'on ressent la puissance permanente et mystérieuse de la vie qui prend la forme d'un petit être chétif et démuni issu de soi. Dès qu'ils m'ont été mis dans les bras, comme à Caroline, je leur ai chanté un petit refrain et j'ai vu leur tête aux yeux encore fermés se tourner vers moi à la recherche de la voix déjà entendue dans le ventre de leur mère. Je les ai adoptés, au sens où je me suis laissé le droit de revivre la crainte de nouvelles responsabilités, le temps nécessaire pour accepter leur présence, pour accepter la fatigue de nuits décousues, pour les découvrir, pour les aimer. Je ne crois pas que cela aille de soi. Ce fut pour moi le résultat d'une démarche rendue possible par l'analyse. Je continuais à travailler, à évoluer dans mes idées, dans ma vie affective, à vieillir pendant qu'ils grandissaient. Ils ont partagé des épisodes de ma vie ; ils ont cheminé à mes côtés. Un jour ils continueront seuls, cela ne m'inquiète pas, ils sont bien armés. J'ai regardé leur liberté comme le bien le plus précieux que je pouvais leur transmettre et je me suis gardé de leur imposer mes manières de penser ou de vivre. Je me suis considéré comme un tuteur, mis sur leur chemin pour leur apprendre à grandir, à vivre, à aimer, à regarder autour d'eux, à partager. Je me suis autorisé à leur enseigner ces valeurs car je considère qu'elles ouvrent le chemin d'une vie heureuse. C'est de cela que je voudrais qu'ils héritent. Je n'ai jamais éprouvé aucun sentiment de propriété à leur égard. J'ai été heureux de les voir grandir et prendre leur indépendance. Chacun a suivi des chemins différents, en fonction de ses valeurs et de ses goûts. Je ne les juge pas. Ils ont rejoint le monde des adultes ; quoi de plus normal que de se sentir plus proche de tel ou tel selon les événements de la vie ? Cela ne remet pas en cause le lien profond de la paternité. Je les aime, ils peuvent compter sur moi en toute circonstance.

Le partage a été ma motivation principale pour l'adoption de ma troisième fille, Anh, née au Vietnam. J'étais alors en campagne électorale à Ajaccio ; mon épouse, Françoise, a été conquise par cette gamine pleine de vie lors d'un voyage au Vietnam. Anh est arrivée à la maison à l'âge de quatre ans.

Il fallait en même temps recoudre la blessure de l'abandon initial et faire avec une petite enfance endurcie par les combats pour survivre au milieu d'enfants abandonnés. Les merveilleuses qualités des religieuses qui l'avaient recueillie à l'orphelinat d'Hô Chi Minh-Ville l'ont aidée à traverser ces épreuves initiales. C'est aujourd'hui une jeune femme déterminée qui prend la vie à bras-le-corps.

Après la psychanalyse, je n'ai pas cessé la recherche de ma propre vérité. Désormais, chaque journée commence par un long temps de méditation qui me permet d'accéder à un esprit serein et de prendre conscience des émotions qui me traversent pour ne garder que celles qui me rendent meilleur et plus heureux.

Marie Bonaparte

La vie de Marie Bonaparte, la grande dame aux perroquets gris sur la plage de Pampelonne que j'ai évoquée au début de ce chapitre, illustre bien ce que j'appelle l'esprit des Bonaparte. Libre dans ses propos, dans ses pensées et dans ses actes, elle n'oubliait pas le milieu dont elle était issue. De ce que la naissance avait mis entre ses mains, elle fit quelque chose d'original et d'utile à ses contemporains. Je voudrais surtout insister sur son parcours personnel exceptionnel : issue de la haute société, elle parvint à se libérer des préjugés de son monde, à poser la question totalement iconoclaste du plaisir féminin, à se livrer à une analyse avec Sigmund Freud, à fonder son école en France, à rester jusqu'à la fin de ses jours révoltée par les injustices, à conserver un regard stoïque face aux épreuves de la vie et à la mort.

Elle eut une enfance à la fois favorisée et solitaire, qui ressemble à celle des enfants de la bonne société de la fin du XIXe siècle. Une nourrice lui apporte l'affection d'une mère tôt disparue, elle vit dans le somptueux hôtel particulier familial du 10, avenue d'Iéna, devenu palace Shangri-La, passe des vacances à Dieppe, ville à la mode depuis qu'elle était reliée à Paris par le chemin de fer. Sa mère, Marie-Félix Blanc, fille de François Blanc, fondateur du casino de Monaco, mourut un mois après sa naissance. Marie ne trouva d'affection ni auprès d'une grand-mère paternelle acariâtre qui vit avec son père, ni auprès d'un père individualiste et secret, investi dans ses travaux scientifiques. De sa mère, elle avait hérité une faible constitution.

Roland, son père, était un scientifique, devenu membre de la Société de géographie pour ses travaux sur la Laponie et sur la Corse. Pendant ses rares moments disponibles, il initia sa fille aux sciences. Le dimanche, il la menait dans sa chambre pour découvrir les planètes dans sa lunette astronomique. Cette petite fille curieuse et de santé fragile lui rappelait la femme qu'il avait si peu aimée. Il ne parvenait pas davantage à aimer sa fille. Sur les clichés qu'il prit d'elle, les décors sont travaillés avec soin, mais son visage triste saute aux yeux. Quand elle déménagea la bibliothèque de l'hôtel parisien, en 1949, elle découvrit derrière un meuble un paquet de lettres qu'elle avait écrites à son père à l'âge de onze ans, et qu'il n'avait pas même pris la peine de décacheter.

Une gouvernante corse, Marie-Claire Bernardini, qu'elle surnomme *Mimau*, mimosa, s'occupe d'elle. Elle est une mère de substitution qui la consolera des rumeurs colportées par les domestiques d'après lesquelles sa mère aurait été victime d'un meurtre ourdi par la mère de Roland afin que son fils bénéficie plus rapidement de sa fortune. C'est elle aussi qui lui apprend à lire et à écrire, car Marie ne va pas à l'école, elle étudie à la maison. C'est elle qui soigne ses premières crises de nerfs par le tilleul et la fleur d'oranger. Entre huit ans et dix ans, Marie commence à remplir cinq cahiers de notes à couverture noire qu'elle intitule *Bêtises* : « Il s'était déjà établi en moi l'attitude psychologique qui devait rester mienne tout au long de ma vie. Chaque fois, en effet, où mes élans instinctuels, de quelque sorte qu'ils fussent, se brisèrent au mur de la réalité, c'est en montant en l'arbre aux étoiles, c'est-à-dire en me réfugiant dans les sublimations intellectuelles, que je retrouvai la paix et le bonheur », indiqua-t-elle. Elle retrouvera ces écrits en triant des papiers après la mort de son père en 1924, et affirmera que l'énigme de cet oubli la poussera à entreprendre une psychanalyse avec Freud. Elle livrera ces magnifiques témoignages de sa propre enfance, leur analyse par Freud et ses propres commentaires à partir de 1939. L'écriture l'a préservée de la tyrannie de sa grand-mère et de l'indifférence de son père. « Si ces cahiers sont intitulés *Bêtises*, écrira-t-elle, c'est pour mieux camoufler la gravité sombre, tragique, des thèmes qui sont traités, par mon imagination infantile, sur son mode symbolique archaïque. »

Ces cinq cahiers montrent combien la petite fille est sensible aux histoires, aux spectacles, aux rencontres. Son imagination débordante la place au centre des chansons, des fables de La Fontaine, des contes de Perrault, des mythes de l'Antiquité lus par son entourage. Des personnages terrifiants peuplent ses nuits, comme ce requin qui croque les cercueils dans les mers de Chine « lorsqu'un tué est dedans », ou ce Calica dont le doigt menace de lui toucher la nuque : « Tels les peuples exaltant en épopées les humbles débuts de leur histoire, je me serais servie des universels symboles de l'humanité pour chanter mes premières impressions et mes premiers émois. » C'est une enfant imaginative, précoce, qui utilise le matériau des contes enfantins pour se construire. Adulte, elle livrera ce commentaire de la fable *Le Meunier, son fils et l'âne* : « La fable du bon La Fontaine me prépara à braver au cours de ma vie les orages de l'opinion, fonda en partie la possibilité de ma vocation, plus tard, de psychanalyste et, dès lors, m'insuffla quelque mépris secret pour papa et bonne maman trop sensibles à mon gré aux mauvais procédés des bonapartistes et au dédain des comtes et des ducs de Saint-Germain. On ne peut contenter tout le monde et son père. De même, toute ma vie, je ne devais attacher de prix qu'à l'opinion, l'approbation, l'amour de quelques "pères" choisis de plus en plus haut et dont le dernier devait être mon grand maître, Freud. »

Ces premiers écrits révèlent une enfant qui trouve refuge dans la compagnie des animaux : les oiseaux qui perchent sur les marronniers du jardin du Cours-la-Reine, les escargots et les insectes qu'on l'autorise à garder, un écureuil roux que l'on a mis en cage, deux ouistitis, la petite chienne bâtarde Diablette, qui sera suivie de bien d'autres. Elle trouve consolation dans la nature qui entoure la maison de Saint-Cloud où la famille se rend en fin de semaine. Elle y retrouve avec bonheur les grands marronniers, le pin, le paulownia, l'odeur du sureau, du buis, du fusain et du seringa mélangés. C'est dans cette maison que j'avais été, enfant, pour un mardi gras déguisé. On y accède par une allée de tilleuls en boule ; tout autour, des pelouses où Marie aime à sauter et courir. Au fond broute une chèvre attachée à son piquet. Marie aime la nature.

La petite Marie recevra une éducation digne du rang social auquel aspirait sa grand-mère issue de rien qui exigeait qu'on ne prononce jamais devant elle le nom des Blanc, la famille de la mère de Marie, à qui Roland devait pourtant sa fortune, mais dont les origines étaient si modestes. Seul comptait l'héritage social et mondain des Bonaparte. Elle força Marie à faire sa communion, geste parfaitement incongru dans une famille athée. Le soin de lui inculquer le minimum fut confié à un abbé corse, l'abbé Paoli. Elle communia avec naïveté, dans l'exaltation, avec des sanglots de bonheur. Mais à la maison sa grand-mère lui répétait qu'il ne fallait pas croire aux fables de l'abbé Paoli et que la communion était d'abord une assurance pour tenir sa place dans la société. Les institutrices qui venaient faire cours à domicile devaient être agnostiques. Marie conserva l'esprit positiviste et curieux de son père.

L'apprentissage des langues était naturel dans ce milieu. À l'âge de treize ans, elle a deux institutrices pour lui apprendre l'anglais et l'allemand. Avec l'une, elle s'initie à Shakespeare, avec l'autre aux comédies de Molière. Marie va très jeune au théâtre. Cet art est prisé chez les Bonaparte. À treize ans, elle assiste à la représentation de *Galatée* de Victor Massenet, puis de la *Favorite* de Donizetti, d'*Œdipe roi* de Sophocle, que la future freudienne insista pour voir plusieurs fois, d'*Hamlet* de Shakespeare. Les héros de ces pièces entrèrent alors dans son panthéon enfantin. Cette éducation soignée, dont le latin avait pourtant été exclu car son père craignait que cette langue ne la rapproche de la religion, la familiarise avec les grands romanciers russes du XIXe, Tolstoï, les Lumières, Diderot, Voltaire et Rousseau, mais aussi les contemporains, Baudelaire, Edgar Poe, George Sand. Secrète, elle a peu d'amis mais s'attache à quatorze ans à Geneviève, la fille d'Émile Ollivier, le chef libéral du dernier gouvernement de Napoléon III. À son contact, elle prend conscience du handicap d'être une femme dont l'intelligence n'intéresse personne : « Dans la civilisation faite par les hommes, écrit-elle alors, les femmes n'ont pas la place, la liberté, le bonheur qu'elles devraient ; je me sens opprimée. »

Malgré les évidentes capacités intellectuelles de Marie, sa grand-mère et son père lui interdirent de se présenter au brevet élémentaire qui préparait à devenir institutrice, prétextant que les professeurs, tous républicains, répugneraient à donner le diplôme à une Bonaparte. On lui fit comprendre que son éducation était désormais achevée et qu'elle devait songer au mariage. « Malédiction de mon nom, de mon rang, de mon or ! écrit-elle dans ses cahiers. Malédiction surtout de mon sexe ! Car si j'étais un garçon, on n'eût pu m'empêcher de me présenter au baccalauréat, malgré mon nom, comme autrefois Papa qui d'ailleurs n'échoua pas ! »

L'année qui suivit sa majorité, disparut la redoutable princesse Pierre, sa grand-mère. Avec son décès, « on semble avoir enterré la mort. Il ne reste plus que la vie, la vie enfin libre, sans l'œil noir unique qui me surveillait ! » Marie identifia plus tard le rôle essentiel qu'avait occupé dans son enfance cette grand-mère « phallique » : « La plébéienne des faubourgs devenue princesse n'est parvenue à ce degré d'élévation sociale qu'à force de courage et d'abnégation… Et si elle fut si dure envers moi, c'est qu'elle est d'abord dure avec elle-même et ne comprend que ce mode-là. »

Marie enviait une cousine qui avait passé le baccalauréat : « Moi, si j'avais mon baccalauréat, je rentrerais demain dans cette lourde bâtisse de la rue de l'École-de-Médecine ou un peu plus loin où on dissèque les cadavres. J'apprendrais l'anatomie, les secrets hermétiques de la structure interne du corps humain. » Ce rêve de la médecine ne l'abandonna plus. Son père s'y opposait car les études seraient un obstacle au mariage. Elle était encore trop faible pour se confronter à lui. Jusqu'à vingt-quatre ans, les obligations familiales étaient les seules qui lui soient permises, comme ces visites de l'ex-impératrice Eugénie ou ces bals chez les Murat. Dans l'hôtel particulier de son père, elle vivait dans la légende napoléonienne, entourée de mobilier, de tableaux, de gravures de l'époque, jusqu'au linge de maison marqué aux abeilles impériales. Pourtant Roland souffrait de ne pas avoir été reconnu par les Bonaparte et du mépris dans lequel la vieille aristocratie française tenait les Bonaparte. Son engagement dans la science était aussi le moyen de se racheter de ces illégitimités. Au sein de cet univers pesant, Marie conçut une horreur pour le style Empire qu'elle évitera soigneusement dans toutes ses maisons. Elle n'avait pas de sympathie particulière pour Napoléon qu'elle qualifiait de « tyran ».

Dans les années 1905, elle fréquentait les bals mondains du boulevard Saint-Germain où sa fortune attirait de nombreux prétendants. En septembre 1906, le roi de Grèce, Georges 1er, était de passage à Paris. Roland organisa un déjeuner pour lui et plaça sa fille à la droite du souverain. À l'issue du repas, le père annonça à sa fille que le roi lui avait proposé qu'elle épouse son jeune fils Georges. Marie se souvint avoir vu le jeune homme dans le *Graphic*, journal de Londres qui relatait les aventures d'un prince de Grèce au Japon, et de l'avoir trouvé bel homme. Mais elle n'accepta pas spontanément. Son père insista et invita le jeune prince Georges avenue d'Iéna, en juillet. Les préjugés de Marie cédèrent devant cet homme qu'elle décrit

« élancé, blond, avec une longue moustache blonde comme son père, un nez droit, des yeux bleu de ciel qui sourient ».

Mariée civilement à la mairie de l'arrondissement, elle se rend en Grèce pour les cérémonies religieuses sur le yacht royal l'*Amphitrite*. Elle n'eut pas trop des principes qui lui avaient été inculqués par sa grand-mère pour faire face à la réception qui l'attend sur le port du Pirée en décembre 1907. Elle est anxieuse pour la cérémonie du lendemain : « Tous les fils télégraphiques de la terre enverront des comptes rendus de ces cérémonies qui, après tout, célèbrent ce seul fait qu'un homme et une fille, celle-ci longtemps entravée, vont enfin accomplir la simple loi de la nature, qui veut que les espèces se perpétuent », notera-t-elle. Le mariage de rite orthodoxe est grandiose ; le soir, il y a un grand banquet. Marie, qui avait dépensé des sommes considérables pour s'habiller à Paris, paraît assez indifférente à sa condition nouvelle, notant dans son carnet avec amusement : « En ce grand jour, nous passons même avant les rois ! »

Son mari est un homme de devoir, profondément croyant. Dans un cahier de 1939, Marie retrace les débuts de leur vie commune. « Nous étions de race différente. Non seulement par la couleur du teint et des cheveux, mais par les résonances de l'esprit et du cœur. » Sans doute fait-elle allusion au peu d'empressement dont il témoigne sur le plan physique et qu'elle met, dans un premier temps, sur le compte de sa religion. Le soir des noces, Marie note : « Il fallut la chaleur de ma voix, de ma main et ma permission pour que tu t'enhardisses à venir vers la vierge. Tu me pris ce soir-là d'un geste court, brutal, comme t'y forçant toi-même et t'excusant : je hais cela autant que toi. Mais il faut bien si l'on veut des enfants. » Elle découvre dès leur voyage de noces que son mari n'a qu'une passion, l'oncle Valdemar, prince du Danemark, dont il lui avait souvent parlé. Il est plus qu'un parent et un compagnon de voyage : c'est aussi un amant. Elle réalise alors sa propre frigidité, qui deviendra le centre de son œuvre scientifique. Elle passera néanmoins le reste de sa vie avec le prince Georges : en échange de sa relation homosexuelle, elle conserva sa propre liberté. Elle dira : « Il m'ennuie, il m'enchaîne mais il est le seul qui m'aimera jusqu'à la mort… Ce que j'écris de mon mari, bien des hommes pourraient l'écrire de leurs femmes qu'ils délaissent au foyer mais viennent retrouver toujours. » Son opinion sur le mariage est faite : « L'oppression du mariage est une maladie universelle ! » Dans son journal, le 23 août 1908, elle évoque, à l'occasion d'un long séjour qu'ils firent dans la propriété de l'oncle Valdemar au Danemark, ses « deux maris ». Elle écrit dans son journal intime : « La joie profonde et douce des tête-à-tête à trois, Georges, moi et le doux Valdemar. » Elle évoque avec légèreté cette atmosphère libertine : Valdemar et Georges sont dans la chambre alors qu'elle est étendue sur une chaise longue. Valdemar l'embrasse et Georges refuse de l'embrasser comme le fait son oncle. Plus loin : « Mon Georges, près de son Valdemar, est comme un jour éclairé au soleil, et loin de lui, comme un jour de brume. » Mais elle reste interdite devant le fonctionnement du milieu de son mari, « qui a conscience d'être sans cesse l'objet du regard d'autrui et qui, en même temps, se sent au-delà des règles du commun, même celles de la religion qu'ils pratiquent pourtant avec une apparente dévotion ». Elle fait allusion à tous ses cousins couronnés d'Europe qu'elle fréquente désormais : le tsar de Russie, la reine d'Angleterre… Son père, qui porte l'uniforme vert de l'Académie des sciences, était quant à lui, notera-t-elle, « béat d'admiration devant les personnages royaux ». Le 3 décembre 1908 à Paris, elle donne naissance à un fils, Pierre. Georges, d'habitude peu expansif, manifeste beaucoup d'émotion. Marie éprouve pleinement la joie de sa maternité : « C'est beau, c'est grand, de se sentir ainsi donner la vie à un être nouveau », et refuse le chloroforme qui lui est tendu par le docteur. Pendant l'été 1909 naît une fille, Eugénie. Georges, qui attendait un autre fils, manifeste cette fois de la déception. Les deux enfants éprouveront qu'il n'est pas facile d'avoir pour mère une des plus grandes psychanalystes de son temps !

À la même époque, Marie fait connaissance à Paris de Gustave Le Bon, un ami de son père, auteur d'ouvrages fameux sur la psychologie des foules et sur les civilisations lointaines. Cet homme, âgé de soixante-dix ans, guide ses premiers pas de thérapeute en lui recommandant de lire *L'Introduction à la psychanalyse* de Sigmund Freud. Ses notes montrent son enthousiasme pour les propos, même les plus ordinaires, du professeur : « Car, il m'a donné confiance en moi-même et courage, et m'a montré, vérité rassérénante, que l'esprit passait d'abord… Il m'a appris à discerner l'élite, m'en donna l'amour et le sentiment. L'élite des âmes et des esprits. » Le Bon devient pendant quelques années le centre autour duquel elle organise sa vie. Elle rentre en Grèce avec Georges et leurs enfants en octobre 1912, au début de la guerre entre la Grèce et la Turquie, où elle sert sur un navire-hôpital jusqu'en avril 1913, et revient en France avec son mari, après l'assassinat du roi Georges Ier à Salonique le 18 mars.

La rencontre avec Le Bon marque le début de la carrière intellectuelle de Marie qui commence, comme beaucoup de femmes de son rang, par recevoir chez elle l'élite du pays. Marie invite à sa table de Saint-Cloud Poincaré, Tardieu, Ruydard Kipling, et, en octobre 1913, Aristide Briand. Il a cinquante et un ans et avait déjà été quatre fois président du Conseil. Avocat puis journaliste, il a été élu pour la première fois député en 1902. Socialiste, autrefois proche de Jaurès, il a été un des principaux artisans de la loi de séparation de 1905 entre l'Église et l'État. Son costume toujours fripé, son épaisse moustache, sa crinière en bataille et ses éternelles cigarettes offrent un singulier contraste avec une intelligence subtile et une grande expérience politique servies par une voix séduisante et une grande capacité d'improvisation. Ils échangent leurs premiers baisers dans la voiture qui les ramène un mois plus tard de Courances. Leur liaison durera toute la guerre, malgré les écrasantes responsabilités de celui qui occupera de hautes fonctions ministérielles pendant les heures les plus noires de la guerre de 14-18, notamment au moment de Verdun. Une étrange relation s'instaure entre eux. Leur liaison ne fut en effet pas consommée avant plusieurs années, ce qui surprend chez un homme qui avait une réputation bien établie de séducteur. Cette relation permit à Marie Bonaparte de comprendre ses propres difficultés à aimer.

Fin juillet 1914, après la déclaration de guerre entre l'Autriche et la Serbie, Marie reprend sa vie danoise entre ses « deux maris ». Briand est alors garde des Sceaux et, avec ses amis socialistes, soutient l'offensive sur la Marne du général Gallieni. Les échanges de courrier sont fréquents : environ 250 lettres pendant la guerre. Il la tient informée des événements de Paris. En échange, Marie lui communique les nouvelles de Berlin et des membres de la famille de son mari proches de l'empereur Guillaume II. Le prince Roland, affecté au bureau topographique de Bordeaux, fait connaissance du ministre qui s'amuse de ce qu'un « anarchiste » comme lui devienne fonctionnaire de la République ! Les amants se revoient fin 1914, au moment où Briand aménage un entretien entre le prince Georges et le président Poincaré afin de l'informer de la position de la Grèce sur ce qui conduira au malheureux échec de l'expédition de Salonique contre les Turcs. Leur relation s'épanouit en 1915 quand Briand devient un habitué de Saint-Cloud : « Maintenant je connais ton mari, lui écrira Briand, il est simple, il a confiance en toi, en moi, il t'aime à sa manière. » Elle part pour Athènes en juin 1915 rejoindre le roi Constantin, son beau-frère, gravement malade. Fin octobre, Briand est nommé à la présidence du Conseil. Marie offre alors sur ses propres fonds un hôpital au corps expéditionnaire français.

En janvier 1916, alors qu'ils se connaissent depuis deux ans, Briand la force à se dévêtir pour la première fois. Marie note : « Il m'a seulement tenue nue entre ses bras nus. Plus forte que toute pitié est mon ressentiment à plusieurs faces. Tu souffres de me voir glacée et cela me fait plaisir. J'ai au cœur, contre toi, comme un désir de vengeance. Nous pleurons, j'aime que tu pleures, et j'aime pleurer, et j'aime surtout m'en aller. » En février, leur relation commence à s'ébruiter. Pour la première fois, Georges fait des reproches à son épouse ; ils vont pourtant ensemble visiter le Mont-Saint-Michel. Pendant l'été 1917, après la chute du cabinet, Marie et Briand sont souvent ensemble. Quand Georges est à Paris, les trois vivent désormais en bonne entente. À partir de mars 1918, peu à peu leurs courriers s'espacent. Briand a rencontré une autre femme. « Je ne voulais pas m'éveiller de ce rêve qui avait duré quatre ans », écrira-t-elle. À la fin de la note concernant Briand dans *Les hommes que j'ai aimés*, elle conclut : « J'ai plus regretté ses lettres que son amour. » Dans son journal d'analyse, elle dit en 1929 devant Freud : « Son ardeur me trouvait trop frigide, à tous les points de vue », à quoi le Maître ajoute : « Il n'avait pas tort ! » Les anciens amants restent amis : ils se fréquentent et échangent des correspondances jusqu'en 1922. Lorsqu'Aristide Briand devient président du Conseil pour la septième fois, en 1921, poste qu'il cumule avec celui de ministre des Affaires étrangères, il relate encore à Marie ses négociations à Londres sur la difficile question de la frontière germano-polonaise et lui parle d'un déjeuner qu'il a eu en tête à tête avec le roi et la reine où il a été question d'elle et du « géant », son mari. Il lui écrit encore de Washington pour lui décrire New York. Plus tard, en 1930, elle tenta en vain de récupérer leurs courriers.

Encouragée par son ami, elle commence durant l'été 1919 un ouvrage de réflexion sur la guerre : *Guerres militaires et guerres sociales*, qui parut dans la bibliothèque de philosophie scientifique dirigée par Gustave Le Bon chez Flammarion. Certains thèmes reflètent des idées socialistes. Elle évoque aussi les luttes sociales en Russie et approuve la révolution de 1917, le bolchevisme étant, selon elle, très puissant pour convertir et détruire, mais impuissant à rebâtir. Au sortir de la guerre, elle lit Trotski, Lénine, et « un petit catéchisme bolchevik vendu par le parti socialiste où votre nom est cité comme celui d'un des pères de la nouvelle Église », écrit-elle drôlement à Briand, en ajoutant : « Ce soir, je vais chez les "purs" léninistes. » La politique constitue l'arrière-plan permanent de l'activité de Marie Bonaparte.

Une lettre datée du 16 avril 1925 précise ses conceptions : « Contrairement à ce qu'on pourrait croire, je ne suis en rien bonapartiste. Je crois que la république qui a donné à la France tout ce qu'elle lui donna depuis cinquante-cinq ans est le meilleur régime approprié à ce pays. »

Ses valeurs personnelles sont désormais bien établies. Elle assume ses origines et se plie aux obligations sociales et mondaines, mariages et enterrements royaux aux quatre coins de l'Europe. Néanmoins, elle est sans illusion sur ces familles et sur l'aptitude de la famille de Grèce à assurer le gouvernement de son pays ; elle n'est pas surprise des événements qui aboutiront à son renversement. Sur ce point, elle est en désaccord avec Georges qui se plaint de la trahison de la France. Elle est tolérante envers les membres de la bonne société, qui ne peuvent pas comprendre ses intérêts et ses goûts. Elle s'emploie à éviter toute provocation et scinde sa vie entre sa famille et ses activités de thérapeute qui vont lui prendre désormais de plus en plus de temps. Elle n'a jamais eu de conflits à ce propos avec son mari, qui était devenu son meilleur compagnon, sans prêter aucun intérêt à ses recherches. Lui reste investi dans les voyages, la chasse, les sports nautiques qu'il pratique avec l'oncle Valdemar. Elle a aussi conscience du rôle de sa fortune. Elle ne veut pas en être prisonnière. Elle se montre toujours généreuse : « L'argent n'a jamais compté pour moi. Il n'a de valeur que pour acheter la liberté. »

Marie transmit ces valeurs à ses enfants, Pierre et Eugénie. Elle les mit au lycée, alors que, comme le dit sa fille, la princesse Eugénie, « dans la famille, le lycée, en dehors de mes parents, personne ne savait ce que c'était ». Marie Bonaparte appréciait la qualité de cet enseignement et le mélange avec d'autres classes sociales. Leur père était peu présent dans l'éducation de ses enfants qui vivaient sans traumatisme la présence d'un « *papa two* », l'oncle Valdemar. Marie ne réussit pas sa tâche d'éducatrice. Elle aimait ses deux enfants, mais elle manquait de naturel et ne savait pas bien comment s'y prendre avec eux, n'ayant jamais connu de modèle maternel. Elle manquait singulièrement de patience et ne parvenait pas à adopter la bonne attitude, oscillant entre longues absences et présence envahissante.

La rencontre de Marie avec le docteur Laforgue coïncide avec l'année de la mort de son père, Roland, et la fin de sa relation suivie avec Aristide Briand, comme si elle abordait, à l'aube de ses quarante ans, une nouvelle période de sa vie. Jusqu'alors, son père avait été un homme actif, voyageant sous toutes les latitudes pour se consacrer à sa dernière passion, la botanique. Sa collection de roches, de minéraux divers et de plantes était la plus importante de France. Sa bibliothèque ne comptait pas moins de deux cent mille ouvrages, auxquels s'ajoutaient des centaines de publications et revues de géographie. Le jour où il reçut la médaille Arago, il résuma ainsi sa vie : « Contribuer à augmenter la somme de nos connaissances positives a toujours été le but que je me suis proposé. » Il avait financé des bourses destinées aux travaux de jeunes géographes et de nombreux laboratoires et observatoires en France ne devaient leur existence qu'à sa générosité, comme l'observatoire du pic du Midi. Il était membre actif des grandes sociétés scientifiques françaises de son époque : Académie des sciences, Société de géographie, dont il fut membre fondateur, Fédération aéronautique, Aéro-club, Club alpin, Société d'anthropologie. Après une première opération qui n'améliora que provisoirement l'état du malade, Marie décida d'assumer à ses côtés un rôle nouveau, celui de le protéger et de l'assister jusqu'au bout. Dans *Monologues devant la vie et la mort*, elle évoque son plaisir d'être enfin aux côtés de ce père qui avait été si ingrat à son égard : « Il restera mien, de par la maladie, longtemps, toujours, sans plus pouvoir s'en aller, s'échapper, me faire pleurer comme lorsque j'étais petite et qu'il allait dîner dehors ou partait en voyage. » C'est au chevet de son père qu'elle lut l'*Introduction à la psychanalyse* de Sigmund Freud ! Quand cet homme actif fut contraint de renoncer à ses randonnées annuelles dans les Alpes suisses, Marie réalisa la gravité de son état. Il disparut en avril 1924.

En novembre 1923, elle fait connaissance du docteur Laforgue. Récemment arrivé d'Alsace, ce jeune médecin avait découvert Freud en 1913 et avait soutenu en 1922 sa thèse sur « l'affectivité des schizophrènes du point de vue psychanalytique ». Après la guerre, où il fut mobilisé sous le drapeau allemand en raison de ses origines alsaciennes, il revint à Paris et occupa un poste d'assistant en consultation psychanalytique à l'hôpital Sainte-Anne. Rentré en correspondance avec Freud en 1923, sa connaissance de la langue allemande le désignait naturellement pour traduire en français les œuvres de la Bibliothèque psychanalytique des éditions Payot qui allaient faire connaître Freud en France. Il avait lui-même été psychanalysé par Eugénie Sokolnika, la première à pratiquer l'analyse en France. Marie consulta pour sa frigidité persistante l'homme qu'elle considérait comme le principal représentant de la psychanalyse en France.

En avril 1924, elle publie dans la revue *Bruxelles Médical*, sous un nom d'emprunt, un article intitulé « Considérations sur les causes anatomiques de la frigidité chez la femme » qui présente une parfaite illustration de ce qu'elle qualifiera plus tard de névrose. Il y a, selon elle, deux types de frigidité féminine, l'une causée par une inhibition psychologique, guérissable par psychothérapie, l'autre tenant à une cause physiologique : la trop grande distance entre le clitoris et le vagin. « Ainsi, ces femmes peuvent changer et rechanger d'amant, en rencontrer même chez qui l'acte dure plus d'une heure, sans que cède leur insensibilité à l'étreinte. » Cette conclusion est tirée, dira-t-elle, de l'observation de plus de trois cents cas cliniques. Elle n'observa en réalité que quarante-trois patientes. Elle préconise une opération proposée par le professeur von Halban qui consiste à rapprocher le clitoris du méat urinaire, intervention que Marie fait pratiquer sur elle-même quelques années plus tard. Ces conclusions, hautement contestables sur le plan scientifique, ont pourtant le mérite d'aborder pour la première fois la question du plaisir féminin, sujet jusqu'alors lourdement tabou. Elle ne reniera jamais ces pages qu'elle voulut faire figurer dans la bibliographie officielle de ses œuvres.

En février 1925, Marie reçoit Laforgue, accompagné de son collègue Otto Rank, à Saint-Cloud. Elle est couchée, en raison des interventions chirurgicales qu'elle vient de subir : retrait d'un kyste ovarien, rectification du nez et remodelage des seins. Elle est suffisamment lucide pour se rendre compte que ces opérations sont en rapport étroit avec son état psychique. Elle demande à ses visiteurs de la présenter à ce professeur Freud dont elle vient d'achever l'*Introduction à la psychanalyse*. Elle souffre de profonde dépression depuis la mort de son père. Freud est réticent. Le docteur Laforgue adresse le 9 avril 1925 un courrier au maître : « Nous avons passé [avec Rank] une soirée chez la princesse Georges de Grèce. La dame en question souffre d'une névrose obsessionnelle assez prononcée qui, certes, n'a pas nui à son intelligencc, mais a toutefois perturbé quelque peu l'équilibre général de la psyché… Cette femme a l'intention d'aller vous voir à Vienne et me prie de vous demander si éventuellement vous entreprendriez sur elle un traitement psychanalytique. » Freud répond cinq jours plus tard : « Je suis tout à fait disposé à recevoir cette dame si elle veut venir à Vienne avant le 1er juillet et pourrai également la prendre en analyse si vous vous portez garant du sérieux de ses intentions et de sa valeur personnelle. » Lafogue insiste : « Je la tiens pour une personne très sensée et très érudite. Elle se trouve actuellement en cure dans le midi de la France pour des douleurs rebelles du bas-ventre, dont nous avons dû mettre en évidence, comme il convient, le point de départ psychique… les résistances ne se trouvent pas là, elles relèvent entièrement du domaine intellectuel où la patiente, par la supériorité de son esprit, cherche à disputer la préséance à chacun. » Il présente les motivations de sa demande d'analyse didactiques comme guidées par le besoin de savoir, plus que par celui de se guérir. Freud répond encore négativement, justifiant son refus par ce qu'il ne peut se distraire de son temps pour une analyse sans but sérieux. Marie s'adresse directement au maître, le 27 juin 1925, qui finalement accepte de la recevoir. À l'appui de sa demande, elle adresse au professeur ses observations sur les distances entre clitoris et vagin auprès de trois cents patientes. Avant de partir pour Vienne, Marie achève le déménagement de la maison de son père, avenue d'Iéna. Georges, pourtant habitué à ses va-et-vient, et son amant du moment, ne comprennent pas ce qu'elle va faire à Vienne. Ils se demandent si elle ne traverse pas une crise mystique, attirée par un maître juif !

En 1925, lorsque Marie Bonaparte le rencontre pour la première fois, Freud est déjà connu des milieux intellectuels français. La *Nouvelle Revue française* a publié des textes de Gide et Jules Romains à son propos. André Breton et les surréalistes se réclament du freudisme, alors que Romain Rolland, accompagné de Stefan Zweig, a rendu visite au maître qui était fréquemment sollicité par Hollywood pour des scenarii. Marie donne l'impression que cette première rencontre lui a procuré un immense et rapide soulagement : « J'étais très déprimée hier soir en arrivant, au bout de ce superbe mais interminable couloir du Vorarlberg et du Tyrol qui vous sépare du reste du monde », écrit Marie à Laforgue le 30 septembre 1925. Elle ajoute : « L'impression qu'il m'a faite dépasse tout ce que j'attendais. D'abord cette grande douceur, qui est alliée à tant de puissance. On le sent en “sympathie” avec toute l'humanité qu'il sait comprendre et dont on n'est qu'un imperceptible morceau. » Le programme de travail est arrêté : il la prend désormais tous les jours à onze heures et elle fixera elle-même le terme de sa cure. Partie pour quelques semaines, elle reste à Vienne jusqu'au 17 décembre. Très vite, un climat de confiance s'établit.

Dans une lettre à Sándor Ferenczi, datée du 18 octobre, Freud précise ses premières impressions : « J'ai maintenant une patiente très intéressante, une princesse de Grèce, née Bonaparte, arrière-petite-fille de Lucien, frère de Napoléon. Une femme profondément intelligente, parvenue à maturité et dotée d'un bon esprit critique. Elle est venue me trouver par l'intermédiaire de Laforgue, en partie pour l'intérêt de la cause, en partie à cause de ses propres résidus névrotiques. Elle n'est pas une aristocrate mais un véritable être humain, et le travail avec elle avance remarquablement bien. C'est une amie du vieux Le Bon et juge très bien Bergson et sait raconter des choses fort intéressantes. »

« L'analyse, écrit-elle à Laforgue après dix jours à Vienne, est la chose la plus empoignante que j'aie jamais faite ! » Marie avait trouvé plus qu'un ami et un maître : l'image rassurante d'un père. Freud ne se dérobe pas à son attente et se montre sensible à la chaleur de celle qu'il appelle bientôt avec affection sa « *Prinzessin* ». Des dialogues remplis d'affection s'établissent entre le professeur de soixante-neuf ans et la princesse de quarante-quatre ans. « Voyez-vous, je vous connais depuis trois semaines et je vous en raconte plus qu'à d'autres après deux ans… Il me faut rajouter que je ne suis pas un connaisseur en êtres humains… J'offre ma confiance et ensuite je suis déçu », dit Freud. Marie tend la main en arrière des coussins et il la lui prend. « Je crois qu'avec vous je ne me trompe pas », répond le professeur. Très vite, Freud évoque le cancer de la gencive dont il souffre depuis plusieurs années en recommandant à Marie de ne pas trop s'attacher à lui : « J'ai soixante-dix ans. J'ai une bonne santé mais il y a quelques petites choses qui ne vont plus… C'est pour cela que je vous préviens : vous ne devez pas trop vous attacher. » Comme elle le rassure, Freud rajoute avec douceur : « S'entendre dire cela à soixante-dix ans ! » Il lui compte ses difficultés familiales, le chagrin de la disparition de sa fille Sophie, de son petit-fils, la crainte que sa fille bien-aimée Anna reste célibataire. Il lui confie même ses soucis d'argent.

Pendant les séances, Marie parle abondamment, en langue allemande et anglaise. Freud prend souvent la parole pour interpréter ses propos. Le maître se plaint de séances trop longues où elle ne parvient pas à canaliser son expression. Très vite, elle lui remet les cinq cahiers de son enfance qui vont lui permettre de travailler sur ces scènes enfantines. Elle commente ses premiers souvenirs, ses *Bêtises* : Nounou à Cours-la-Reine, à qui elle trouve une tête de cheval et qui se pommade les cheveux noirs d'une crème noire, ce père en uniforme d'officier qu'elle serre dans ses bras, l'attente impatiente du baron Phylloxéra avec ses anneaux dorés aux oreilles qui vient chaque année lui apporter un bouquet de fleurs blanches, le Serquintué, ce grand chemin de fer, fantastique et terrible animal qui entrait dans les maisons… Les cahiers illustrent la théorie freudienne de l'importance de la « scène primitive » que Marie décrit dans des scènes d'accouplement entre sa nourrice et le piqueur, Pascal, qu'elle avait surpris, enfant, et qu'elle confirmera en interrogeant à son retour en France Pascal, maintenant âgé de quatre-vingt-deux ans ! L'interprétation du riche matériau accumulé pendant l'enfance permet d'améliorer, assez rapidement, la santé de Marie. « Il est certain que l'analyse ne peut changer le caractère. Vous conserverez, par exemple, toujours le conflit essentiel de votre vie. Le masculin et le féminin ensemble en vous. Mais l'analyse peut mettre de côté les apparitions maladives de ce conflit et libérer les forces psychiques pour une œuvre utile. Cela éclaire, apprend à dominer », lui dit Freud en décembre.

Les fêtes de Noël la rappellent à Paris. « La Princesse fait une très belle analyse, écrit alors Freud à Laforgue, et elle est très satisfaite de son séjour. Je me réjouis à présent d'avoir cédé à votre désir ainsi qu'à l'impression que m'a faite votre lettre et de l'avoir acceptée. Elle envisage de rentrer à Paris à la mi-décembre, mais me laisse espérer qu'elle reviendra bientôt. Une analyse interrompue après si peu de temps ne laisserait qu'un grand regret. » De retour après plus de trois mois d'absence, elle trouve sa famille en pleine crise. La gouvernante des enfants, son mari et son amant menacent de la quitter. Son fils Pierre lui adresse un courrier pour lui rappeler qu'il existe encore, alors que sa fille Eugénie entre dans l'adolescence avec une santé fragile. Mais leurs protestations sont sans effet : Marie a trouvé sa voie et n'entend pas s'en détourner.

Dès le 5 janvier 1926, elle revint à Vienne. Son analyse se double d'une activité intense au sein du mouvement psychanalytique. Ses fréquents voyages à Vienne vont faire d'elle une intermédiaire naturelle entre Freud et les psychanalystes français. Le 30 janvier 1926, Freud écrit à Laforgue : « La croissance d'un tel groupe dépend, l'expérience nous l'apprend, des qualités de celui qui le dirige. Nous avons donc les meilleurs espoirs. La Princesse deviendra à coup sûr une collaboratrice zélée. » Dès son retour à Vienne, elle est autorisée par le professeur Wagner à assister à ses consultations à la clinique psychiatrique de l'hôpital général. Ces progrès cliniques vont l'autoriser à postuler à la Société internationale de Psychanalyse, après avoir reçu l'assentiment des deux femmes qui occupent un rôle clé : l'américaine Ruth Mark et la plus jeune des enfants de Freud, Anna Freud, qui deviendra une collègue et une amie proche.

Dès le lendemain de son deuxième retour à Paris, en février 1926, Marie annonça à Freud que la première réunion de la Société psychanalytique de Paris allait se tenir chez Laforgue, le 9 mars. Freud cherchait à regrouper ses faibles troupes dans un mouvement unique dont il voulait garder le contrôle. En France, le mouvement psychanalytique était divisé entre un courant littéraire et artistique, regroupé autour d'Eugénie Sokolnicka, et un courant de médecins et psychiatres, adeptes des travaux du docteur Charcot, parmi lesquels René Laforgue, partisans d'une psychanalyse classique, moins exclusivement orientée vers la problématique sexuelle. Freud avait attiré l'attention de Pichon et de Laforgue dès 1923 : « On n'obtient rien par des concessions à l'opinion publique ou à des préjugés régnants. » Marie Bonaparte rentra de Vienne avec la parole du maître. Siégeaient autour de la table des psychiatres qui étudiaient depuis une dizaine d'années cette discipline nouvelle, les docteurs Hesnard, Allendy, Pichon, Borel, Loewenstein. Le premier débat porta sur la question hautement stratégique de la traduction des concepts analytiques en français. Puis on discuta longuement de la question de la langue. Marie lutta pour que le français ne devienne pas obligatoire aux réunions de la Société. Elle tint par la suite une place imminente dans la Commission linguistique pour l'unification du vocabulaire psychanalytique français qui a déterminé la plupart des termes utilisés jusqu'à nos jours par la psychanalyse en France. Comme en Angleterre,

Freud souhaita que la traduction intégrale de ses œuvres se fasse sous la supervision de la seule Marie Bonaparte. Elle n'en vit pas la fin car le projet mit un demi-siècle à se réaliser.

Mais qui peut faire partie de l'association et se dire psychanalyste ? Les médecins français, dans leur majorité, souhaitaient réserver la pratique et l'enseignement de la discipline à des diplômés en médecine. Dans le groupe initial pourtant, plusieurs membres, dont Marie, n'étaient pas médecins. À la suite d'un procès intenté à l'un de ses disciples non médecin de Vienne, Freud venait de prendre position : « Nul ne pratique l'analyse sans en avoir acquis le droit par une formation particulière, que cette personne soit médecin ou non-médecin. » Pour lui, le critère d'adhésion était une analyse didactique réussie et non un diplôme de médecine. Il pensait que la présence de non-médecins éviterait à la psychanalyse d'être absorbée par la médecine. Ce sujet était au cœur des débats de la Société internationale de Psychanalyse à Innsbruck, en 1927. Marie, tout en regrettant de n'avoir pu entreprendre d'études de médecine mais en gardant un intérêt constant pour la discipline, défendra toujours l'analyse profane qui fut finalement admise par la Société psychanalytique de Paris.

Manifestant désormais un engagement personnel et familial complet auprès du maître, Marie présente ses enfants à Freud en vacances dans le Tyrol autrichien, pendant l'été 1926. Georges lui demande d'abandonner ses travaux pour se consacrer à l'éducation de ses enfants et se rend comme chaque été au Danemark, chez Valdemar. Par sa relation privilégiée, Marie devient peu à peu le principal lien entre le maître et la Société française. En juillet 1926, Freud informe à nouveau Laforgue des progrès de Marie : « Je travaille avec notre Princesse qui, cette fois, pénètre sérieusement dans les arrière-fonds de son attachement au père. Je suis persuadé qu'elle ne trouve plus l'analyse aussi agréable, mais celle-ci n'en est que plus riche d'enseignements. Nous avons le droit d'être satisfaits de l'acquis. »

Marie Bonaparte se définira toujours comme élève et disciple de Freud. Bien qu'ayant exploré des champs originaux, notamment dans le domaine de la sexualité féminine, elle n'a jamais eu la prétention d'élaborer une théorie psychanalytique propre. Mais elle a joué un rôle de catalyseur et, comme le dit Alain de Mijolla, « troublé une organisation qui, sans elle, se serait sans doute tenue à distance de Freud et de l'Association psychanalytique internationale ».

Son engagement aux côtés du maître se heurte à l'incompréhension de son milieu et aux résistances de son mari et de ses enfants. L'hostilité de son environnement la conduit à opérer une coupure entre son existence sociale liée à sa position de princesse, qu'elle assume avec sérénité, et sa vie personnelle et professionnelle. Le tollé s'amplifie lors de la publication de la traduction d'*Un souvenir d'enfance de Léonard de Vinci*, où son nom apparaît pour la première fois. Son mari parle de déshonneur. Mais elle n'est pas impressionnée : « L'analyse isole, l'intelligence aussi », écrit-elle. Freud la félicite pour son mépris de l'opinion. « Toutes ces criailleries me sont égales ; une seule chose m'a fait de la peine, c'est que cela a fait énormément de peine à mon pauvre mari, qui ne peut donc pas comprendre la réalité de l'œuvre de Freud, et ne voit là qu'un scandale inutile dont il souffre beaucoup. » Les contraintes de son engagement pour la psychanalyse pèsent à son mari et à ses enfants qui doivent accepter de longues et nombreuses séparations. Elle fait l'acquisition d'une autre maison, porte de la Muette, afin que Georges vive plus commodément cette séparation. Puis elle entame une liaison avec Loewenstein, de seize ans son cadet, membre de la Société, qui avait commencé en France des études de médecine, avec qui elle travaille sur le cas de Dora et qui deviendra son propre analyste avant de devenir le psychanalyste de son fils Pierre. Enfin, la santé de sa fille Eugénie donne des signes d'inquiétude. On diagnostique bientôt une pleurésie qui contraint Marie à lui consacrer plus de temps.

De 1926 à la fin de son analyse en 1929, elle effectue de nombreux séjours à Vienne. Sa cure ne cessera en réalité de reprendre, pendant de brèves périodes, jusqu'aux derniers jours de la vie de Freud. Peu à peu, Freud l'introduit au cœur de la Société internationale. Elle est invitée à participer aux réunions du soir, quand, deux fois par mois, une dizaine d'analystes se retrouvent autour de la présentation des travaux de l'un d'eux. Un soir, elle entend la communication de l'un des plus brillants, Wilhelm Reich. Elle fait alors connaissance avec les membres du comité fondé en 1913 par Freud pour l'aider à diffuser ses théories et qui rassemble les pères de la psychanalyse : Abraham, Ferenczi, Ernest Johns, Rank et Sachs.

L'analyse a libéré son intelligence et décuplé son énergie. Elle produit régulièrement des textes pour la *Revue*. Marie est fascinée par les crimes et les meurtriers, influencée, disait-elle, par le tragique destin de son grand-père, le prince Pierre, qui avait été condamné pour plusieurs assassinats et par les histoires sombres qui traînaient autour de la mort de sa mère. Sa première contribution à la *Revue française de psychanalyse* porte sur la pathologie d'une certaine Mme Lefèvre qui avait assassiné de sang-froid sa belle-fille enceinte sous les yeux de son fils, présentant d'intenses syndromes de paranoïa. Elle lui rend plusieurs visites dans sa prison de Lille et se prononce contre la peine de mort, qui lui fait horreur, à laquelle Mme Lefèvre avait été condamnée. À la même époque, elle est très affectée par l'exécution des deux anarchistes Sacco et Vanzetti, dans le Massachusetts, qui fait l'objet d'un article sur le « symbolisme des trophées de tête », en 1927.

Cette même année, contre l'avis de Freud, elle subit une première intervention destinée à stimuler son plaisir sexuel : « La psychanalyse peut tout au plus donner la résignation et j'ai quarante-six ans. Dois-je renoncer à la sexualité ? Travailler, écrire, analyser ? Mais la chasteté absolue m'effraie », confie-t-elle à son journal d'analyse de 1928-1929. Freud désapprouve ce qu'il considère comme un comportement immoral davantage que comme un échec de la démarche analytique. À la manière d'un père, il lui explique dans un courrier du 14 mai qu'elle devrait observer une certaine tenue si elle souhaite devenir analyste. « L'analyse, lui dit-il, libère les instincts, l'analyse permet de maîtriser les instincts. » Il la blâme pour ses comportements sexuels extravagants et il est excédé par ses tendances narcissiques, comme lorsqu'elle le retint pour une séance de plus de cinq heures sans s'apercevoir de sa fatigue. Freud a une vie personnelle très rangée. Marie rapporte dans son journal d'analyse que, dans l'hiver 1928-1929, elle parvint à recevoir les confidences de son épouse : « Mme Freud m'a dit combien l'œuvre de son mari l'avait surprise, heurtée, en ce qu'il traite librement de la sexualité. Ma femme est très bourgeoise, dit Freud ! »

Bravant l'opposition de sa famille, elle décida de prendre des premiers patients en analyse à partir de 1928. Elle ouvrit son cabinet rue Adolphe-Yvon. Par beau temps, elle envoyait son chauffeur prendre les patients à leur domicile pour les conduire dans sa villa de Saint-Cloud où elle analysait dans le jardin, étendue sur une chaise longue posée derrière le patient. Ils la suivaient dans ses déplacements à Saint-Tropez ou à Athènes. Elle avait ainsi en moyenne trois ou quatre patients, que Freud contrôlait de loin, sur la base des rapports qu'elle lui adressait et que Loewenstein supervisait.

Marie prenait très à cœur son rôle à la rédaction de la *Revue*. Elle publia des textes qui concernaient sa propre histoire, comme « Un petit accès de kleptomanie larvée » ou « L'identification d'une fille à sa mère morte ». À la différence de ses confrères médecins, qui trouvaient dans les cas de leurs patients la matière première de leurs travaux, Marie utilisait les résultats de sa propre analyse comme matériau de ses recherches. Après avoir terminé son analyse, Freud devint un ami dont elle attendait les conseils pour tous les actes de sa vie. Il connaissait tout d'elle, de ses amis, de sa famille, de ses amours. Le maître lui proposa de partager ses vacances d'été à Berchtesgaden, où Marie loua pour elle et ses enfants une maison à côté de la sienne et profita de la proximité de Salzbourg pour amener sa fille au célèbre festival mozartien.

En 1930, ses enfants ont respectivement vingt et un et vingt-deux ans. Ses interlocuteurs sont frappés par son énergie et par sa gentillesse, par sa capacité à écouter et à les faire parler. Marie a conscience que ses enfants sont traumatisés par la vie qu'elle leur a fait mener, par ses absences fréquentes, par ses manques d'attention, par la présence de ses amants, même si elle a pris le soin de se faire remplacer par une gouvernante. Elle n'en éprouve pas de culpabilité, mais le sentiment que les conséquences de ses choix devaient être assumées. Marie aime ses enfants d'une manière lointaine. Entre 1926 et 1930, pendant leur adolescence, elle avait été là par éclipses. Eugénie souffre depuis plusieurs années de pleurésie. Pierre entreprend une psychanalyse avec Loewenstein, cet homme jeune et séduisant, brillante figure paternelle dont il était jaloux, n'ignorant rien de ses relations privées avec sa mère. Il travailla longtemps à éclaircir les nombreuses liaisons de sa mère avec les hommes de son proche entourage.

En 1930, elle poursuit la traduction des œuvres de Freud : *Ma vie et la psychanalyse* et *Le Mot d'esprit et ses rapports avec l'inconscient*. Cette même année, elle concrétise un rêve ancien, celui de profiter de la Méditerranée, et achète le Lys de mer, une propriété en bordure de mer, à Pampelonne, près de Saint-Tropez. C'est là que je la rencontrerai à la fin des années 1950. Pour les soixante-quinze ans de Freud, Marie prononce sa première grande conférence à la Sorbonne devant cinq cents auditeurs, puis elle se rend au congrès international de Wiesbaden pour lequel elle prépare sa première communication sur « La Fonction érotique chez la femme ».

Mais le congrès dut être reporté car les participants allemands et autrichiens craignaient les nazis qui avaient condamné la psychanalyse, en la qualifiant de « prétendue science juive ». Quand Hitler devint chancelier du Reich en janvier 1933, Freud écrivit à Marie : « Heureux celui qui, comme vous en ce moment, est si absorbé dans son travail qu'il n'a pas besoin de s'occuper de toutes les ignominies autour de lui. On m'a même conseillé de fuir en Suisse ou en France. Je ne crois pas au danger ici. » Après les autodafés du 11 mai où les nazis avaient brûlé ses ouvrages, il eut ce commentaire grinçant : « Quel progrès ! Au Moyen Âge on m'aurait brûlé, aujourd'hui, on se contente de brûler mes livres ! » Il est doublement inquiet de la situation politique et des progrès du cancer dont il sait ne pas pouvoir guérir : « Le monde devient une grande prison, la pire des cellules est l'Allemagne. Ce qu'il va advenir de la cellule autrichienne est très incertain. » Dès 1934, Marie propose l'hospitalité à Freud, qui choisit d'attendre.

En janvier 1934, grâce à la générosité de Marie, les locaux de l'Institut de psychanalyse sont inaugurés au 137, boulevard Saint-Germain. Le module de formation des analystes est désormais arrêté : trois ans de formation dont deux années de formation théorique et une analyse didactique d'un an minimum. Marie voyage fréquemment pour les besoins du mouvement : congrès d'anthropologie de Londres où elle se lie avec l'anthropologue Malinowski, congrès de psychanalyse de Lucerne, visite au maître à Vienne, en juillet ; elle participe également aux travaux de la Société de Londres sur l'œuvre de Melanie Klein. En août 1936, elle est élue vice-présidente au congrès international à Marienbad. En décembre 1937, elle rachète la correspondance entre Wilhelm Fliess et Freud de 1887 à 1902, où Freud expose ses premières idées. Le maître ne souhaitait pas que ces documents soient publiés, en raison du caractère intime de ses écrits. « Vous-même, cher père, ne ressentez peut-être pas toute votre grandeur. Vous appartenez à l'histoire de la pensée humaine comme Platon ou Goethe. Quelle perte pour nous, la postérité, si les entretiens de Goethe avec Eckermann eussent été détruits, ou les dialogues de Platon, par pitié envers Socrate, afin que la postérité n'apprenne pas que Socrate s'était abandonné à la pédérastie avec Phèdre et Alcibiade ! » lui répond Marie. Ces lettres seront publiées en France en 1956 sous le titre *La Naissance de la psychanalyse, lettres à Wilhelm Fliess.*

En mars 1938, dès l'annonce de l'invasion de l'Autriche par les nazis, Marie partit pour Vienne avec Ernst Johns qui s'occupa d'obtenir, pour Freud et sa famille, une autorisation de séjour en Angleterre. Les nazis perquisitionnèrent les locaux de la Société et retinrent Anna Freud une journée entière. Freud prit alors la décision de partir. Marie paya la rançon exigée par les nazis pour son départ, équivalant à 20 % de la valeur de ses biens, et un billet pour lui et sa famille, sommes que Freud lui remboursera à Londres. Elle aida le maître, fatigué et déprimé, à classer ses papiers et à ranger ses collections et sa bibliothèque. Le 5 juin, Freud fit une halte d'une journée rue Adolphe-Yvon, à Paris, avant de prendre le train pour Londres. Sitôt qu'il fut en sécurité, elle se préoccupa du sort de sa famille, notamment des quatre sœurs qu'il avait laissées derrière lui et qu'elle ne put malheureusement sauver. S'exprimant dans la presse pour tenter d'informer l'opinion publique encore ignorante du drame qui se jouait, usant de ses relations au Quai d'Orsay et auprès de ses amis ministres, elle contribua à sauver des griffes nazies plusieurs autres intellectuels.

Cette année, le dernier congrès international de psychanalyse d'avant-guerre se tient à Paris. Marie présente une contribution sur « l'inconscient et le temps ». Elle écrit *Topsy*, le récit de la vie de son chow-chow atteint d'un cancer, et évoque l'ambivalence de ses sentiments à son égard. Alors qu'ils sont en déplacement en Égypte, Marie et Georges apprennent le décès de Valdemar. Marie rédige alors *Le Vieux Compagnon*, l'histoire de cet amour exceptionnel entre l'oncle et le neveu. Les voyages à Londres remplacent désormais les déplacements à Vienne. Elle fait venir au chevet du maître le docteur Antoine Lacassagne pour tenter de soigner son cancer de la mâchoire. Sa dernière visite à Freud a lieu en août 1939 ; elle est accompagnée de Georges. Le 23 septembre 1939, alors que la guerre est déclarée depuis trois semaines, elle apprend par la radio la nouvelle de sa mort : « Je n'oublierai jamais les accents émus du speakeur de la BBC quand, avant même de lire les nouvelles de la guerre, il annonça que Sigmund Freud n'était plus », dira-t-elle dans une conférence devant l'Alliance israélite universelle en 1953. L'Institut de psychanalyse est fermé dès mai 1939 ; les membres de la Société se dispersent. L'entrée des Allemands dans Paris en juin 1940 condamnait de toute manière leur activité. En avril 1941, Marie et Georges partent avec la famille royale de Grèce pour l'Afrique du Sud d'où ils rentreront en octobre 1944.

À son retour, Marie reprend ses activités à la Société psychanalytique de Paris qui se remet lentement des suites de la guerre. Elle se rapproche d'Anna Freud. Elle poursuit aussi les activités d'analyste qu'elle n'a pas interrompues pendant la guerre. Elle se rapproche de Georges et fête leur quarantième anniversaire de mariage en s'étonnant d'avoir vécu avec un homme si différent d'elle, qu'elle aime pourtant. En 1951, elle réunit différents articles publiés dans la *Revue*, sous le titre *Sexualité de la femme*, qui deviendra son œuvre la plus célèbre. En 1952, elle combat encore au sein de la Société pour l'élection de son candidat, le docteur Nacht. Mais celui-ci la trahit en faisant élire à la vice-présidence son vieil adversaire, Jacques Lacan, dont elle dit qu'« il est trop teinté de paranoïa et fait des choses d'un narcissisme discutable ». 1952 est une année d'intense activité intellectuelle, qui voit la publication de *Chronos, Éros et Thanatos*, de l'*Introduction à la théorie des instincts* : *de la prophylaxie infantile des névroses*, de *Psychanalyse et Anthropologie* et de *Psychanalyse et Biologie*, à quoi s'ajoutent plusieurs articles importants comme « Quelques lueurs projetées par la psychanalyse et l'éthnographie sur la sociologie » et « Causes psychologiques de l'antisémitisme ». En juin, un nouvel institut, plus grand, est ouvert dans un ancien atelier d'imprimeur, au 187, rue Saint-Jacques. Marie y dépose son importante bibliothèque, des correspondances avec Freud et des meubles. Cette même année, elle ferraille encore contre Jacques Lacan qui quitte définitivement la Société psychanalytique de Paris pour fonder la Société française de psychanalyse. Elle préside en 1956 le comité chargé de préparer le centenaire de la naissance de Freud.

En 1957, elle donne une brève communication au XXe Congrès qui se tient à Paris ; elle vient d'avoir soixante-quinze ans. Le 25 novembre 1957, Georges meurt : « Je voulais passer cette dernière nuit de sa mort avec mon mari seule… Je me penchais sur son front froid et le baisais, par ses lèvres qu'il m'avait toujours refusées. » En 1958, elle publie les deux premiers tomes de ses Mémoires : *Derrière les vitres closes* et *L'Appel des sèves.* En 1959, elle prépare une ultime communication, *Vitalisme et psychosomatique*, pour le congrès de Copenhague.

Les travaux de Marie Bonaparte et son enseignement ont tenu une place importante dans la diffusion de la psychanalyse en France au cours des années qui ont précédé la guerre. Même si beaucoup de ses conceptions sont aujourd'hui dépassées, elles valent comme témoignage d'une époque et d'une méthode. Des aspects essentiels de sa méthode restent en effet exemplaires. « À l'instar de Freud, dit le docteur Nacht, elle n'hésita pas à dévoiler ce que son être a de plus intime, de plus pénible à exprimer parfois, avec l'unique but de servir la science. »

Marie est athée. Comme son père, elle appartient à la branche positiviste de la famille Bonaparte, celle de son arrière-grand-père Lucien Bonaparte et de Plon-Plon. « Je respire l'air d'un monde délivré de Dieu », écrira-t-elle dans *Les Glanes des jours.* Elle attribue la naissance des sentiments religieux à la peur de la mort et pense comme Freud que le besoin de punition, engendré par le sentiment de culpabilité, est à l'origine du Dieu unique et cruel des monothéismes juif et chrétien : « L'homme malheureux et adorant Dieu est un chien qui lèche la main qui le frappe », écrit-elle dans son Journal en 1958. Reprenant les analyses freudiennes de *Moïse et monothéisme* et de *Malaise dans la civilisation*, Marie Bonaparte souligne le rôle historique de bouc émissaire du peuple juif et affirme dans *Le Mythe du Juif-Satan* que l'unification d'une masse d'hommes par des liens d'amour suppose des objets d'aversion. « Rien n'unit plus les hommes entre eux qu'une haine commune. » Dans sa conférence de 1951 devant l'association juive B'naï B'rith, elle affirme une nouvelle fois son aversion des religions : « L'homme restera sans doute à jamais un animal mystique avec tout ce que cela comporte de fanatisme et d'intolérance irrationnelle. »

Comme son père Roland, elle croit en la science, à la manière des positivistes du XIXe siècle. Elle croit en la nature, comme objet de savoir humain, regrettant de ne pas avoir été formée à la médecine. Son approche de l'inconscient est de type scientifique : elle observe et tente de tirer des lois générales. Elle est certaine que la science analytique va permettre une amélioration de l'individu et de l'humanité. Les domaines de son intérêt scientifique ne se limitent pas à la médecine, à la biologie, à l'anatomie. Comme son père, elle a un esprit éclectique, ouvert et curieux ; elle écrit sur la guerre, sur l'antisémitisme ; elle aborde la sociologie et l'ethnologie, la politique et même l'économie.

Objet scientifique, la nature est d'abord pour elle objet de ressenti. Les paysages, les plantes, les arbres, les chiens, son fameux chow-chow Topsy, l'ont accompagnée toute sa vie : « J'aime trop la terre et sa beauté pour aspirer à m'envoler vers les froids espaces cosmiques des paradis célestes », écrit-elle dans *La Mer et le rivage*. Elle éprouve un immense sentiment de bien-être et de repos dans sa maison de bord de mer même si, dans son inconscient, la mer est associée à la mort, alors que les arbres sont symboles de vie : « J'ai besoin de reprendre contact avec la nature, les pelouses, les arbres, la Mère ! » dit-elle à Laforgue.

Les idées politiques de Marie ont évolué. Son premier texte, *Guerres militaires et guerres sociales*, écrit au lendemain de la Première Guerre mondiale, est encore marqué par les préjugés de son milieu. Le contact avec Aristide Briand et Gustave Le Bon a élevé sa pensée. Laïque et politiquement socialiste dans les années 1930, sa pensée est aussi aristocratique : dans ses nombreux articles de dénonciation du nazisme, elle affirme que les grandes masses ne peuvent pas penser sans être fanatisées et sans vivre dans l'espoir d'un Messie. Analysant le fascisme sous l'angle de la psychologie, probablement influencée par Reich, elle compare Hitler à Siegfried, héros mythique de l'univers germanique : « Siegfried réveille la Walkyrie endormie qui le salue de ses Heil retentissants. Hitler réveille la Germanie assoupie depuis l'année de honte de 1918. » Elle invite à rester vigilant, car Hitler est dans l'imagination populaire germanique comme le Siegfried qui combat le Dragon : « Il ne suffit pas de tuer l'ennemi pour qu'il ne soit plus : il survit dans sa légende », écrira-t-elle en 1950. Dans les années 1930, Marie, cosmopolite, ouverte aux cultures d'Europe, est favorable aux thèses de son ami Aristide Briand qui déposait dès 1930 avec son ami Alexis Leger un mémorandum pour l'organisation d'un régime d'union fédérale européenne. Idée qui sera largement développée par les fondateurs de l'Europe au lendemain de la Seconde Guerre mondiale.

Marie est une adversaire déclarée de la peine de mort qui lui paraît être un acte de sadisme gratuit, sans effet sur la criminalité. Le crime se réfugie chez les plus inadaptés, chez ceux qui n'ont pas le sens du réel. Cette « prérogative royale » de la peine de mort n'est-elle pas une manifestation d'envie des instincts refoulés et insatisfaits du peuple ? « L'idée de punir le criminel est expression de la soif cruelle qui engendre la loi du talion, mais fut génératrice pourtant, au début, de la morale, de par la peur des représailles », écrit-elle en 1927 dans la *Revue*, au sujet du cas de Mme Lefèvre. Elle conclut en affirmant que seule la psychanalyse peut projeter des lueurs dans les abîmes de l'inconscient des grands criminels.

Sa pensée sur l'agressivité et la culpabilité est particulièrement riche. Elle adopte sur l'agressivité primitive une position très orthodoxe : c'est bien le renoncement aux désirs œdipiens d'amour et d'agressivité qui est à l'origine du surmoi, qui sera ultérieurement enrichi par les exigences sociales et culturelles. Sur la fonction de la culpabilité, elle énonce cette loi paradoxale selon laquelle « le renoncement aux satisfactions des instincts, à l'origine imposé du dehors, engendre la conscience morale, laquelle à son tour exige sans cesse de nouveaux renoncements instinctuels (sixième leçon sur la théorie des instincts) ».

Elle soulève des tollés chez les conservateurs en affirmant que « toute interdiction à l'enfant de se livrer à ses instincts, à ses impulsions sexuelles ou autres, viendrait renforcer l'auto-agression du Surmoi contre le Moi ». Théorie qui ouvre évidemment la voie à une éducation permissive.

Sa frigidité lui donne le sentiment d'être une femme manquée. La cause de cette frigidité, comprise comme l'absence d'orgasme vaginal, serait, d'après elle, une forte bisexualité, issue du désir de « vouloir être virile », c'est-à-dire de s'identifier à son père. Puis, sans transition, elle passe du psychique à l'anatomique, affirmant qu'une trop grande distance entre le clitoris et le méat urinaire était l'une des causes de son mal. Freud ne parvint pas à empêcher Marie Bonaparte de se mutiler. Elle eut recours à trois interventions médicales pour rapprocher les deux organes. Après des années d'analyse, elle affirme : « Le recul du temps seul fera voir si ces succès partiels se maintiendront. Ce qui permet d'en douter, c'est le fait que le clitoridisme tenace semble se fonder d'abord sur une aversion plus ou moins consciente de la pénétration » (*Psychanalyse et Biologie*, 1933). Elle pratique la psychanalyse pour traiter sa souffrance, en attendant que l'endocrinologie permette un jour de « viriliser l'homme et de féminiser la femme qui le désirerait ». Ses analyses sur la sexualité de la femme, décrite comme une étape du développement entre l'adolescence et la virilité, et présentant la femme comme un être incomplètement développé, paraissent bien archaïques. Mais, grâce à Marie Bonaparte, le plaisir féminin, jusqu'alors sévèrement tu, put enfin être évoqué.

L'année 1960 est entièrement dominée par son combat contre l'exécution de Caryl Chessman. L'homme attend depuis 1948 son exécution dans la prison de San Quentin en Californie, après une condamnation pour divers actes de banditisme, de violence et de pillage. Il a déjà survécu à huit reports d'exécution et manifeste de vifs sentiments de repentir. Marie le définit comme un psychopathe agressif, mais prend une fois encore position contre la peine de mort dont elle ne parvient pas à comprendre l'exemplarité. Ce qui la révulse le plus, c'est cette attente de douze années qui valait à ses yeux bien davantage que la mort elle-même. Pour tenter de faire reculer le gouverneur de Californie, elle lance une campagne de signatures dans les milieux scientifiques, intellectuels et auprès des membres de sa famille. Étrange rassemblement où François Mauriac et André Maurois côtoient Lucien de Gennes, le prince Dimitri de Russie et la princesse de Bourbon-Parme. Du 23 au 28 avril, âgée de soixante-dix-huit ans, elle n'hésite pas à entreprendre le voyage pour rencontrer le condamné. Le 2 mai, le gouverneur fait néanmoins appliquer la sentence du jury fédéral. « Un joli salaud de politicien et de Ponce Pilate », lâche-t-elle !

En 1961, Marie se rend au congrès d'Edimbourg qui entrouvre la porte de la Société internationale à la Société française de psychanalyse, société désormais rivale, présidée par Jacques Lacan, auquel l'oppose une violente antipathie et de graves divergences sur la manière de conduire la cure analytique. Elle ne participe plus alors aux luttes d'influence qui déchirent le mouvement psychanalytique, mais utilise jusqu'au bout son influence afin de maintenir une haute qualité aux analyses didactiques dans la Société de Paris. Puis elle se rend en Israël en fin 1961, invitée par le gouvernement pour son action en faveur des juifs pendant la guerre. Elle se dit impressionnée par les kibboutz. Elle jette les premières lignes d'un essai pour le congrès de Stockholm de 1963, où elle développe le cas de Jo Ann Baker, femme d'un sergent qui a étranglé ses trois enfants après avoir découvert l'infidélité de son mari. Puis elle vient se reposer d'une fracture du col du fémur au Lys de mer en septembre 1962, avec sa fille Eugénie.

Étendue sur une chaise longue au bord de l'eau, elle lit *Jacques le Fataliste* de Diderot, qu'elle annote dans la marge, quand elle est prise de fortes fièvres, conséquences d'une leucémie qui devait l'emporter quelques jours après. Elle regarde arriver la mort avec un stoïcisme admirable, en vraie disciple de Freud. Elle donne son corps à la médecine ; ses restes sont incinérés et ses cendres transportées au cimetière royal de Tatoï, dans le bois de pins, sur les pentes du Parnasse où l'attend Georges. Elle ne veut pas de croix, « celle dressée pour Georges suffisait », mais souhaite qu'on grave sur sa tombe ces beaux vers de Leconte de Lisle : *Et toi, divine Mort, où tout rentre et s'efface / Accueille tes enfants dans ton sein étoilé / Affranchis-nous du temps, du nombre et de l'espace / Et rends-nous le repos que la vie a troublé.*

11

Sire, je n'avais pas besoin de cette hypothèse

Le stoïcisme de Marie Bonaparte, qui encourage à accepter la réalité mouvante des choses et donc à ne rien tenir pour acquis, est assez répandu chez les Bonaparte. Nés dans le siècle des Lumières, croyant en la science et au progrès, les Bonaparte n'ont jamais été du parti dévot. Par son approche rationnelle du fait religieux, le Premier consul a été capable de mettre en place les termes d'un compromis entre l'État et les Églises catholique, protestante et juive, compromis qui définit une liberté de culte à la française et constitue une avancée décisive vers la laïcité contemporaine. Le concordat est une des œuvres les plus marquantes laissées par Bonaparte à la France, à l'égal du code civil.

Il y a donc lieu de marquer une différence entre sa politique vis-à-vis de l'État romain, la fonction qu'il assignait à l'Église catholique dans la France postrévolutionnaire et ses convictions religieuses, qui ont sensiblement évolué entre sa jeunesse et l'exil à Sainte-Hélène. La formule fameuse héritée du Saint-Empire, *Cujus regio, ejus religio*, qui résume la politique religieuse de l'Ancien Régime, ne peut en aucun cas s'appliquer à Napoléon.

La monarchie a chassé les protestants de France, exclu les juifs de la cité, proscrit l'athéisme. La liberté religieuse a été reconnue dès le début de la Révolution, dans la Déclaration des droits de l'homme et du citoyen de 1789. Mais le serment des prêtres exigé en novembre 1790 au lendemain des fêtes de la Fédération a créé un schisme entre Église *constitutionnelle* et Église *réfractaire* qui refuse le serment. Après les fêtes de la Raison célébrées à Notre-Dame de Paris en novembre 1793, qui instaurent le culte de l'Être suprême, la Convention déclare le catholicisme « déchu du culte public » puis la confiscation des biens de l'Église. Après la tourmente révolutionnaire, dès Robespierre et sous le Directoire, on revint à une forme de tolérance religieuse. Mais les divisions de l'Église entretiennent un climat de guerre civile qui sert les royalistes et les monarchies coalisées.

Napoléon aborde la question religieuse sous un angle politique et militaire. Les premiers contacts du général Bonaparte avec le pape Pie VI remontent à la première campagne d'Italie, en juin 1796. Le général de la Révolution veut profiter de ses victoires pour imposer au pape la reconnaissance de l'Église constitutionnelle. Il obéit en cela aux instructions du Directoire. L'avancée des troupes françaises contraint le souverain pontife à négocier un armistice pour éviter la marche des Français sur Rome. Profitant de son avantage, Bonaparte demande en contrepartie l'officialisation de l'Église constitutionnelle : refus du pape ! Le général prend alors plusieurs mesures de rétorsion : les armées du Directoire gardent le contrôle de Bologne et Ferrare, propriétés de Rome ; la République saisit des œuvres d'art ; le pape est imposé de 20 millions de livres qui serviront à renflouer les caisse vides du Directoire ; les populations des légations occupées sont incitées à refuser son autorité. En janvier 1797, le général en chef rappelle le ministre de la République en poste à Rome et déclare carrément la guerre au pape réticent. Il conquiert sans combat la Romagne et le port d'Ancône. Le 16 février à Tolentino, Bonaparte reçoit les cardinaux et impose des conditions draconiennes. Contre l'arrêt de la progression des armées françaises en direction de Rome, il prélève une nouvelle somme de 30 millions d'or ; il exige surtout que le pape ordonne aux prêtres l'obéissance au gouvernement, c'est-à-dire qu'il mette fin à l'Église réfractaire. Nouveau refus ! En 1798, autre tour de vis : le général Berthier occupe la ville éternelle sous le prétexte de l'assassinat du général français Duphot. Le pape est alors fait prisonnier et doit quitter Rome. Il séjourne à Sienne mais, au cours de son passage en France, il meurt à Valence en août 1799.

Après la campagne d'Égypte, en 1800, Bonaparte est envoyé dans l'ouest de la France pour pacifier la Vendée. Il comprend alors que l'insurrection chouanne ne pourra être éteinte tant que la France n'aura pas trouvé d'accord avec Rome sur la question religieuse. Dès le lendemain de Brumaire, mettre un terme au chaos religieux devient une priorité. La paix civile passe par la réunification de l'Église catholique française qui ne peut résulter que d'une négociation avec Rome. Sitôt arrivé au pouvoir, Bonaparte dit : « Si le Pape n'avait pas existé, il eût fallu le créer pour cette occasion, comme les consuls romains faisaient un dictateur dans les circonstances difficiles. Jamais le Pape ne pourra me rendre un si grand service ; sans effusion de sang, sans secours, lui seul peut organiser les catholiques de France sous l'obéissance républicaine. Je le lui ai demandé. »

Bonaparte va régler la question religieuse parce qu'il comprend, en bon disciple de Rousseau, qu'une société ne peut vivre sans religion et que l'opposition entre ces deux Églises nuit à l'unité du pays. Roederer rapporte ces propos du Premier consul : « Il n'y a que la religion qui puisse faire supporter aux hommes des inégalités de rang car elle console de tout… Il faut laisser à la masse du peuple ses prêtres, ses autels et son culte. Il faut aussi que le gouvernement s'en serve pour diriger les hommes, pour former les mœurs, pour adoucir leurs misères, pour les rendre meilleurs et moins malheureux. » Dans son esprit, le clergé doit unir la société et exercer un rôle d'éducation.

Portalis, qui participera aux négociations et deviendra le premier directeur des cultes, expose devant le Tribunat cette conception utilitariste du culte : « Les religions, même fausses [sic], ont au moins l'avantage de mettre un obstacle à l'introduction des doctrines arbitraires ; les individus ont un centre de croyance ; les gouvernements sont rassurés sur les dogmes une fois connus qui ne changent pas ; la superstition est, pour ainsi dire régularisée, circonscrite et resserrée dans les bornes qu'elle ne peut ou qu'elle n'ose pas franchir. » Bonaparte précise ses motivations en ces termes fameux : « Ma politique est de gouverner les hommes comme le grand nombre veut l'être… C'est en me faisant catholique que j'ai gagné la guerre de Vendée, en me faisant musulman que je me suis établi en Égypte, en me faisant ultramontain que j'ai gagné les esprits en Italie. Si je gouvernais un peuple juif, je rétablirais le temple de Salomon. »

Alors que Bonaparte s'apprête à négocier avec Rome un traité diplomatique, une œuvre remplie de spiritualité chrétienne annonce le changement des mentalités. Le *Génie du christianisme* de Chateaubriand paraît en 1802, quelques jours avant l'officialisation du concordat. Il évoque la beauté et la sagesse de la religion chrétienne abîmée par la philosophie des Lumières. Le succès est immense. Un courant nouveau de spiritualité chrétienne se lève. Après tant d'années de privation de consolations religieuses, on se remet à croire. Chateaubriand ne parle pas d'Église mais de foi, d'un choix qui engage d'abord le cœur et les émotions, les liens entre les hommes, aussi bien morts que vivants. Cette foi, oubliée sous la monarchie finissante, combattue sous la Révolution, surgit dans l'espace public sitôt la révolution passée. Dans son *Rapport sur l'organisation des cultes* présenté par Lucien Bonaparte au Tribunat le 18 germinal de l'an X, l'ancien séminariste, le Brutus de Saint-Maximin, est obligé d'en convenir : « Les révolutions ressemblent à ces grandes secousses qui, déchirant le sein de la terre, mettent à nu ses vieux fondements et sa structure intérieure. En bouleversant les empires, elles dévoilent l'organisation profonde et les ressorts mystérieux de la société. L'observateur qui a survécu à la secousse pénètre au milieu des ruines accumulées ; il voit ce qui a été par ce qui reste, et il connaît alors ce qu'on pouvait abattre, ce qu'on devait conserver, ce qu'il faut reconstruire. »

Quelles sont les forces en présence ? Les baptisés représentent 80 % de la population, selon Thibaudeau, ancien président de la Convention, désormais préfet des Bouches-du-Rhône ; la population française de 30 millions d'individus se partage à parts égales entre trois groupes : ceux qui suivent les prêtres constitutionnels, l'Église officielle, ceux qui suivent les prêtres réfractaires et ceux qui ne pratiquent pas. Au début du Consulat, les églises sont encore fermées le dimanche, les prêtres réfractaires arrêtés et déportés, les *superstitieux* menacés, les manifestations extérieures, les processions, interdites. L'attitude face au serment à la Constitution exigé en 1790 continue d'opposer les deux Églises. Dans les paroisses, on s'oppose sur la question du curé : lorsque les prêtres constitutionnels remplaçent les réfractaires, une partie des fidèles quitte l'église ; on se divise entre offices légaux et clandestins. L'Église constitutionnelle elle-même n'a pas été épargnée par la Terreur, nombre de ses membres ont été guillotinés ou ont quitté la prêtrise. Elle administre de très nombreuses paroisses en ville mais, après plusieurs tentatives, elle échoue dans le projet de fusion avec l'Église réfractaire en raison de l'opposition catégorique de Rome. Les réfractaires ont le vent en poupe après le retour d'exil de nombreux prêtres émigrés.

Faire la paix avec Rome, c'est affaiblir la position de l'Autriche, défenseur attitré du Saint-Empire. Le moment est bien choisi : les armées françaises de la deuxième campagne d'Italie dominent la péninsule. De retour de Marengo et de Milan, Bonaparte confie au cardinal Martiniana ses intentions de négocier. Pressé d'en finir comme à son habitude, il pense que l'accord prendra à peine trois jours. Ses exigences sont au nombre de trois : renouvellement total de l'épiscopat français, redécoupage des évêchés, reconnaissance par l'Église de l'aliénation des biens nationaux. Cette dernière condition est particulièrement importante car une partie de la monnaie nationale est gagée sur les biens du clergé. D'autre part, beaucoup de Français, surtout à la campagne, veulent être rassurés quant à l'avenir de leur propriété issue des biens nationaux. Rome, de son côté, demande le libre exercice du culte et l'extinction du schisme constitutionnel, que l'on abroge du code civil l'autorisation du divorce, que les congrégations soient autorisées et que soit retirée l'autorisation donnée aux prêtres de se marier. Ce point concerne personnellement Talleyrand, ministre des Relations extérieures et principal négociateur français, qui espère valider sa propre sécularisation et obtenir l'autorisation d'épouser sa maîtresse. Sa personnalité pose problème car l'évêque défroqué est considéré par la Curie comme responsable du schisme de 1790. Il précise dans ses instructions à son ambassadeur à Rome : « Le gouvernement veut que la religion en France soit une faculté, un droit social, et non une puissance. »

Sitôt les velléités de négociation connues, les représentants de l'Église réfractaire se manifestent à Rome ; le cardinal Marty intrigue auprès de Pie VII afin d'empêcher tout rapprochement. Quelques semaines plus tard, le pape adresse une lettre aux évêques réfractaires pour leur annoncer le début des pourparlers avec le nouveau maître du pays. Mais le Saint-Office fait traîner sa réponse et Bonaparte n'a pas l'éternité devant lui. Il convoque monseigneur Spina, et menace : si le contrat n'est pas signé dans la quinzaine, il occupera les États pontificaux et se fera lui-même protestant (*sic*). Le caractère sacré du pape lui a toujours été étranger. Le pape envoie immédiatement un négociateur plus conciliant, monseigneur Consalvi, et Talleyrand sera remplacé par Joseph Bonaparte, plus présentable. Après d'ultimes négociations où Consalvi doit affronter directement les violentes colères du Premier consul, le concordat est finalement signé le 15 juillet 1801. Il se présente sous la forme d'un traité diplomatique classique établissant un nouveau statut pour l'Église de France.

Les bénéfices politiques sont évidents : Bonaparte satisfait une population lassée des violences religieuses qui garde un fond de culture chrétienne. Il met un terme à l'entreprise de déstabilisation conduite par les contre-révolutionnaires qui trouvaient dans l'athéisme officiel matière à travailler les populations de Vendée, de l'Ouest et d'une partie du Midi. « Cinquante évêques émigrés et soldés par l'Angleterre conduisent aujourd'hui le clergé français, il faut détruire leur influence », dit Bonaparte à Thibaudeau. Les cinquante évêques immigrés sont ainsi mis hors d'état de compromettre la paix publique. À l'inverse, le concordat est une évidente défaite pour les royalistes qui se voient retirer le monopole du spirituel. Bonaparte a vu juste, la paix civile suit la paix religieuse. L'une des pages les plus douloureuses de la révolution est tournée. François-René de Chateaubriand, qui compte désormais, et jusqu'à l'exécution du duc d'Enghien, parmi les amis de Bonaparte, lui dédie la seconde édition du *Génie du christianisme* en ces termes : « La France agrandie par vos victoires a placé en vous son espérance, depuis que vous appuyez sur la religion les bases de l'État et de vos prospérités. » Quant au jeune duc d'Enghien, il commente dans une lettre à son grand-père Condé : « On est grand homme à bon marché quand on l'est comme Bonaparte. Rien ne lui résiste, pas même Dieu ! »

Désormais, la religion catholique romaine n'est plus religion d'État comme sous l'Ancien Régime, mais devient la religion « de la grande majorité des Français », la liberté du culte est reconnue comme une liberté publique, le gouvernement nomme les évêques préalablement à leur investiture par le pape, les évêques nomment les curés avec l'accord des préfets, la réouverture des chapitres et des séminaires est autorisée, la vente des biens du clergé est rendue irrévocable. En échange, l'État prend à sa charge le traitement des évêques et des prêtres, les églises non aliénées sont remises à disposition du clergé, un nouveau serment est imposé aux évêques et aux curés. Les ecclésiastiques doivent prêter serment à la Constitution… et prévenir le gouvernement de tout ce qui pourrait se tramer au préjudice de l'État, devenant en quelque sorte des auxiliaires de la police. Tous les évêques français doivent se démettre afin de procéder à de nouvelles nominations par le Premier consul. On vit plus tard les évêques choisis par le gouvernement adresser aux curés et desservants de leur diocèse des circulaires sans équivoque appelant à approuver des plébiscites ou à apporter leur soutien à la politique de l'Empereur.

Bonaparte considère l'Église catholique comme une sorte d'administration au service de ses projets. Le catéchisme de 1806 en cours sous l'Empire donne cette savoureuse réponse à la question : quels sont les devoirs des chrétiens à l'égard des princes qui les gouvernent ?

« Les chrétiens doivent aux princes qui les gouvernent, et nous devons en particulier à Napoléon Ier, notre empereur, l'amour, le respect, l'obéissance, la fidélité, le service militaire, les tributs ordonnés pour la conservation et la défense de l'Empire et de son trône ; nous lui devons encore des prières ferventes pour son salut et pour la prospérité spirituelle et temporelle de l'État. »

Bonaparte savait qu'en signant le concordat il mécontentait ses amis de Brumaire qui étaient soit partisans de l'Église constitutionnelle, soit agnostiques, soit ostensiblement athées. Parmi eux, l'abbé Grégoire, La Fayette, Volney, beaucoup de généraux, Bernadotte, Oudinot, Masséna, le ministre de la Police, Fouché. Brune s'écria : « Nos épées n'ont triomphé que pour nous replacer dans la servitude religieuse ! » Remous dans l'armée, murmures dans la haute administration et au Conseil d'État n'entamèrent pas sa détermination. Aux assemblées qui devaient approuver le texte, l'hostilité était palpable : le Corps législatif et le Tribunat redoublaient de critiques, le Sénat désigna des candidats hostiles à l'exécutif. Qu'à cela ne tienne. Le Premier consul les épura en avançant la date de leur renouvellement pour y placer les siens : « La volonté de la nation est qu'on n'empêche plus le gouvernement de faire le bien et que la tête de Méduse ne se montre plus dans nos tribunes ni dans nos assemblées ! » tonna-t-il à Cambacérès. Le concordat lui permit de confectionner des chambres plus dociles dont il exclut les représentants qualifiés d'« idéologues », des esprits critiques issus pour l'essentiel des rangs jacobins.

Sentant la réticence d'une partie de l'opinion publique, il imagina un artifice : réduire la portée du concordat en adoptant des articles organiques destinés à régir les rapports entre l'État et les cultes sans les soumettre à Rome. Dessinant ainsi les contours d'une Église plus gallicane, plus dépendante des autorités françaises que ne le laissait entendre l'accord passé avec Rome. Désormais, le clergé français ne pourra plus recevoir les brefs du pape ou les décrets des conciles, accueillir des légats du pape, réunir un concile national, organiser des manifestations publiques du culte, sans l'autorisation de l'État. Les ordres monastiques restent interdits. Bonaparte disait d'eux : « Je suis contraire aux couvents en général, comme inutiles et d'une oisiveté abrutissante ! » Une loi régit les cultes protestants qui seront soumis aux mêmes obligations que le culte catholique. L'intégration de la religion juive sera réglée ultérieurement, sous l'Empire.

Le 18 avril 1802, jour de Pâques, est la première fête religieuse officielle à Notre-Dame depuis 1789. La messe est célébrée par le légat du pape. Les consuls se rendent à la cathédrale en grand équipage, entourés des corps constitués et des ambassadeurs. Les nouveaux évêques prêtent serment ; on fait appel au vieil évêque de Boisgelin qui avait prononcé l'oraison funèbre de Louis XV et le discours du sacre de Louis XVI, pour le sermon. Les militaires manifestent leur désapprobation. Moreau préfère ne pas être présent. Les Berthier, Bernadotte, Masséna, ces jeunes généraux qui avaient mis leurs vies en péril pour sauver la Révolution et défendre la République contre les monarchies coalisées ont un haut-le-cœur en voyant monter en chaire le représentant du monde tant combattu, aux côtés de celui qui est désormais chef d'État. Ils ne sont pas les seuls. Un témoin anglais rapporte qu'« à l'exception des évêques, il n'y a pas eu à Notre-Dame une seule personne qui ait emporté de cette farce religieuse un sentiment de piété, personne qui n'ait parfaitement senti l'objet tout temporel de la cérémonie… le sentiment populaire sur cette journée fut une indignation mêlée de mépris ».

Le concordat suscita de nombreuses interprétations. Pour les uns, il permit la renaissance du catholicisme en France, pour les autres, c'était un acte despotique qui subordonnait l'Église à l'État, pour les derniers, c'était une concession à l'ordre ancien. J'aime bien l'interprétation de Taine qui voit le concordat comme « le règlement légal d'un divorce légal et motivé » : après la Révolution, on trouve un compromis. À la suite du concordat, l'Église catholique reprit sa place en France car c'est la religion de la majorité des Français. Deux ans plus tard, lorsque le Premier consul se fit empereur, c'est au pape qu'il fit appel pour fonder une nouvelle dynastie, renouant avec les traditions de l'Ancien Régime. Mais il n'y avait dans cette manifestation de soumission à l'autorité papale pas plus de place pour la spiritualité que dans la négociation du concordat. Le sujet était purement politique. Par ce geste, il devenait l'égal de l'empereur d'Autriche à la tête du Saint-Empire romain germanique, protecteur attitré de l'Église catholique qu'il avait militairement défaite en Italie. Avec le sacre, il pouvait traiter sur un pied d'égalité avec les autres souverains d'Europe, qui devenaient ses « bons frères » ; il effaçait ainsi le mépris dans lequel il était tenu par les cours d'Europe, il relevait aussi le procès en illégitimité fait par ceux qui lui reprochaient d'avoir pris le pouvoir par un coup d'État militaire. Il démontra le peu de valeur qu'il accordait à la bénédiction papale lorsqu'il prit la couronne des mains du pontife pour la porter lui-même sur son front avant de rappeler les acquis de la Révolution et de s'engager à les maintenir. Il y eut à Notre-Dame la même bronca des généraux qu'à la cérémonie de l'adoption du concordat. D'un seul regard, il les calma.

La rivalité entre un empereur des Français qui rêve de dominer l'Europe et le chef de la chrétienté qui entendait rester chef de l'Église française et maître de ses possessions en Italie ne peut en rester là. Les griefs s'accumulent autant sur l'interprétation du concordat que sur le devenir des États pontificaux. Après le couronnement, Napoléon menace le pape de le retenir à Paris. « Tout est prévu, répond le pontife, avant de quitter l'Italie, j'ai signé une abdication régulière ; elle est entre les mains du cardinal Pignatelli à Palerme, hors de la portée du pouvoir des Français. Au lieu d'un Pape, il ne restera entre vos mains qu'un moine appelé Barnabé Chiaramonti. » En 1806, Napoléon fait savoir au Saint-Père sa volonté de soumettre toute l'Italie aux lois de l'Empire, y compris les terres papales. Il reconnaît au pontife une souveraineté spirituelle mais aucun pouvoir temporel : « Vous êtes le Roi de Rome mais j'en suis l'Empereur. » Deux ans plus tard, les négociations n'avançant pas, Bonaparte met ses menaces à exécution. Le général Miollis occupe Rome et enferme Pie VII dans le palais du Quirinal. L'année suivante, après l'expulsion des cardinaux, il annexe les États pontificaux à l'Empire français. Le jour même, le Pape rend publique la bulle qui « excommunie les auteurs des attentats contre le Saint-Siège ». En réplique, Napoléon le fait enlever et l'exile à Savone. Mais Napoléon a besoin d'avoir ce dangereux prisonnier près de lui : il l'envoie à Fontainebleau et caresse le projet de transférer à Paris ou à Avignon le siège de la papauté. Le malaise religieux s'accentue, plusieurs évêques sont mis en résidence surveillée, des sièges importants restent sans titulaire. L'Empereur de retour de Russie négocie personnellement avec le pape pendant cinq jours un nouvel accord qui sera dénoncé par ce dernier, mais appliqué par l'Empereur. Il le relâche finalement en janvier 1814, accaparé par d'autres soucis, ne souhaitant pas ajouter une crise religieuse aux revers militaires.

Quelles sont au juste les convictions religieuses de Bonaparte ? À l'origine, les Bonaparte appartiennent aux quelques familles insulaires en contact avec les idées nouvelles. Ils le doivent aux fréquents déplacements de leur père en Italie, à Rome, Florence, et Pise où il fit ses études supérieures et où les Bonaparte conservaient de la parentèle. Ces idéaux, même minoritaires, n'étaient pas étrangers à une Corse pourtant attachée à l'Église romaine et où les couvents franciscains sont légion. Car la religion de clergé séculier, celui qui vit dans le siècle, les prêtres de tous les jours, compose avec une foi populaire qui partage encore beaucoup de superstitions païennes, où la notion du péché et de l'enfer et les obligations imposées par l'Église ne sont pas profondément enracinées. Bien plus qu'au Dieu des chrétiens, les Corses croient au sort, à la destinée, au fatum, la divinité aveugle et sourde de l'Antiquité. Charles, comme son fils Napoléon, doit la confiance qu'il a en lui au refus de la discipline catholique de sacrifice et d'abnégation. Napoléon se moque gentiment de ce père libre-penseur, qui, lorsqu'il meurt, en février 1785, « ne vit pas plus tôt le cercueil ouvert, qu'il se prit de passion pour les prêtres. Il les cherchait, il n'y en avait pas assez à Montpellier pour lui ». Et dans le portrait qu'il dresse de lui à Sainte-Hélène, il le dit « enthousiasmé par les idées généreuses et libérales », celles des Lumières.

La famille de Letizia Ramolino, mère de Napoléon, des patriciens de Sartène, accepta sans difficulté que leur fille se marie avec Charles sans passer devant le curé, ce qui n'était pas d'usage courant en Corse. Elle avait déjà bravé les conventions lorsque la mère de Letizia, Ange Marie Pietrasanta, avait épousé un officier suisse de confession protestante après son veuvage. C'est même l'oncle Lucien, diacre à la cathédrale, qui avait veillé à la conversion de l'Helvète, préalablement à son union. Il n'était pas lui-même un modèle de piété, s'intéressant davantage à la politique corse – il était du côté de Paoli – et aux intérêts matériels de la famille qu'à la foi de ses ouailles. Aussi, nulle surprise si le cardinal Fesch, issu de l'union entre Ange Marie et François Fesch, appartiendra davantage à la cohorte des prélats dans le siècle qu'à celle des moines pénitents ! Le tableau ne serait pas complet si je n'évoquais Lucien Bonaparte, qui commença ses études au séminaire d'Aix et le quitta très rapidement, considérant que ce n'était pas sa vocation. Il n'empêche que Napoléon fut élevé dans la religion catholique par sa mère, par sa tante Gertrude et par le diacre Lucien qui lui apprit même à servir la messe à la cathédrale. Dans ses écrits de jeunesse, nulle trace de Dieu mais un vague déisme hérité de Rousseau. Les écoles d'Autun et de Brienne sont tenues par des prêtres, qui ne parviendront pas davantage à intéresser Napoléon à la religion.

Comme toute sa classe, il fit sa première communion en 1781 avec le curé de Brienne. Moins par conviction que par habitude. « J'avais onze ans, dira-t-il à Bertrand, je fus scandalisé d'entendre dire que les hommes les plus vertueux de l'Antiquité seraient brûlés éternellement pour n'avoir pas suivi une religion qu'ils ne connaissaient pas. Dès ce moment-là, je n'eus plus de religion. » À Las Cases, il confiera à la fin de sa vie : « Voyez un peu la gaucherie de ceux qui nous forment, ils nous élèvent au milieu des Grecs et des Romains avec leurs myriades de divinités. J'ai eu besoin de croire, j'ai cru, mais ma croyance s'est trouvée heurtée, incertaine, dès que j'ai su, dès que j'ai raisonné, et cela m'est arrivé d'aussi bonne heure qu'à treize ans. »

Lors de la campagne d'Égypte, il demande à ses troupes une grande tolérance à l'égard de l'islam : « Ayez pour les cérémonies que prescrit l'Alcoran, pour les mosquées, la même tolérance que vous avez eue pour les couvents, pour les synagogues, pour la religion de Moïse et de Jésus-Christ. »

Selon Victor Hugo, lorsque le grand savant Laplace publie en 1805 son *Traité de mécanique céleste*, l'Empereur l'apostrophe rudement : « Comment, vous donnez les lois de toute la création et, dans tout votre livre, vous ne parlez pas une fois de Dieu ! » Laplace lui répond tranquillement : « Sire, je n'avais pas besoin de cette hypothèse », indiquant par là que Dieu n'a pas à intervenir dans les lois de la nature, sans pour autant affirmer qu'il n'existe pas. Sans doute Napoléon approuvait-il la réponse de son ancien ministre de l'Intérieur. Il n'y a parmi les frères Bonaparte aucun croyant véritable : tous voient la religion sous le prisme de la vie politique et sociale de leur temps.

« On dira tout ce qu'on voudra mais tout n'est que matière plus ou moins organisée. La plante est le premier anneau de la chaîne dont l'homme est le dernier. Je sais bien que c'est contraire à la religion mais voilà mon opinion : nous ne sommes tous que matière », affirme Napoléon à Gourgaud, en 1817.

Dans ses mémoires, Gourgaud écrit : « Sa Majesté est un système de Spinoza. » Pour Spinoza, la vraie morale ne consiste pas à suivre des règles établies mais à comprendre les lois de la nature universelle et de notre nature singulière afin d'augmenter notre capacité à agir et notre bonheur. Dans son *Éthique*, Spinoza précise : « Agir par vertu n'est rien d'autre en nous qu'agir, vivre, conserver son être sous la conduite de la Raison, et cela d'après le principe qu'il faut chercher l'utile qui nous est propre. » Processus complexes d'organisation, inépuisables capacités de transformation et de passage à des formes qualitativement diverses sont les propriétés intrinsèques de la matière et de son mouvement. Telle avait été l'approche iconoclaste de Spinoza dès le milieu du XVIIe siècle. « L'Empereur, dit Gourgaud, refuse les simplifications réductrices. Les matérialistes n'affirment pas que l'âme n'est que matière, mais bien qu'elle est une propriété de la matière organisée, de même que l'aimant, l'électricité ont leurs propriétés. » Pour lui, les comportements des humains ont moins leurs racines dans la psychologie individuelle que dans les caractéristiques des sociétés, dans les « conventions dominantes, telles qu'elles existent dans les différentes "circonstances" historiques », précisera Gourgaud. Il inscrit son maître dans le courant matérialiste de la deuxième moitié du XVIIIe siècle.

Après le concordat, Bonaparte éprouva le besoin de mettre ses comportements en phase avec la nouvelle donne religieuse. Au préfet Girardin qui lui faisait remarquer qu'avec le concordat il serait obligé d'aller à la messe, Bonaparte répondit :

« Cela peut-être !

— Mais vous contraindrez aussi tous les fonctionnaires publics à y assister.

— Quelle folie !

— Non, citoyen Consul ; cela sera, parce que cela vous semblera nécessaire et, ce que je vous demande dès aujourd'hui, c'est d'attacher d'excellents musiciens à votre chapelle, parce qu'une bonne musique est un remède contre l'ennui, et la messe, que nous n'avons plus l'habitude d'entendre, pourrait nous sembler une chose fort ennuyeuse. »

Girardin avait vu juste. Le consul devenu empereur se fit désormais un devoir d'assister chaque dimanche à la messe, au moins quand il était aux Tuileries. Le palais étant totalement dépourvu de lieu de culte, il fit aménager une chapelle, avec un petit autel et une estrade mobile pour lui et sa famille, dans sa salle de bains, à l'endroit où était sa baignoire, cachée par un paravent le reste du temps. Dans le cabinet adjacent se tenaient un orchestre et des chanteurs, dirigés par Cherubini et Paisiello. Un voyageur venu de Prusse assista à l'un de ces offices privés et laissa ce commentaire : « Le Premier consul m'a semblé aussi indifférent à la musique qu'à la messe elle-même. Il n'est pas douteux pour moi que son acte était tout politique : à l'élévation, alors que tout le monde s'agenouillait, il s'est borné à s'incliner plus profondément. » Cette cérémonie prit de l'ampleur et devint un moment important dans la vie de la cour impériale, avant les audiences particulières, les prestations de serment et la parade. Ultérieurement, on célébra la messe dans la salle où le conseil d'État tenait ses séances. En semaine, l'autel était fermé dans une armoire.

L'Empereur n'utilise jamais la religion comme une forme de consolation contre les revers qui vont suivre la désastreuse campagne de Russie. Il accepte avec beaucoup de lucidité ses défaites dont il prend l'entière responsabilité et prépare avec un courage admirable les batailles suivantes. Il pratique une forme de stoïcisme inspirée de l'Antiquité. À de très rares moments de découragement près – qui pourront aller jusqu'à la fameuse tentative de suicide la veille du départ pour l'île d'Elbe –, il se soumet aux circonstances adverses sans protester ni s'apitoyer sur lui-même. Ses compagnons lors de la navigation vers Sainte-Hélène à bord du *Bellerophon* le trouvèrent étonnamment détaché. Napoléon découvre Sainte-Hélène à la lunette : « J'étais à côté de lui, mes yeux fixaient constamment son visage, écrit Las Cases. Je n'ai pu surprendre la plus légère impression, et pourtant c'était là désormais peut-être sa prison perpétuelle ! Peut-être son tombeau ! »

À Sainte-Hélène, quatre ans après son arrivée, Madame Mère finit par lui envoyer deux prêtres, l'abbé Buonavita qui repartit aussitôt et l'abbé Vignali qui restera jusqu'à sa mort. Il leur demanda de dire la messe du dimanche dans sa salle à manger convertie en chapelle en plaisantant : « J'espère que le Saint-Père ne nous fera aucun reproche ; nous voilà redevenus chrétiens. S'il voyait notre chapelle, il nous accorderait des indulgences. »

Ces prêtres prirent l'initiative de parcourir les corridors de Longwood munis du bénitier et du goupillon en récitant des prières devant chaque porte. « Cette cérémonie, rapporte le mamelouk Ali dans ses Mémoires, pouvait être bonne en Italie ou en Corse, pour des Italiens, mais à Sainte-Hélène et pour des Français peu dévots, elle fut tournée en dérision par ceux qui habitaient le corridor. »

Au maréchal Bertrand, quelques jours avant sa mort, il confie : « Je suis bien heureux de n'avoir pas de religion. C'est une grande consolation : je n'ai pas de craintes chimériques, je ne crains rien de l'avenir… la seule chose à craindre est que les Anglais ne veuillent garder mon cadavre et le mettent à Westminster ! » Pourtant, le 21 avril 1821, il dit à l'abbé Vignali : « Je suis né dans la religion catholique, je veux remplir les devoirs qu'elle impose et recevoir les secours qu'elle administre », et lui demande de lire la prière des agonisants lorsqu'il sera au plus mal. Montholon note le 1er mai 1821, quatre jours avant sa mort : « L'Empereur pose la grande question : il paraît dire qu'il n'y a rien après. » Il reçoit les derniers sacrements le 3 mai et des obsèques religieuses sont célébrées selon ses dernières volontés.

Comme tous ceux de son temps, Bonaparte appartient culturellement au monde chrétien. Mais je n'ai trouvé nulle part dans son œuvre de témoignage d'une croyance personnelle et motivée en Dieu. À l'inverse, j'ai relevé de multiples manifestations de sa tolérance. Le concordat est un monument d'intelligence qui organise les trois grands cultes pratiqués en France au début du XIXe siècle, c'est une œuvre de raison. La raison ouvre la porte de la tolérance. L'approche purement politique de la question religieuse a été la clé du succès.

De nos jours, on ne va pas à l'église pour satisfaire des impératifs politiques, sociaux ou familiaux mais par motivation personnelle : on peut librement pousser la porte d'une église pour se recueillir ou admirer les toiles d'un maître flamand, participer à une bar-mitsva, écouter un concert de musique indienne dans un temple protestant, à moins que l'on soit croyant et que l'on y pratique son culte. On peut aussi, par principe, n'y jamais mettre les pieds. On peut même librement se moquer de Dieu, le blasphème n'est plus un délit ! Autant de libertés que nous devons au concordat et que beaucoup de pays sous la tyrannie religieuse nous envient. On oublie que la liberté religieuse a été un long combat dont le concordat a été une étape majeure. Avant la fin de l'Empire, l'Église concordataire redevint une des principales forces d'opposition au régime. Sous la Restauration et le Second Empire, l'Église catholique reprit le terrain perdu et il faudra d'autres combats avant les lois de 1905. J'ai toujours été fasciné par les périodes de tolérance qui marquent l'histoire de l'humanité et qui vont toujours de pair avec des progrès moraux et esthétiques : l'Inde de l'empereur Ashoka, les royaumes arabes d'Andalousie, le Rajasthan du roi Akbar, l'âge d'or du califat abbasside de Bagdad. En Occident, il faut attendre la Renaissance au XVIe siècle pour connaître pareilles ouvertures.

Personnellement, je m'inscris dans une spiritualité laïque qui intègre les progrès de la connaissance humaine. Le Dalaï Lama recommande d'abandonner tout enseignement spirituel qui serait contredit par la science. À notre époque de découvertes inouïes dans la physique de l'univers, grâce à des instruments comme les accélérateurs de particules ou les télescopes spatiaux, des croyants prennent encore les textes fondamentaux comme la Bible ou le Coran – qui ont une indéniable portée esthétique et littéraire – pour des ouvrages historiques et scientifiques qui font de l'homme le centre et la finalité de l'univers ! Ils prennent des mythes pour des réalités. Leur dieu est évidemment le seul vrai Dieu.

Explorer la réalité est une des tâches premières du philosophe, et c'est aussi l'un des buts de la science. Cette conception a finalement quelque parenté avec celle de Bonaparte influencé par la pensée rationnelle de son temps. Je ne crois pas au Dieu barbu représenté par Michel Ange sur le dôme de la chapelle Sixtine, même si la beauté de ces peintures me bouleverse. Je ne crois pas en un être éternel et transcendant, à la fois extérieur et supérieur à la nature, qui aurait volontairement créé l'univers, je ne crois pas en l'absolu en acte et en personne. À la question « Professeur, croyez-vous en Dieu ? », Einstein répondait justement : « Dites-moi d'abord ce que vous entendez par Dieu, je vous dirai ensuite si j'y crois. » Si vous appelez Dieu l'ensemble des forces qui régissent l'univers, dont beaucoup restent encore inconnues, alors je crois en Dieu. Si vous appelez Dieu le merveilleux fonctionnement de la vie forgé par 3,5 milliards d'années, alors je crois en Dieu. Si vous appelez Dieu la conscience d'appartenir à une énergie unique, alors je crois en Dieu. Si vous appelez Dieu les lois naturelles de la cause et des effets, de l'impermanence, alors je crois en Dieu. Spinoza lance dans l'*Éthique*, en 1677, son fameux « *Deus sive Natura* » : Dieu, c'est-à-dire la Nature. Tout est dit en trois mots de latin !

De nos jours, on dispose d'une théorie à peu près complète de l'univers. Quand on remonte au big bang, l'univers devient de plus en plus petit, de plus en plus dense et de plus en plus chaud jusqu'à se réduire à la taille d'un proton. La théorie générale d'Albert Einstein, la seule dont on dispose pour décrire l'évolution du cosmos aux grandes échelles, définit la gravitation, loi fondamentale du développement de l'univers, comme une manifestation de la courbure espace-temps. Mais par définition, ni l'espace ni le temps n'existent avant le big bang. Pas même le temps que le créateur puisse créer quoi que ce soit, note avec humour Stephen Hawking dans *Brèves réponses aux grandes questions* ! Il n'y a donc aucune raison de penser qu'il y a eu un Dieu créateur. Il n'y a à vrai dire pas davantage de raison de l'exclure. C'est une question non pertinente. C'est pourquoi je suis agnostique. Comme à l'époque de Laplace, Dieu fait partie des hypothèses non nécessaires pour comprendre l'univers !

12

Planète bleue

J'ai écrit une grande partie de cet ouvrage confiné par les crises sanitaires dans ma maison de Sauve, aux pieds des Cévennes. C'est une première dans l'histoire de notre espèce. Dans vingt ans on demandera à tous les enfants : et toi, que faisais-tu pendant les pandémies ? Ma situation est, à tous égards, privilégiée. Le printemps et l'automne n'ont jamais été aussi beaux, la nature qui a cessé d'être dérangée par le mouvement des hommes donne ce qu'elle a de mieux. Il règne un silence complet dans mon village qui, à l'état normal, n'est déjà pas bien bruyant. Les rossignols, les mésanges, les huppes fasciées s'en donnent à cœur joie, le soir le petit duc fait entendre son sinistre ululement, tandis que les éperviers qui planent habituellement au-dessus de la forêt sont descendus vers le village. De nombreux chemins m'offrent des terrains pour la pratique de longues promenades où je ne croise que les renards. Mes voisins sont à bonne distance, ni trop près, ni trop loin ; la solidarité qui est de règle ici pendant toute l'année se prolonge dans l'attention que nous portons à la santé les uns des autres, dans les achats que nous faisons pour ceux qui sont malades, dans les courses déposées aux portes des personnes âgées, dans un esprit général de disponibilité qui n'attend qu'un signe pour se manifester. Nous sommes au contact de nos familles par Internet. Je joue chaque soir des parties d'échecs à distance avec mes petits-enfants restés à Paris. Il me manque bien la convivialité des repas partagés, les grandes tablées à l'heure de l'apéritif, les animations qui ponctuent l'année. Mais c'est bien peu de chose à côté de la souffrance des malades atteints par le virus, des citadins confinés dans leurs petits appartements, des personnes âgées coupées de leur famille, saisies d'angoisse par la prolifération de la maladie dans les maisons de retraite, des migrants sans toit, taraudés par la peur du lendemain. La situation exceptionnelle que nous avons vécue au printemps se prolonge par une autre vague en automne, qui pourrait être suivie d'autres jusqu'à la vaccination de toute la population. Autant dire que s'ouvrent plusieurs années de vie économique et sociale partiellement ralenties, alors que les questions de la dégradation de l'environnement, des migrations, continuent à se poser avec urgence. L'isolement présent, qui durera avec plus ou moins d'intensité jusqu'à la vaccination complète de l'humanité, ne doit pas nous conduire au repli. Nous devons continuer à proposer et à agir.

La crise, quelle crise ?

C'est un jeune homme de quatre-vingt-dix-neuf ans, Edgar Morin, qui dans son dernier essai, *Sur la crise*, donne les clés de lecture les plus pertinentes à ce qui nous arrive et les accompagne de préconisations audacieuses pour l'avenir. Enjambant le court terme, il s'appuie sur une vision cohérente du monde pour nous projeter dans le futur. Sa voix reste fragile, non seulement en raison de son âge, mais aussi par la pression de l'opinion publique qui veut des résultats immédiats et qui craint le changement, confortée par des politiques qui regardent d'abord les échéances de leurs mandats. De grands défis ne peuvent se relever qu'avec de l'imagination, une action conduite avec détermination et persévérance, et le courage de dire non à la facilité. Le combat entre le conservatisme et le progrès n'a jamais été d'une aussi brûlante actualité.

Edgar Morin nous rappelle que le monde est complexe, c'est-à-dire interdépendant. Il cherche à abolir les frontières entre les savoirs, notamment entre les sciences humaines et les sciences exactes. Il rappelle aussi que la science n'est pas un répertoire de vérités absolues, à la différence des religions. Ce sont des déviants comme Einstein ou Darwin qui font progresser les sciences et non pas les académies mandarinales. Les controverses, loin d'être des anomalies, sont nécessaires au progrès. Dans l'inconnu, tout progresse par essais et erreurs, voire par des innovations déviantes. Edgar Morin dénonce l'hyperspécialisation des savoirs scientifiques. La crise, explique-t-il, crée deux processus contradictoires. Le premier stimule l'imagination et la créativité vers la recherche de solutions nouvelles. Le second est la recherche du retour à une stabilité passée ou l'adhésion à un salut providentiel et la dénonciation ou l'immolation d'un coupable. Nous savons à quoi nous en tenir, Antonio Gramsci avait déjà eu cette formule : « Le vieux monde se meurt, le nouveau tarde à paraître, et dans le clair-obscur surgissent les monstres. »

À suivre Edgar Morin, nous devons craindre une régression généralisée de la solidarité internationale qui émettait déjà des signes inquiétants dès avant la crise du Covid-19 : retrait des États-Unis, mise en cause de la démocratie libérale, prise en compte exclusive du court terme, poussées nationaliste, xénophobe ou raciste. Le confinement, l'interdiction des réunions poussent au repli sur soi. Le Covid-19 se moque des frontières. Il est paradoxal que les nations se retranchent derrière elles pour le combattre. La pandémie ne peut pas servir de prétexte à l'exacerbation de la lutte entre les puissances, à la remise en cause du multilatéralisme, comme viennent de le faire les États-Unis en quittant l'Organisation mondiale de la santé qui est pourtant la seule organisation universelle capable de coordonner la lutte contre les épidémies. Le Conseil de sécurité des Nations unies comme le G7, censé coordonner les actions des pays les plus riches, ou encore les institutions européennes ont été totalement absents du premier confinement qui a activé les réflexes protectionnistes, renforcé l'emprise et la concurrence des nations. Un simple virus a donc sérieusement ébranlé les fondations de l'ordre international hérité de la fin de la Seconde Guerre mondiale. Cet ordre a été suffisamment dénoncé comme celui de l'impérialisme américain, du pillage des ressources du tiers-monde, de l'exploitation sans retenue des ressources de la planète, pour que nous le regrettions. Il faut préparer un nouvel avenir.

L'Europe, que la crise a forcée à plus d'unité, et la nouvelle administration Biden sont au cœur des ces nouvelles attentes.

Quels sont nos vrais besoins ?

Depuis cinquante ans, les besoins inutiles n'ont pas cessé de croître dans les sociétés riches. Le tri entre nos besoins véritables et ceux qui sont suscités par le court terme, par l'image ou par l'argent est plus nécessaire que jamais. La valeur que nous accordons à un bien est mesurée par son prix et la performance de nos systèmes productifs par le produit intérieur brut, le PIB, la somme des valeurs ajoutées produites chaque année par une économie. Au lendemain de la crise de 2008, une commission présidée par le prix Nobel d'économie Joseph E. Stiglitz a travaillé en France sur de nouveaux indicateurs de progrès, pour se libérer de l'approche purement comptable qui sert à définir le PIB. Ses rapports dorment au fond des archives. Ils montraient que l'approche quantitativiste basée sur des données économiques issues de la comptabilité des entreprises ne tient aucun compte des effets négatifs créés par la production des biens et des services : le KWH produit par EDF « oublie » le coût du démantèlement des centrales nucléaires, comme les sacs en plastique de nos consommations « omettent » le prix de leur recyclage. Pour obtenir une économie propre, il faut d'abord que les prix reflètent les coûts environnementaux.

Par ailleurs, ces données comptables ignorent ce qui importe vraiment aux citoyens. La crise a fait prendre conscience qu'il existe des biens et des services oubliés, certains essentiels, des métiers à revaloriser et à développer, alors que d'autres sont devenus moins indispensables. Les services publics sont réapparus comme le patrimoine de ceux qui n'en ont pas. Il faut donc combattre le capitalisme mondialisé qui nous prive d'autonomie alimentaire, sanitaire, énergétique. Sans réorganisation radicale de la production et de la consommation dans le sens de la sobriété sélective, d'autres désastres nous attendent. L'urgence écologique et climatique n'a pas disparu avec l'urgence sanitaire. Or depuis la fin des années 1960, le PIB en grossissant devient de plus en plus toxique pour la vie, pour le climat, pour la biodiversité, pour la qualité de l'air, de l'eau, des mers et des sols. Le PIB ne mesure plus le bien-être comme au lendemain de la Seconde Guerre mondiale où tout devait être reconstruit. Il ne tient aucun compte de la dégradation des patrimoines écologiques, des activités bénévoles, du travail domestique, de l'évolution des inégalités : il contribue à la course vers l'abîme. Il faut prendre en compte l'utilité réelle des biens et services produits qui va bien au-delà du futile et de l'accumulation privée. Il faut d'autres guides comme indicateurs des progrès humain : sanitaires, sociaux, écologiques, démocratiques.

Ni chez moi, ni chez les autres, je n'ai vu l'argent, la réputation, le succès politique conduire au bonheur. Qu'on me comprenne bien, je ne dis pas qu'il ne faut pas d'argent, ni de considération personnelle, ni que l'action publique est inutile. Mais j'affirme qu'ils ne sont pas des fins en soi et que si ces acquis ne sont pas accompagnés de la compréhension, qu'ils ne sont que des moyens, alors ils conduisent à en demander toujours plus sans étancher la soif d'obtenir toujours davantage. L'argent est un bon serviteur mais un mauvais maître ! L'homme moderne occidental est entraîné dans un tourbillon de consommations matérielles, de formes, de succès qui, au lieu d'être des moyens de le rendre plus heureux, sont devenus des finalités qui l'écartent de sa propre réalité, créant frustration et mal-être. Il n'a plus conscience que les objets n'existent que par les propriétés que leur donne notre esprit qui lui-même est largement conditionné. Il n'a plus conscience d'appartenir à un Grand Tout interdépendant où le battement d'une aile de papillon au Mexique influe sur le climat en Europe, comme l'a dit le météorologue Edward Lorenz en 1972.

L'extinction des espèces, prélude à l'extinction de l'humanité ?

La crise engendrée par le virus est une conséquence du règne dominant de l'espèce humaine sur toutes les autres formes du vivant qu'on appelle l'anthropocène. Le Covid-19 est une maladie transmise des animaux aux hommes, c'est une *zoonose*, comme le dit l'anthropologue anglaise Jane Goodall. Il est presque certain que cette maladie a commencé au marché de fruits de mer de la ville de Wuhan en Chine, qui vendait aussi des animaux terrestres sauvages comme nourriture. Ces marchés sont nombreux en Asie et en Afrique. Les humains, tant vendeurs qu'acheteurs, peuvent être contaminés par des matières fécales, de l'urine, du sang ou d'autres fluides corporels. Deux transmissions majeures de ces dernières années, le VIH et le virus Ebola, ont utilisé le même chemin de contamination pour arriver à l'homme. Elles se sont développées à la faveur d'un regain de trafic de singes, reptiles, oiseaux pour les transformer en animaux de compagnie, ou pour utiliser certaines parties de leur corps à des fins décoratives ou médicales, comme par exemple les ours asiatiques exploités pour leur bile.

Or nous savons aujourd'hui que ces animaux sont des êtres sensibles qui connaissent comme nous la peur, la douleur et le désespoir. Ils font l'objet de traitements inhumains pour des motifs futiles, comme l'envie de posséder un animal sauvage chez soi, ou pour de prétendues qualités médicinales. D'autre part, des maladies appelées grippe aviaire et grippe porcine, qui font des ravages dans les populations humaines, sont le résultat du conditionnement des volailles et des porcs dans de grands élevages industriels qui favorisent la transmission des virus à l'homme et produisent des souffrances animales à grande échelle.

Je ne plaide pas pour la suppression totale de la viande de l'alimentation humaine, même si j'ai moi-même expérimenté qu'elle n'était nullement indispensable et que l'on peut facilement trouver d'autres sources de protéines. Mais je crois qu'il est primordial de réduire la consommation des protéines d'origine animale : les peuples de chasseurs-cueilleurs ne prélevaient que les animaux qui étaient strictement nécessaires à leur alimentation. Les scientifiques nous avertissent que si nous continuons à ignorer ces *zoonoses*, nous pourrions être affectés par des pandémies plus graves encore que celle due au Covid-19. Il semble que les espèces animales portent des milliers de virus potentiellement aussi dangereux. Nous devons donc stopper la déforestation et la destruction des habitats naturels à travers le monde afin que les espèces vivantes conservent des espaces naturels de vie. Nous devons utiliser les alternatives biologiques disponibles respectueuses de l'environnement comme les légumineuses, afin de nous alimenter en protéines sans tuer inutilement des animaux, sans les faire souffrir et compromettre l'avenir de notre propre espèce. La santé des personnes, celle des animaux et celle de l'environnement sont étroitement corrélées. Si nous ne changeons pas nos rapports à la nature, la crise mondiale engendrée par le virus pourrait être le prélude à d'autres.

L'extinction des espèces, liée à l'activité humaine, continue de s'accélérer à un rythme qui éliminera plus de la moitié d'entre elles d'ici la fin du siècle. La communauté de nos destins ne concerne pas que les humains, elle inclue tous les êtres vivants. La vie qui nous traverse est la même que celle qui anime et traverse les plantes, les oiseaux, les champignons, les bactéries ou les virus. Nous sommes tous une seule et même vie, faite de la même énergie, qui ne cesse de produire des formes différentes sans changer sa substance.

Le diagnostic est parfaitement établi par le groupe d'experts intergouvernemental sur l'évolution du climat qui dépend de l'Onu. L'activité humaine a provoqué une hausse de la température de 1 degré Celsius par rapport à son niveau préindustriel. Si elle franchit le seuil de 1,5 degré, la hausse pourrait déclencher une spirale de réactions incontrôlables et une cascade d'événements climatiques qui décimeront les écosystèmes de la Terre. Les experts concluent qu'il faudrait diminuer de 45 % les émissions de gaz à effet de serre pour éviter une catastrophe environnementale. Au rythme de croissance actuel, nous avons douze ans pour y parvenir. D'où la nécessité d'une transformation rapide de nos comportements et de l'économie mondiale. Cette question est tellement grave qu'elle doit obliger les peuples à oublier leurs différences et à mettre leurs forces en commun.

Nous n'hésitons pas à mettre l'économie en pause pour stopper la propagation d'un virus et sauver des vies. Pourquoi ne sommes-nous pas prêts à faire la même chose pour enrayer le réchauffement climatique ? Parce que, en matière d'environnement, le résultat ne sera pas visible avant plusieurs années, bien après les échéances de tout mandat électoral. Cette observation me conduit à préconiser un mandat présidentiel unique en France. Il faut retrouver la trace d'un développement soutenable à long terme. Les leadeurs doivent s'opposer aux lobbies industriels et financiers proposant de mettre de côté les exigences des accords de Paris. Les entreprises d'une certaine taille ne peuvent bénéficier des aides d'État sans s'engager à s'orienter vers des investissements dans le « bas carbone ». Mais il importe que ces normes environnementales, comme les normes sociales, ne servent pas d'alibi à la montée du protectionnisme. C'est pourquoi elles doivent désormais faire partie des règles du commerce international. Plutôt que de décrier les faiblesses évidentes de l'Organisation mondiale du commerce, transformons-la en un outil au service du climat et de la justice sociale.

La confiance, antidote à la dictature

Les thèses complotistes et la recherche de boucs émissaires fleurissent. Ne pas écouter les scientifiques est une preuve d'obscurantisme, de stupidité et de manque de considération pour autrui. Le combat pour imposer la vérité des faits est plus que jamais d'actualité. Ce qui ne signifie pas que l'on doive éviter un débat public sur l'utilité des techniques. Le modèle chinois de contrôle social reste évidemment intolérable pour tout humaniste. L'alibi de la lutte contre la pandémie pour imposer la dictature est inacceptable. Le conseil municipal de la ville de San Francisco s'est prononcé contre tout usage de la reconnaissance faciale et a réaffirmé sa confiance en la police pour lutter contre les crimes et délits. C'est une sage décision.

Quelle chance nous avons de vivre dans un pays qui a pu mettre au chômage partiel, c'est-à-dire indemniser à 84 %, neuf millions de salariés pendant plusieurs mois, qui dispose d'un système de soins ayant résisté à une épidémie à laquelle il n'était pas préparé, et dont le gouvernement a soumis les principales dispositions à une représentation nationale, certes privée du droit de vote pendant la période d'urgence, mais dont les débats ont été retransmis par tous les médias !

La confiance dans les dirigeants est un facteur clé de sortie de crise. C'est particulièrement difficile à obtenir à l'heure d'Internet et des réseaux sociaux où tout le monde est informé en temps réel et peut avoir un avis sur tout. La question de la confiance se pose à propos de la généralisation du vaccin contre le Covid-19. Sans cette confiance, l'autorité s'exerce dans la brutalité, comme en Chine. La peur est à l'opposé du civisme. En France, le gouvernement a rapidement perdu du crédit en habillant par des arguments médicaux le manque de masques et de matériel réactif pour les tests et en émettant des injonctions contradictoires, comme l'autorisation des élections au moment où il décrétait le confinement. À l'heure de l'information en temps réel, il faut construire le cercle vertueux de la confiance pour ne pas tomber dans la défiance qui conduit au scepticisme politique et au populisme.

La demande de protection va augmenter dans les années à venir : sécurité sanitaire, alimentaire, environnementale. Les solutions éprouvées ne sont-elles pas les plus rassurantes ? Il n'y aurait qu'un pas à franchir pour donner raison aux tenants d'un retour aux frontières des nations, aux solutions autoritaires. Ce serait une illusion dangereuse de se retrancher derrière une nouvelle ligne Maginot. On peut ouvrir une autre voie, celle d'une démondialisation raisonnée créant une autonomie vivrière et sanitaire, celle d'une nouvelle croissance tournant le dos au jetable et au frivole, donnant de la valeur au bien-être, à la santé, aux libertés, aux solidarités. Le nationalisme consiste à faire du chacun pour soi, à élever des barrières douanières qui ravivent la compétition entre les nations et mène aux conflits. Je préconise une démondialisation négociée à l'échelle mondiale qui suppose l'accord des nations entre elles pour limiter les distances entre lieu de production et lieu de consommation. Car s'il est de l'intérêt des travailleurs français de produire des médicaments en France, il est aussi de l'intérêt des ouvriers chinois, qui servent d'atelier pharmaceutique au monde, de moins polluer leur nature. Un cadre existe, c'est celui de l'Organisation mondiale du commerce.

Loin de nous crisper sur la nation comme cadre unique de l'action politique, la crise sanitaire doit nous pousser à bâtir un nouvel ordre mondial. Je ne dis pas que les nations vont disparaître, mais qu'elles doivent s'inscrire dans le cadre d'un ordre européen et mondial, ce qui n'était évidemment pas le cas lorsqu'elles s'imposèrent en Europe, au lendemain de la Révolution. La nation n'est plus le cadre unique d'identification des citoyens. Ce n'est pas un concept politique invariant. Il évolue avec l'émergence d'autres cadres d'identification qui traduisent la lente prise de conscience de l'appartenance à l'Europe et au monde.

Accueillir les migrants

En France, la majorité des migrants viennent des pays du Maghreb et d'Afrique noire, nos anciennes colonies. Les entrants en provenance de ces pays cherchent à gagner la France où la langue commune et la présence d'une famille ou de membres de leur communauté permet d'espérer une intégration plus rapide qu'ailleurs. Depuis quelques décennies, les migrations économiques ont été remplacées par des demandes de statut de réfugié sans qu'il soit possible de faire une délimitation nette entre ces motivations. Le plus souvent, les migrants quittent leur pays parce qu'ils se sentent en même temps menacés et privés de ressources. Nous avons une double responsabilité vis-à-vis d'eux : une responsabilité de secours humanitaire et une responsabilité particulière liée à notre passé colonial, car le délabrement de leurs économies et la déliquescence de leurs États sont, en partie, une conséquence de la colonisation. En 2018, 122 000 personnes ont demandé l'asile en France, 33 000 l'ont obtenu. On est loin d'une vague migratoire submergeant notre pays !

Je suis agnostique et laïque, je peux d'autant plus librement faire référence aux paroles du pape François. C'est de loin la voix qui parle avec le plus de force et de constance en faveur des migrants. Ses propos ont une dimension humaine qui résonne bien au-delà des seuls croyants. Ils appellent à faire le lien entre les inégalités de revenus sur la planète, les migrations et les périls écologiques. Si la démocratie ne s'appuie pas sur un socle éthique, sur une conception du bien qui puisse être largement partagée, elle sera absorbée par des tâches administratives. Aucune société ne peut vivre sans des idéaux qui servent de support à l'idée de nation et qui rassemblent les citoyens au-delà de leurs préférences politiques. La France ne s'est adaptée qu'avec retard à la troisième révolution industrielle, celle du numérique. Elle ne peut pas manquer le train des profonds bouleversements en cours dans le monde. Car dans les migrants il y a un peu du monde de demain qui prend forme. Je regrette qu'aucun responsable politique français ne porte de message clair sur l'immigration autrement que pour la stigmatiser. Je sais que l'immigration fait débat dans la société. Il y a deux façons de la voir, soit comme une contrainte, soit comme une opportunité. Je choisis la deuxième car l'immigration n'est qu'un aspect particulier de la construction d'un monde globalisé sans lequel notre planète n'a pas d'avenir.

C'est la misère et les violences qui poussent les migrants à quitter leurs communautés. Ils ne mettent pas leur vie en péril uniquement pour avoir de meilleures conditions de vie ailleurs. Plus de 20 000 personnes, dont beaucoup d'enfants, ont perdu la vie en tentant de traverser la Méditerranée. Les images des réfugiés entassés, de leurs esquifs chavirés au milieu de la mer, des morts, souvent les plus faibles, femmes, enfants tombés par-dessus bord, les corps d'enfants échoués sur les plages de nos vacances, leurs files décharnées montant sur les bateaux des ONG, sont insupportables. Parmi eux, le quart sont des enfants, beaucoup sont seuls, sans parents. Dans le sud de l'Italie, des migrants venus du Nigeria m'ont raconté leurs histoires, celles qui les ont poussés à quitter leurs communautés, à traverser le Sahara et la Libye où ils ont été frappés et réduits à l'esclavage, avant de monter sur de frêles esquifs dont la moitié des occupants ne purent résister à la tempête et furent happés par les flots. Je connais les conditions de vie dans les villes d'Afrique d'où ils sont partis. Ces femmes, ces hommes, ces enfants sont là parce que nous avons échoué avec la colonisation et les conseils que nous leur avons prodigués – que je leur ai prodigués – dans les années 1970-1980. C'est aussi parce que nos modes de consommation ruinent leurs terres. Les plantations industrielles de palmiers à huile, la production de coton pour des vêtements qui se vendent quelques euros à Paris ruinent la petite propriété rurale et dégradent irrémédiablement les sols.

Recevoir des migrants réfugiés chez soi est un devoir quand on le peut. Et, je l'ai expérimenté, c'est la source d'un bonheur né du partage. J'habite une partie de l'année dans un paisible village de 2 000 habitants dans le Gard. Je ne manque de rien. Ici, 40 % de la population a voté Le Pen à la dernière présidentielle. Je veux démontrer à ces électeurs que recevoir des migrants n'est pas synonyme d'augmentation de la criminalité ni de mise en cause de leur mode de vie. Nous avons la place de recevoir sans difficulté une ou deux familles. Si tous les villages en faisaient autant, il n'y aurait pas de problème d'accueil. Les problèmes deviennent insolubles quand les réfugiés se retrouvent aux portes de Paris. Quand les migrants sont entassés à la porte de Clignancourt, il est déjà trop tard. Leur intégration n'est plus envisageable. Ici, nous pouvons leur assurer un toit, l'apprentissage du français, la scolarisation des enfants, les aider dans leurs démarches administratives. Nous pouvons continuer à les suivre et à les recevoir même lorsqu'ils sont déboutés du droit d'asile. C'est illégal, mais légitime. La plupart n'ont pas de solution de retour. C'est par de modestes actions locales, en faisant appel à la générosité des familles, des quartiers et des communautés, que leur accueil peut être assuré. Pourquoi les pouvoirs publics ne font-ils jamais appel à la générosité des citoyens pour accueillir les migrants ?

Assurer le bien commun mondial

Il faut revoir entièrement la fonction et le fonctionnement de la communauté des nations rassemblée dans l'organisation des Nations unies. Au terme de Nations unies, un peu vague, je préfère celui de Société des nations, choisi par Aristide Briand au lendemain de la Première Guerre mondiale et qui implique des associés œuvrant à la réalisation d'une entreprise commune. Il faut que les Nations unies deviennent le garant de l'avenir de l'humanité en coordonnant l'action de tous les États de la planète. Cette organisation, que j'ai bien connue par mon travail en Afrique, est en réalité entre les mains de fonctionnaires et non pas de dirigeants élus par les peuples. Une bureaucratie légitimée par la technique remplace l'impulsion politique qui fait l'objet de tant de filtres entre le terrain et New York qu'elle est quasiment inaudible. Le fonctionnement actuel des Nations unies ressemble à un syndicat de copropriétaires : tout le monde s'écharpe pour tirer un bout de la couverture à soi : elles ne développent pas la conscience d'appartenir à une seule et même humanité. Les représentants des peuples devraient être désignés lors de consultations mondiales organisées le même jour sur toute la planète. À l'Assemblé générale, ce sont des élus et non des ambassadeurs qui devraient représenter les nations. Le secrétaire général devrait être l'émanation de cette assemblée et non pas le produit de tractations obscures entre les gouvernements. Afin de rendre l'outil efficace, les institutions spécialisées comme l'Unesco, la FAO, l'OMS, devraient dépendre directement de l'Assemblée générale des nations ou de son exécutif, comme les ministères dépendent d'un gouvernement.

Des ressources financières importantes et pérennes, notamment des taxes sur les flux financiers mondiaux et des taxes sur l'usage du carbone, touchant les nations qui ne se plient pas aux règles d'une économie décarbonée, doivent leur être affectées pour mener des actions salvatrices. Sur le modèle de l'Europe, qui s'est construite à partir du charbon et de l'acier, je propose que cette nouvelle instance mondiale se construise autour de problèmes concrets qui font l'unanimité, que l'on peut qualifier de bien commun mondial : éradication de la faim et de la misère, droits humains fondamentaux, lutte contre les pandémies, construction d'un réseau mondial de distribution d'énergie à partir de sources éolienne et solaire, lutte contre le réchauffement climatique, protection de la biosphère. Je sais que le monde actuel est marqué par l'exacerbation de la rivalité entre la Chine et les USA et par la montée du sentiment national. Mais je suis convaincu que de graves problèmes environnementaux, dont l'épidémie du Covid-19 n'est que le prélude, vont forcer l'humanité à se doter de stratégies et de moyens efficaces de coopérer pour survivre.

Ne pas craindre la dette

Faut-il s'inquiéter de la soutenabilité de la dette publique ? C'est le docteur en sciences économiques qui répond : non, si elle permet un taux de croissance supérieur à son taux d'intérêt. L'inflation prévue pour rester à des niveaux très bas, les taux des banques centrales ne vont pas augmenter dans les années à venir. Aujourd'hui, ils sont voisins de zéro, voire négatifs. Il faut donc s'endetter pour financer des investissements porteurs de croissance. D'importantes capacités d'endettement sont d'autant plus disponibles que le niveau de la dette publique ne doit pas s'apprécier par rapport à un taux arbitrairement choisi (3 % du PIB en Europe), mais par rapport au capital public, c'est-à-dire la valeur totale des actifs publics, équivalent de l'actif net des entreprises. Il importe donc de développer des biens publics qui maintiennent une valeur nette du secteur public positive, comme les activités liées aux économies d'énergie, à l'isolation des logements, à la bio-agriculture, à la production d'énergie décarbonée. Ces nouveaux secteurs sont porteurs de beaucoup de croissance créatrice d'emplois et permettront de rembourser la dette publique. C'est l'objectif affiché par le Green Deal de la Commission européenne. Il est heureux que l'Europe donne l'exemple d'un nouveau modèle de croissance.

La pandémie nous a appris que nos industries sont dépendantes des chaînes de valeur à flux tendus, très fragiles car très étirées dans l'espace. Il convient donc de conditionner les subventions à des contreparties de relocalisation et de respect de normes environnementales. Par exemple, les compagnies automobiles françaises doivent désormais être obligées de produire des voitures électriques en France et de passer à l'hydrogène pour les modes de transport lourds : bus, camion, train. Un nouvel aménagement du territoire doit prendre forme : développer des petites villes denses équipées de transports urbains et entourées de polycultures favorisant les circuits courts de distribution. Ce qui suppose de réhabiliter le réseau ferroviaire de proximité. La relance doit débuter par un grand programme de rénovation des bâtiments publics et privés accompagné de la formation d'ouvriers qualifiés. La reconstruction écologique créera beaucoup d'emplois nouveaux dans le bâtiment, les transports, l'agriculture et l'industrie, notamment celle dédiée à la production d'énergies alternatives. Il faudra partout l'accompagner d'un ambitieux programme de formation car de nombreuses reconversions seront nécessaires avec la disparition de l'économie ancienne.

Produire de l'énergie à proximité

Parmi les investissements d'une relance européenne verte, je voudrais insister sur l'importance d'une ambitieuse politique énergétique communautaire. La stratégie préconisée par Jeremy Rifkin, conseiller de plusieurs gouvernements et auteur, entre autres, du *New Deal vert mondial*, me semble la bonne. Nous sommes actuellement en marche vers la troisième révolution industrielle, celle du tout numérique, la première ayant été celle du charbon et la deuxième celle du pétrole. Cette troisième révolution est rendue possible par plusieurs innovations majeures, dont la possibilité de faire passer les informations de l'Internet numérique, celle des réseaux 4 et 5 G et du câble, par le réseau de distribution électrique. Une autre innovation concerne la diminution du coût de production des panneaux d'énergie photovoltaïque et l'apparition de petites éoliennes à axe vertical adaptées à l'habitat individuel. Il est donc possible de remplacer les grandes usines polluantes utilisant l'énergie primaire carbonée (fuel, charbon, gaz) et l'énergie nucléaire par des installations individuelles. En créant une infrastructure de distribution adaptée, on répondrait à trois problèmes majeurs :

assurer le transport de l'information qui croit à une vitesse exponentielle, distribuer de l'énergie non carbonée d'origine solaire et éolienne, transporter les informations nécessaires pour que l'énergie produite dans chaque immeuble soit distribuée à l'échelle de la planète, pour assurer l'approvisionnement de zones moins venteuses ou moins ensoleillées.

Le réseau électrique centralisé partant des centrales électriques alimentées par des matières premières carbonées (fuel, charbon, gaz) ou nucléaire devra être reconfiguré pour s'adapter au flux d'énergie renouvelable produit par d'innombrables microcentrales électriques vertes, réseau servant en même temps de support à l'échange des données, big data et personnelles. Ce sont des investissements importants, mais les États devront de toute manière consentir à des mises de fonds considérables pour décarboner leur électricité et maintenir les installations existantes.

Les principaux secteurs responsables du réchauffement climatique (télécommunications, Internet, alimentation, électricité, mobilité et logistique, bâtiment) ont commencé à moins investir dans les combustibles fossiles. Nous approchons de la fin de l'ère du pétrole. Il est probable que le pic d'utilisation du pétrole a été atteint avant la pandémie. Le vieux lobby de l'énergie carbonée livre peut-être sa dernière bataille. Nous sommes peut-être même à la veille de l'explosion de la bulle carbone qui pourrait se produire entre 2023 et 2030 : en quelques jours, les immenses investissements réalisés dans l'exploitation des énergies carbone (charbon, gaz, pétrole) ne vaudraient alors plus rien. Quoi qu'il en soit, les tenants d'un New Deal vert gagnent en force. Nous avons moins de vingt ans pour réussir.

Apprendre à voir le beau

J'ai bien conscience que ce ne sont pas des mesures techniques qui sauveront l'humanité. Il y aura toujours des pays ou des groupes humains pour dire que d'autres, mieux pourvus, doivent s'engager d'abord. Et comme ils ne le font pas, rien ne se fait. Et pourtant, il faudra bien accepter de sortir de la logique d'une croissance infinie dans un monde fini. C'est par un grand mouvement de prise de conscience que le monde sera sauvé : prise de conscience de l'unité, de la beauté mais aussi de la fragilité de notre planète. Alors les mesures politiques et techniques viendront d'elles-mêmes. Alors les hommes seront prêts à consentir aux efforts nécessaires.

Notre espèce peut disparaître comme bien d'autres avant elle : nous sommes le produit d'un long parcours qui s'est déroulé sur fond d'incessantes disparitions d'espèces inadaptées et dont nous sommes aujourd'hui, avec tous les êtres vivants qui nous entourent, les témoins et les survivants. Nous sommes en réalité faits de l'empreinte biologique de ce qui a disparu, de ces dizaines de milliers de générations humaines qui nous ont précédés et qui nous ont légué ce merveilleux présent de la richesse et de la diversité de nos cellules et de nos cultures. Individuellement, nous sommes faits du souvenir des femmes et des hommes que nous avons connus et qui ont disparu : cette part de chacun de nous qui survit dans l'univers mental des autres est « une forme de vie après la vie, belle et fragile », écrit Jean Claude Ameisen, chercheur en biologie. C'est une illustration magistrale de l'impermanence, processus de transformation de la matière, du corps et de l'esprit, qui traverse l'univers. Impermanence des formes, des couleurs et des lumières que Léonard de Vinci, à l'instar d'autres, cherche à capturer, l'instant d'une transcendance, dans ses œuvres.

Dans *Vol de nuit* (1931), Antoine de Saint-Exupéry note que la nuit immense a la noirceur du fusain. Des îlots de lumière flottent non loin de la Patagonie, donnant à la Terre l'allure d'un ciel constellé d'étoiles. L'aviateur contemple ces traces de vie humaine avant de s'abandonner à une profonde méditation. À l'aide d'imposants télescopes au sol et en orbite autour de la Terre, les astronomes d'aujourd'hui scrutent le spectacle des étoiles. Au fur et à mesure de l'expansion de l'univers, les galaxies s'éloignent de nous. Je suis émerveillé par les images de la Terre filmée par les cosmonautes. Tous parlent de l'émotion qu'ils ont éprouvée à voir au travers de leur hublot notre belle et fragile planète bleue éclairée sur le fond noir du cosmos. François d'Assise dans le *Cantique des créatures* fraternise aussi avec le cosmos. C'est réconcilié avec l'eau, le vent, le feu, la terre, la mort qu'il peut s'ouvrir à l'amour parfait, qu'il qualifie d'amour divin, que tous les hommes, croyants ou incroyants, peuvent ressentir à leur manière. Le monde n'est pas à posséder égoïstement, il est la réalité splendide dans laquelle l'homme est admis à vivre et à coopérer avec tout ce qui vit. Il faut nous exercer à contempler ces magnificences, à prendre conscience de l'unité profonde de toutes les formes de la vie. L'esprit d'émerveillement nous sauvera.

La beauté nourrit l'élan poétique de Saint-Exupéry et fait naître du plaisir ; la beauté de l'ordre cosmique souligne les rapports harmonieux entre les mouvements des corps célestes ; la beauté très abstraite des lois et des théories physiques montre combien la science appartient à l'esprit humain ; la beauté spirituelle procure un sentiment de plénitude. Dans tous les cas, il est question d'une expérience d'émerveillement et d'abandon de soi, de plaisir et de bonheur. Elle suspend momentanément le moi narcissique pour le relier à d'autres, à toutes les formes de la vie : elle nous relie à l'immensité du monde présent. La contemplation du cosmos a nourri la sagesse des philosophes de l'Antiquité. Aujourd'hui, l'astrophysique traduit l'indicible, attise notre étonnement et certifie notre fragilité. Par le télescope Hubble, l'expérience du merveilleux est à notre portée : un clic sur notre ordinateur suffit. Les astrophysiciens nous racontent des merveilles : les 400 milliards de galaxies à des millions d'années-lumière de la Terre, les trous noirs, les nébuleuses, les naines blanches... Nous sommes si fragiles, si improbables.

Il faut garder à l'esprit les incroyables coïncidences qui ont permis à la vie de prospérer sur la Terre. À côté de combien de naufrages sommes-nous passés ? Même si de nouvelles exoplanètes sont découvertes chaque jour, aucune n'est capable de porter la vie sous la forme qui nous est familière. Notre jardin d'Éden est beau, malgré les conflits et les souffrances qui le traversent. Il est unique. Prendre conscience de la beauté du monde est très précieux pour soi et nous rapproche des autres humains. De cette proximité naît le désir de paix. Naît aussi le désir de tout faire pour préserver ce qui nous émeut chaque fois que nous savons le regarder. Sauvons cette oasis de vie, isolée dans le vide, prise dans le mouvement d'expansion gigantesque de l'univers. Vivons en paix. C'est la seule issue possible. Faisons en sorte que notre Terre-Mère permette encore aux enfants de nos petits-enfants de partager ses fruits ! Inspirons-nous des qualités d'imagination et de courage des héros de l'Histoire qui ont su mettre en œuvre des changements moins nécessaires que ceux auxquels nous devons consentir aujourd'hui.

QUELQUES OUVRAGES QUI M'ONT INSPIRÉ

Abdelkader Boutaleb, *L'Émir Abd el-Kader et la formation de la nation algérienne*, Dahalb, Alger, 1990

Aglietta Michel, *Régilation et crises du capitalisme*, Odile Jacob, 1997

Aglietta Michel, *Capitalisme. Le temps des ruptures*, Odile Jacob, 2019

Agulhon Maurice, *Coup d'État et République*, Presses de Sciences Po, 1997

André Patrick, *Les Parlementaires bonapartistes de la 3e République*, Paris IV, 1995

Arrighi Paul, *Histoire de la Corse*, Privat, 1971

Assemblée nationale, *Comités secrets du Parlement*, Perrin, 2011,

Attali Jacques, *Une brève histoire de l'avenir*, Fayard, 2015

—, *L'Économie de la vie*, Fayard, 2020

Aubry Octave, *Napoléon III*, Tallandier, 1932

—, *L'Impératrice Eugénie*, Fayard, 1931

Bac Ferdinand, *Le Prince Napoléon*, Éditions des Portiques, 1932

Bard Édouard, *L'Homme et le climat*, Gallimard, 2005

—, *L'Homme face au climat*, Odile Jacob, 2006

Bartoli Roberta, *Lucien Bonaparte, collectionneur*, catalogue d'exposition, Ajaccio, 2010

Batchelor Stephen, *Itinéraire d'un bouddhiste athée*, Seuil, 2012

Battesti Michèle, *Plon-Plon, le Bonaparte rouge*, Perrin, 2010

Berthet-Leleu François, *Le Vrai Prince Napoléon*, Grasset, 1932

Bluche Frédéric, *Le Bonapartisme, aux origines de la droite autoritaire*, Nouvelles Éditions latines, 1980

Bonaparte Joseph, *Mémoires et correspondances politique et militaire*, Perrotin, 1855
Bonaparte Charles, *Mémoires domestiques ou livre de raison*, Archives nationales
Bonaparte Louis Napoléon, *L'Extinction du paupérisme*, Paris, 1844
Bonaparte Lucien, *Mémoires de Lucien Bonaparte*, Librairie Charles Gosselin, 1836
—, *La Vérité sur les Cent Jours*, Paris, 1835
Bonaparte Mathilde, *Mémoires inédites*, Grasset, 2019
Bonaparte Napoléon, *Correspondance générale*, 12 tomes, Fayard, à partir de 2004
Boswell James, *État de la Corse*, Marseille, 1977
Boudon Jacques-Olivier, *Histoire du Consulat et de l'Empire*, Perrin, 2000
—, *Citoyenneté, République et Démocratie en France*, Armand Colin, 2014
—, *Le Roi Jérôme*, Fayard, 2008
—, *Le Concordat et le retour de la paix religieuse en France*, SPM, 2008
—, *Les Habits neufs de Napoléon*, Bourin, 2009
—, *Napoléon et les cultes. Les religions en Europe à l'aube du XIXe siècle*, Fayard, 2002
—, *La France et l'Europe de Napoléon*, Armand Colin, 2006
Boyer, Pierre, *La Vie quotidienne à Alger à la veille de l'intervention française*, Hachette, 1964
Bubenheimer-Erhart, *Lucien Bonaparte et l'archéologie étrusque*, catalogue d'exposition, Ajaccio, 2010
Caracciolo Maria Theresa, *Portrait d'un homme tenant un livre*, catalogue d'exposition, Ajaccio, 2010
Carrington Dorothy, *Napoléon et ses parents*, Piazzola, La Marge, 1977
—, *La Constitution de Pascal Paoli*, Ajaccio, 1996
Casanova Antoine, *Napoléon et la pensée de son temps*, La Boutique de l'Histoire, 2001
Castelot André, *Le Drame de Sainte-Hélène*, Perrin, 2000
Chanteranne David, Veyrat-Masson Isabelle, *Napoléon à l'écran*, Nouveau Monde édition, 2003
Chuquet Arthur, *La Jeunesse de Napoléon*, 3 tomes, Armand Colin, 1898
Comte Sponville André, *L'Esprit de l'athéisme*, Albin Michel, 2007
Constant Benjamin, *Mémoires sur les Cent-Jours*, La Pléiade (œuvres complètes)

Daumas Eugène, *Les Chevaux du Sahara*, Hachette, 1862

De City Eugène, *Napoléon III et Abd el-Kader*, Paris, 2003

Defranceschi Jean, *Problèmes de l'histoire de la Corse*, Société des études robespierristes, 1971

—, *La Jeunesse de Napoléon, les dessous de l'Histoire*, Lettrage, 2001

Depraz Nathalie, *De Husserl à Foucault : la restitution pratique de la phénoménologie*, Études philosophiques n° 106, 2013

Duclert et Prochasson, *Dictionnaire critique de la République*, Flammarion, 2002

Duflo Esther et A. V. Banerjee, *Économie utile pour temps difficiles*, Seuil, 2020

Étienne Bruno, *Abd el-Kader le magnanime*, Gallimard/IMA, 2003

—, *Abdelkader*, Hachette, 1994

Faure Elie, *Napoléon*, Denoël, 1983

Fayon Romuald, *La Conquête de Marianne*, Les Indes Savantes, 2016

Gance Abel, *Napoléon, épopée cinégraphique en cinq épisodes*, Jacques Bertoin, 1991

Gates Bill, *How to Avoid a Climate Disaster*, Allen Lane, 2020

Germanes, abbé, *Histoire des révolutions de Corse*, Laffitte, rééd. 1976

Goodall Jane, *Nous sommes ce que nous mangeons*, Actes Sud, 2008

Graziani Antoine-Marie, *La Corse génoise*, Piazzola, 1997

—, *Pascal Paoli*, Tallandier, 2004

Gueniffey Patrice, *Bonaparte*, Gallimard, 2013

Haegel Vincent, *Napoléon et Joseph. Correspondance intégrale 1784-1818*, Tallandier, 2007

—, *Napoléon et les siens*, Perrin, 2018

—, *Napoléon et Joseph Bonaparte*, Tallandier, 2010

Hawking Stephen, *Brèves réponses aux grandes questions*, Odile Jacob, 2018

Hildesheimer Françoise, *Fléaux et société : de la Grande Peste au choléra*, Hachette, 1993

Hollande François, *Répondre à la crise démocratique*, Terra Nova/ Fayard, 2019

Hugo Victor, *Actes et paroles. Avant exil*, Paris, 1936

Iung Théodore, *Lucien Bonapate et ses mémoires*, Paris, 1882

Iung Thomas, *Bonaparte et son temps*, Paris, Charpentier, 1880

Jigmé Rimpoché, *Le Moine et le Lama. Entretiens avec Frédéric Lenoir*, Fayard, 2001
Klein Noami, *Plan B pour la planète*, Actes Sud, 2019
Köstler Alfred, *Les Somnambules*, Calmann-Lévy, 1960
La Gorce Pierre de, *Histoire du Second Empire 1894-1905*, Plon, 1899
Lachnitt Jean-Claude, *Méconnue et calomniée, l'Impératrice Eugénie*, Les Amis de Napoléon, 1982
—, *Notice* in *Dictionnaire du Second Empire*, Fayard, 1995
—, *Le Prince Impérial, Napoléon IV*, Perrin, 1997
Landowski Cédric, *Lucien Bonaparte, le prince républicain*, Passés composés, 2020
Las Cases Emmanuel, *Le Mémorial de Sainte-Hélène*, Gallimard, Pléiade
Lentz Thierry, *Le Grand Consulat*, Fayard, 1999
—, *Nouvelle Histoire du Premier Empire*, 3 tomes, Fayard, 2004
—, *Joseph Bonaparte*, Perrin, 2016
Macé Jacques, *Dictionnaire historique de Sainte-Hélène*, Tallandier, 2004
Madelin Louis, *De Brumaire à Marengo*, Hachette, 1938
—, *La Jeunesse de Napoléon*, Hachette, 1936
Marx Karl, *Le 18 Brumaire de Louis Bonaparte*, Éd Sociales, 1968
Mascilli Migliorini Luigi, *Napoléon*, Perrin, 2004
Masson Frédéric, *Napoléon dans sa jeunesse*, Albin Michel, 1922
—, *Napoléon et sa famille*, P. Olendorff, 1907
Mémoires du Maréchal de Mac-Mahon. Souvenirs d'Algérie, Plon, 1932
Ménager Bernard, *Les Napoléon du Peuple*, Aubier, 1988
Mendès-France Pierre, *La République moderne*, Gallimard, 1962
Milza Pierre, *Napoléon III*, Perrin, 2004
Morin Edgar, *Pour sortir du XXe siècle*, Nathan, 1981
—, *Introduction à la pensée complexe*, Le Seuil, 2005
—, *Les souvenirs viennent à ma rencontre*, Fayard, 2019
—, *Penser global : l'humain et son univers*, R. Laffont, 2015
—, *La Méthode* (6 volumes), Le Seuil, 1977
—, *Sur la crise*, Flammarion, 2020
Musée Fesch, *Lucien Bonaparte, un homme libre*, catalogue d'exposition, 2010
—, *Un soir chez la princesse Mathilde*, catalogue d'exposition, 2019

Nicolet Claude, *Histoire, Nation, République*, Odile Jacob, 2000
Paoli Pascal, *Correspondance. La prise du pouvoir 1749-1756*, Ajaccio, Rome, 2003
Pape François, *Laudato Si'*, éd. Parole et silence, 2015
—, *Politique et société*, éd. de l'Observatoire, 2017
—, *Fratelli Tutti*, Le Cerf, 2020
Petiteau Nathalie, *Les Français et l'Empire*, Université d'Avignon, 2008
—, *Napoléon de la mythologie à l'Histoire*, Seuil, 2004
—, *Napoléon Bonaparte, la Nation incarnée*, Armand Colin, 2015
—, *Les Français et l'Empire* (1799-1815), La boutique de l'Histoire, 2008
—, *Écrire la mémoire, les mémorialistes de la Révolution et de l'Empire*, Les Indes Savantes, 2012
—, *Lendemains d'Empire. Les soldats de Napoléon dans la France du XIXe siècle*, La Boutique de l'Histoire, 2003
Piétri François, *Lucien Bonaparte*, Plon, 1939
Pietromarchi Antonello, *Lucien Bonaparte*, Perrin, 1985
—, *Lucien Bonaparte, le frère insoumis*, Perrin, 1985
Poli François, *La Jeunesse de Napoléon*, Tallandier, 2005
Poli Jean-Dominique, *Iconosphère de la figure mythique de Napoléon*, Alain Piazzola, 2015
—, *Attentes et sens autour de la présence du mythe de Napoléon aujourd'hui*, Alain Piazzola, 2012
Remond René, *Les Droites en France*, Aubier, 1982
Ricard Mathieu, *Émerveillement*, La Martinière, 2019
—, *Plaidoyer pour les animaux*, Allary Editions, 2014
Ricard Mathieu et Trinh Xuan Thuan, *L'Infini dans la paume de la main*, Pocket, 2002
Rifkin Jeremy, *Le New Deal vert mondial*, Les liens qui libèrent, 2019
—, *Une nouvelle conscience pour un monde en crise*, Les liens qui libèrent, 2011
—, *La Troisième Révolution industrielle*, Les liens qui libèrent, 2012
—, *La Nouvelle Société du coût marginal zéro*, Les liens qui libèrent, 2014
Rosenvallon Pierre, *Le Siècle du populisme : histoire, théorie, critique*, Le Seuil, 2020

Rothney John, *Bonapartism after Sedan*, Cornell University Press, 1969
Rousseau, *Projets de constitution pour la Corse*, Ajaccio, 1980
Ruffié J. et Sournia J. C., *Les Épidémies dans l'histoire de l'homme*, Flammarion, 1984
Seguin Philippe, *Louis Napoléon le Grand*, Grasset, 1990
Smith William, *Napoléon III*, Hachette, 1982
Soboul Albert, *La Révolution française*, Gallimard, 1984
Spinoza Baruch, *L'Éthique* (traduction et annotations de Pierre-François Moreau), PUF, 2020
Stora Benjamin, *Histoire de l'Algérie coloniale*, La Découverte, 2004
Tulard Jean, *Napoléon*, Fayard, 1997
—, *Napoléon, chef de guerre*, Tallandier, 2012
—, *Napoléon ou le mythe du sauveur*, Fayard, 1977
Tulard Jean (dir.), *Dictionnaire Napoléon*, Fayard, 1987
—, *Dictionnaire du Premier Empire*, Fayard, 19xx
—, *Dictionnaire du Second Empire*, Fayard, 1995
Tulard Jean, Garros Louis, *Itinéraire de Napoléon au jour le jour 1769-1821*, Tallandier, 1992
Ulrich Beck, *Qu'est-ce que le cosmopolitisme ?*, Aubier, 2006
Vahé Ter Minassian, *Le Vide et le Néant*, éditions RBA, 2020
Vergé-Franceschi Michel, *Napoléon, une enfance corse*, Larousse, 2009
Villepin de Dominique, *Les Cent-Jours ou l'esprit de sacrifice*, Perrin, 2002
Wallace Wells David, *La Terre inhabitable*, R. Laffont, 2019
Welwood John, *Pour une psychologie de l'éveil*, La Table Ronde, 2011
Yuval Noah Harari, *Une brève histoire de l'humanité*, Albin Michel, 2015
—, *Une brève histoire du futur*, Albin Michel, 2017
—, *21 leçons pour le XXIe siècle*, Albin Michel, 2018
Zweig Stefan, *Le Monde d'hier, Souvenirs d'un Européen*, Les Belles Lettres, rééd. 2018

TABLE

Cet ouvrage a été imprimé
par CPI Brodard & Taupin
pour le compte des éditions Grasset
à La Flèche (Sarthe)
en février 2021

Mise en pages Nord Compo à Villeneuve-d'Ascq

PAPIER À BASE DE
FIBRES CERTIFIÉES

Grasset s'engage pour
l'environnement en réduisant
l'empreinte carbone de ses livres.
Celle de cet exemplaire est de :
1,1 kg éq. CO_2
Rendez-vous sur
www.grasset-durable.fr

N° d'édition : 21926 – N° d'impression : 3042348
Dépôt légal : mars 2021
Imprimé en France